O NOVO MINDSET DE VENDAS

O GEN | Grupo Editorial Nacional – maior plataforma editorial brasileira no segmento científico, técnico e profissional – publica conteúdos nas áreas de ciências sociais aplicadas, exatas, humanas, jurídicas e da saúde, além de prover serviços direcionados à educação continuada e à preparação para concursos.

As editoras que integram o GEN, das mais respeitadas no mercado editorial, construíram catálogos inigualáveis, com obras decisivas para a formação acadêmica e o aperfeiçoamento de várias gerações de profissionais e estudantes, tendo se tornado sinônimo de qualidade e seriedade.

A missão do GEN e dos núcleos de conteúdo que o compõem é prover a melhor informação científica e distribuí-la de maneira flexível e conveniente, a preços justos, gerando benefícios e servindo a autores, docentes, livreiros, funcionários, colaboradores e acionistas.

Nosso comportamento ético incondicional e nossa responsabilidade social e ambiental são reforçados pela natureza educacional de nossa atividade e dão sustentabilidade ao crescimento contínuo e à rentabilidade do grupo.

Roberto P. Madruga

AUTOR DO *BEST-SELLER*
GESTÃO DO RELACIONAMENTO E CUSTOMER EXPERIENCE

O NOVO MINDSET DE VENDAS

O MÉTODO DE VENDAS POTENCIALIZADO POR CUSTOMER EXPERIENCE (CX) E CUSTOMER SUCCESS (CS) QUE TRANSFORMA A CULTURA DA EMPRESA E GERA CLIENTES-PROPULSORES

conquist.com.br

- O autor deste livro e a editora empenharam seus melhores esforços para assegurar que as informações e os procedimentos apresentados no texto estejam em acordo com os padrões aceitos à época da publicação, *e todos os dados foram atualizados pelo autor até a data de fechamento do livro.* Entretanto, tendo em conta a evolução das ciências, as atualizações legislativas, as mudanças regulamentares governamentais e o constante fluxo de novas informações sobre os temas que constam do livro, recomendamos enfaticamente que os leitores consultem sempre outras fontes fidedignas, de modo a se certificarem de que as informações contidas no texto estão corretas e de que não houve alterações nas recomendações ou na legislação regulamentadora.

- Data do fechamento do livro: 24/04/2025

- O autor e a editora se empenharam para citar adequadamente e dar o devido crédito a todos os detentores de direitos autorais de qualquer material utilizado neste livro, dispondo-se a possíveis acertos posteriores caso, inadvertida e involuntariamente, a identificação de algum deles tenha sido omitida.

- **Atendimento ao cliente:** (11) 5080-0751 | faleconosco@grupogen.com.br

- Direitos exclusivos para a língua portuguesa
  Copyright © 2025 by
  Editora Atlas Ltda.
  Uma editora integrante do GEN | Grupo Editorial Nacional
  Travessa do Ouvidor, 11
  Rio de Janeiro – RJ – 20040-040
  www.grupogen.com.br

- Reservados todos os direitos. É proibida a duplicação ou reprodução deste volume, no todo ou em parte, em quaisquer formas ou por quaisquer meios (eletrônico, mecânico, gravação, fotocópia, distribuição pela Internet ou outros), sem permissão, por escrito, da Editora Atlas Ltda.

- Capa: Daniel Kanai

- Imagem de capa: Dencake | iStockphoto

- Editoração eletrônica: Carlos Alexandre Miranda

- Ficha catalográfica

- **CIP-BRASIL. CATALOGAÇÃO NA PUBLICAÇÃO**
  SINDICATO NACIONAL DOS EDITORES DE LIVROS, RJ

M157n

Madruga, Roberto
O novo mindset de vendas : o método de vendas potencializado por customer experience (CX) e customer success (CS) que transforma a cultura da empresa e gera clientes-propulsores / Roberto Madruga. - 1. ed. - Barueri [SP] : Atlas, 2025.

Inclui bibliografia e índice
ISBN 978-65-5977-723-5

1. Marketing - Administração. 2. Marketing de relacionamento. 3. Clientes - Contatos. I. Título.

25-97640.0

CDD: 658.812
CDU: 658.89

Meri Gleice Rodrigues de Souza - Bibliotecária - CRB-7/6439

Dedicatória e Agradecimentos

Com profunda gratidão, reconheço o papel indispensável de diversas pessoas em minha trajetória pessoal, profissional e acadêmica.

Aos meus alunos, clientes, colaboradores, consultores, parceiros e sócio, que são fontes constantes de inspiração, agradeço a oportunidade de compartilhar conhecimentos e colocar em prática todos os dias os temas abordados neste livro. Agradeço a Bruno Hatzfeld Mattos pelas contribuições que enriqueceram este trabalho. Vocês são a razão pela qual me dedico a buscar e transmitir conhecimento.

Meu reconhecimento também se estende a pesquisadores notáveis nos campos de Vendas, Marketing, Customer Experience e Customer Success. Suas ideias e perspectivas enriqueceram imensamente a minha jornada, proporcionando um diálogo valioso sobre essas temáticas essenciais.

À minha esposa, sou imensamente grato pelo seu suporte inabalável e pela compreensão nos momentos em que me dediquei inteiramente ao projeto do livro.

Um agradecimento muito especial à minha mãe e ao meu pai (*in memoriam*). Vocês foram os alicerces da minha jornada, ensinando-me lições sobre perseverança e integridade que carrego comigo a cada passo. Um agradecimento também aos meus antepassados por estarmos aqui, contribuindo para outras pessoas.

Cada um de vocês contribuiu para a realização deste trabalho, e é com gratidão que dedico essas conquistas. Obrigado por caminharem comigo.

Roberto P. Madruga

Homenagem e Registro

Quero registrar e dedicar uma homenagem especial às empresas, profissionais e casos de sucesso premiados no **The Customer Summit – Awards**, evento que tenho a honra de presidir e que celebra a excelência em iniciativas que transformam a jornada do cliente e do colaborador. É uma consagração aos profissionais e projetos que não apenas inovam, mas também elevam os padrões da indústria.

The Customer Summit – Awards – Categorias, empresas e cases premiados – 2024

Tecnologia Customer – Melhor Inovação Tecnológica (BPO)
- » Ouro: AeC – "Inteligência Artificial para um Atendimento mais Humano: a Jornada da AeC com o Agent Connect"
- » Prata: AlgarTech – "Automação e Integração com Canais Digitais na Tratativa dos Casos de Detecção de Fraude"
- » Bronze: Atento – "IA como Ferramenta de Diagnóstico contribuindo para Evolução de Resultados"

Tecnologia Customer – Melhor Inovação Tecnológica (Contratante)
- » Ouro: ZEISS – "Integração Cliente e Indústria para Otimização de Negócios"
- » Prata: ZEISS – "Tecnologia que Fortalece Laços Humanos"
- » Bronze: iFood – "Experiência do Restaurante Parceiro iFood"

Tecnologia Customer – Melhor Experiência Omnichannel
- » Ouro: Buser – "Inovação no Segmento de Transporte: A Transformação da Buser através da IA"
- » Prata: Veloe – "Cascata de Canais"
- » Bronze: Suvinil – "Teleatendimento Técnico Suvinil"

Customer Experience – Melhor Estratégia de Encantamento do Cliente (BPO)
- » Ouro: Neobpo e EDP – "Construindo Reputação – A Transformação da Experiência do Cliente"

Customer Experience – Melhor Estratégia de Encantamento do Cliente (Contratante)
- » Ouro: Banco do Brasil – "Ponto BB – Ambiente Figital"
- » Prata: Grupo Boticário – "Estratégia 360° de Centralidade no Cliente"
- » Bronze: Gol Smiles – "Além da Satisfação – Construindo Relações Duradouras através do Encantamento"
- » Bronze: Rentcars – "Contato Proativo e Resolução de Problemas: Como a Rentcars.com Melhorou a Satisfação dos Clientes Através do Atendimento Pós-Avaliação"

Customer Experience – Melhor Inovação na Jornada do Cliente (Contratante)

- » Ouro: Comgás – "Cockpit de Experiência do Cliente"
- » Prata: Gol Smiles – "Tangerina Design System"
- » Bronze: ClaroPay – "COE: um só sistema, todas as respostas"

Customer Experience – Melhor Inovação na Jornada do Cliente (BPO)

- » Ouro: Tahto – "ATIHTUDE CX: Transformando EXPERIÊNCIAS em CONEXÕES"
- » Prata: Neobpo e Amil – "O Poder do Feedback na Otimização do Fluxo de Tratamento de Protocolos Incorretos"
- » Bronze: Neobpo e Mawdy – "Da Insatisfação à Excelência: Reinventando a Jornada do Cliente"

Customer Experience – Melhor Transformação da Jornada do Cliente (Contratante)

- » Ouro: CLARO – "Comparador de Faturas"
- » Prata: iFood – "Programa Embaixadores co-construindo a Jornada do iFood Mercado"
- » Bronze: ZEISS – "Construindo uma Jornada Encantadora"

Customer Success – Melhor Resultado de Redução de Churn

- » Ouro: Logcomex – "Missão Churn Zero: Alavancando Retenção através da Qualidade na Jornada do Cliente"
- » Prata: Carrefour – "Fórmula Eficaz para Redução de Churn"
- » Bronze: Lenovo Brasil – "Redução de Churn por meio do cuidado com o Consumidor"

Customer Success – Melhor Resultado de Aumento de Receitas

- » Ouro: DASA – "Do Conhecimento à Ação – Como o Modelo Particular Potencializa a Operação"
- » Prata: Veloe – "Tag de Gaveta"
- » Bronze: CSU Digital – "Automação e Eficiência nas Operações de Atendimento do iFood"

Cultura Focada no Cliente – Melhor Estratégia de Inovação

- » Ouro: Omni – "Transformando a Experiência do Cliente através da Cultura Organizacional"
- » Prata: Suvinil – "Case Embaixadores de CX Suvinil"
- » Bronze: ConectCar – "Delivery de Soluções Focado no Cliente"

Cultura Focada no Cliente – Melhor Transformação Cultural

- » Ouro: Neobpo e Amil – "Investindo em Propósito: Liderança e Gestão de Pessoas no Centro da Mudança"
- » Prata: Tenda Construtora – "Jeito Tenda de Ser: A Construção da Cultura Centrada no Cliente"
- » Bronze: Neobpo e Alelo – "O Reflexo da Gestão Humanizada e o Ganho sobre os Indicadores Operacionais"

Cultura Focada no Cliente – Melhor Estratégia de Engajamento

- » Ouro: QuintoAndar – "CX dos Sonhos: Como a Cultura Organizacional Mobiliza Colaboradores em Prol do Cliente"

The Customer Summit – Awards – Categorias, empresas e *cases* premiados

» Prata: Swile – "Redução da Taxa de Contato na Swile: Como as iniciativas estratégicas e tecnológicas melhoraram a eficiência e a satisfação dos nossos clientes"

» Bronze: CLARO – "Programa de Engajamento da Experiência do Cliente"

» Bronze: DASA – "Onossojeitodeser – Cultura de Conexão – Operação com Engajamento Centrado no Cliente"

Diversidade e Inclusão

» Ouro: AeC – "Um Compromisso com a Diversidade e Inclusão"

» Prata: Petronect – "Diversinect: Diversificar para incluir"

» Bronze: Feel Alive – "Diversificô: Tornando Cada Evento um Lugar de Pertencimento"

KPIs e Processos Ligados a Clientes – Melhor Implementação (Contratante)

» Ouro: Alelo – "A Jornada mais desejada para acompanhamento e recebimento do verdinho! "

» Prata: QuintoAndar – "First Call Resolution"

» Bronze: SEARA – "Implementação do FCR: Elevando a Eficiência na Resolução de Casos no SAC Seara"

KPIs e Processos Ligados a Clientes – Melhor Estratégia (Contratante)

» Ouro: Autopass – "Eficiência em Foco"

» Prata: Petronect – "Transformação Customer Centric: Como a Petronect Revolucionou a Experiência do Cliente através de KPIs Estratégicos"

» Bronze: RD Station – "Digital CS: Atendimento Mid Touch potencializado por nova métrica e toques escaláveis na jornada do cliente"

KPIs e Processos Ligados a Clientes – Melhor Gestão de Processos e KPIs (BPO)

» Ouro: Contax – "CONTAX Acelera na Cobrança: Implantação, Modelagem, Resultados Rápidos e Eficientes"

» Prata: Tahto – "De KPIs a Resultados: Monitoria Digital e Estratégias para Melhoria Contínua"

» Prata: Tahto – "Gestão Ágil: A Nova Era do Workforce Management na Tahto"

» Bronze: AlgarTech – "Fome de mercado: A Jornada da AlgarTech e iFood em aprimorar o nível de CSAT ao parceiro Groceries"

Treinamento e Desenvolvimento

» Ouro: Friboi – "Da satisfação dos colaboradores ao encantamento dos consumidores – A fórmula da experiência na Friboi!"

» Prata: QuintoAndar – "Realidade Virtual: Onde o treinamento ganha vida"

» Bronze: TMKT – "InovAI: A Tecnologia como Suporte no Desenvolvimento de Pessoas"

» Bronze: SERPRO – "O Caminho para Expandir a Cultura de CX no Serpro"

Engajamento e Comunicação com o Cliente

» Ouro: iFood – "Comunidade de Clientes iFood"

» Prata: LogCP – "Logan, o embaixador da marca Log"

- » Bronze: Gol Smiles – "Campanha de Cartão de Crédito Gol Smiles – Ela só quer só pensa em viajar"
- » Bronze: Veloe – "Inteligência Artificial facilitando o pagamento de débitos veiculares"

ESG (Environmental, Social, and Governance)

- » Ouro: Petronect – "Transformando Desafios em Legado: A Jornada ESG Petronect"
- » Prata: ZEISS – "1ª empresa de varejo do Brasil com certificação de capacitação para atendimentos a pessoas com deficiência e transtorno do espectro autista"
- » Bronze: Clara Resorts – "Projeto de Sustentabilidade Clara Resorts"

The Customer Summit – Awards – Categorias, empresas e cases premiados – 2023

Tecnologia Aplicada ao Relacionamento com Clientes – Melhor Inovação Tecnológica:
- » Ouro: Grupo Energisa – "ENERGISA ON – A Energisa dentro de casa"
- » Prata: Naturgy – "Minha Naturgy – Transformação do Relacionamento Digital"
- » Bronze: Vibra Digital – "RECloud – Ferramenta de distribuição de mídias"

Tecnologia Aplicada ao Relacionamento com Clientes – Melhor Experiência Omnichannel:
- » Ouro: Teleperformance/Ambev – "A experiência digital transformando o comportamento e gerando eficiência e performance"
- » Prata: Buser – "Alcançando o futuro com Chatbots: uma história de sucesso na experiência do cliente"
- » Bronze: Bradesco Seguros – "A Voz da Bradesco Seguros – Transformando o atendimento em saúde com inteligência artificial"

Customer Experience – Melhor Estratégia de Encantamento do Cliente:
- » Ouro: ZEISS – "IZA – Inteligência ZEISS de Atendimento"
- » Prata: Naturgy/Correios – "Naturgy e Correios – Uma solução criativa do atendimento presencial"
- » Bronze: Banco BS2 – "Percepção do cliente nos canais de atendimento BS2"

Customer Experience – Melhor Inovação da Jornada do Cliente:
- » Ouro: Azul Linhas Aéreas – "De Céu Cinza à Céu Azul: como evoluímos o CX na pandemia e pós-pandemia"
- » Prata: Teleperformance/Autopass – "Utilizando a empatia como ponto de partida para transformar a experiência do usuário"
- » Bronze: Naturgy Soluções – "Novo modelo de atendimento da Naturgy Soluções: Mais eficiência, mais fidelização"

Cultura Focada no Cliente:
- » Ouro: Azul Linhas Aéreas – "Por trás das estratégias da excelência na cultura centrada no cliente"

XIII

- » Prata: iFood – "Experiência do cliente como agente de mudança"
- » Bronze: Veloe – "Vem para central"

Customer Success:
- » Ouro: Office Total – "Criação da área de Customer Success como caminho para a cultura Customer Centric"
- » Prata: ConectCar – "Sucesso na satisfação do cliente através da transformação digital"
- » Bronze: Vero Internet – "Time do Coração"

Diversidade e Inclusão:
- » Ouro: Claro – "Claro: Conectando TODOS a uma vida mais divertida e produtiva"
- » Prata: Teleperformance – "ESG e o poder do 'S' nas iniciativas de Responsabilidade Social da Teleperformance"
- » Bronze: Jovens Gênios – "Ativação em Cidades com Vulnerabilidade Social"

KPIs e Processos Ligados a Clientes:
- » Ouro: iFood Benefícios – "iFood Benefícios – Escalando 126 pontos do NPS em 500 dias"
- » Prata: Grupo Energisa – "PESA – Pesquisa Energisa de Satisfação"
- » Bronze: Tahto/Olist – "Atitude consultiva e inovação digital para uma reputação 5 estrelas"

Treinamento e Desenvolvimento:
- » Ouro: Claro – "Capacitações de Experiência do Cliente da Claro"
- » Prata: Bradesco Seguros – "Capacitação para um novo mundo: Programa de formação de líderes da Bradesco Seguros"
- » Bronze: Unimed – "POE – Programa Ouvidoria de Excelência"

Responsabilidade Social e Ambiental:
- » Ouro: Teleperformance – "Projeto TP Amazônia – Sementes que transformam"
- » Prata: Brasilcap – "Projeto Sustentabilidade Aqui!"
- » Bronze: Viação Ouro e Prata – "Viagem e Sustentabilidade andam juntos: Viação Ouro e Prata – 1ª Empresa de ônibus Carbono Neutro"

Faça sua homenagem a essas empresas e profissionais. Conheça o prêmio e compartilhe essa informação com o maior número de pessoas. Acesse o The Customer Summit – Awards por meio do QR Code a seguir:

uqr.to/1z6dd

Sumário

Introdução... 1

CAPÍTULO 1 – Da Venda Tradicional ao Novo Mindset de Vendas........... 5

A decadência da cultura de vendas tradicional.................................. 6

Na cultura de vendas tradicional, o feedback do cliente é um risco............ 7

Conheça os 10 sinais da cultura de vendas tradicional...................... 8

    1. O cliente é visto como parte secundária da transação...................... 9

    2. Apenas as necessidades superficiais dos clientes são consideradas...... 9

    3. Rotular o cliente como "chato", "ansioso" ou "difícil"................... 9

    4. Feedbacks do cliente são ignorados ou "escondidos" 9

    5. Vendedores se posicionam como "heróis" e clientes, como "vilões".. 9

    6. O foco está na prospecção, não na retenção.............................. 10

    7. Clientes só são ouvidos quando reclamam................................. 10

    8. Problemas não são analisados de maneira preventiva 10

    9. A jornada do cliente raramente é mapeada 10

    10. Egos exagerados dominam as equipes.................................... 10

Subindo um nível na régua: da cultura tradicional para o Novo Mindset de Vendas.. 11

O segredo das empresas mais admiradas do mundo........................ 12

Vamos em frente nessa nova cultura, mas de forma estruturada............... 13

Comparando as duas culturas 13

O Novo Mindset de Vendas alimenta o *Cliente-Propulsor* 14

Quem é o *Cliente-Propulsor*? 8 características que definem esse perfil valioso.. 16

O Framework Vendas CXCS para implementar o Novo Mindset de Vendas...... 17

    1. Construção da Base do Novo Mindset de Vendas....................... 17

2. Execução de Vendas 17

3. Retenção e Mensuração de Resultados 18

A experiência e o sucesso do cliente são complementares 19

A sinergia entre CX e CS beneficia a venda 21

Como dar o pontapé inicial em Vendas CXCS? 22

A grande batalha pela experiência do cliente 23

CAPÍTULO 2 – Centralidade no Cliente, CX e CS: a Tríade para Multiplicar as Vendas 27

Uma verdade inconveniente sobre a centralidade (foco) no cliente 28

A centralidade no cliente não pode ser apenas desejo 29

Customer Experience e Customer Success viabilizam a cultura de centralidade no cliente 31

Explicando a complementaridade entre CX, CS e foco no cliente – e como isso influencia as vendas 32

A verdadeira centralidade no cliente 33

10 táticas para vender mais a partir da consolidação da cultura de centralidade no cliente 35

1. Utilização de IA baseada em dados do cliente 36

2. Identificação real das necessidades do cliente 36

3. Identificação de necessidades ocultas dos clientes 36

4. Nova argumentação de vendas com base em CX e CS 36

5. *Upselling* e *cross-selling* baseados em *insights* do cliente 36

6. Revisão constante do portfólio de produtos e serviços 36

7. Gatilhos de vendas baseados na evolução do relacionamento 37

8. Compreensão dos objetivos do cliente com base em CS 37

9. Redefinição dos títulos e postura da Força de Vendas 37

10. Empatia verdadeira em vez de falso *rapport* 37

Compreendendo a empatia do ponto de vista de vendas 37

A empatia (real) para criar experiências e aumentar as vendas 38

Empatia cognitiva 39

Empatia emocional 39

Empatia compassiva 39

Empatia rima com honestidade junto ao cliente 40

Aplicações de *rapport* e empatia no modelo de Vendas CXCS 41

Rapport: a conexão inicial 41

Empatia: o próximo nível 41

Compaixão e humanização nas vendas – você já pensou nisso? 42

Elementos para construir uma cultura de vendas mais humanizada 43

Criar confiança e comprová-la aumenta resultados com o Modelo de Vendas CXCS 44

O laboratório de vendas baseado na experiência e sucesso do cliente 45

CAPÍTULO 3 – Fusão entre Vendas e Marketing para o Novo Mindset 49

Da rivalidade à colaboração entre Vendas e Marketing 50

O distanciamento entre Marketing e Vendas arruinou muitas empresas 51

Uma luz no fim do túnel proporcionada pelo marketing digital 52

O poder da indicação de clientes e da reputação dos dirigentes 54

O novo foco em CX, *omnichannel* e mapeamento da jornada 54

A cultura de que o Marketing anuncia e a equipe comercial vende está mudando 55

Crescimento do Customer Success (CS) e ascensão do Marketing H2H 56

7 vantagens da integração de Vendas com Marketing 58

1. Aumento das vendas totais 59

2. Aumento na quantidade de *leads* 59

3. Integração da geração de *leads* com o fechamento da venda 59

4. Maior controle do processo de negociação 59

5. Inserção da equipe de Vendas nas estratégias de marketing 59

6. Inserção da equipe de Marketing nos resultados comerciais 60

7. Redução de *churn* 60

Smarketing – alinhando Vendas e Marketing na Nova Cultura de Vendas ... 60

A ascensão do Social Selling 62

Diferença entre o método antigo e o Social Selling 63

20 práticas para a Força de Vendas fazer acontecer o Social Selling 65

1. Atualize e otimize seu perfil social 65

2. Publique conteúdo relevante regularmente 65

3. Engaje-se ativamente com a rede 65

4. Participe de grupos e comunidades específicas 66

5. Monitore menções à sua marca 66

6. Crie listas de clientes e *prospects* nas redes sociais 66

7. Utilize pesquisas avançadas no LinkedIn 66

8. Compartilhe *cases* de sucesso e depoimentos 66

9. Personalize as conexões e interações 66

10. Acompanhe eventos e *webinars* virtuais 66

11. Ofereça conteúdo educativo diretamente aos *prospects* 67

12. Monitore as atividades de *leads* e clientes 67

13. Promova *webinars* ou eventos *on-line* 67

14. Crie uma rotina de interações diárias 67

15. Utilize ferramentas de automação para facilitar o contato 67

16. Estabeleça relacionamento antes de vender 67

17. Faça curadoria de conteúdo relevante 67

18. Use dados sociais para personalizar sua abordagem 68

19. Construa sua autoridade compartilhando conteúdo especializado 68

20. Mantenha o contato pós-venda nas redes sociais 68

CAPÍTULO 4 – Inteligência Artificial, Tecnologias e Metodologias para Vender Mais 69

8 tecnologias que estão redefinindo a forma e o conteúdo de vender 70

1. Inteligência Artificial 70

2. *Chatbots* avançados 71

3. Análise comportamental e vendas orientadas por dados 71

4. Vendas baseadas em voz 72

5. Internet das Coisas (IoT) 72

6. Omnichannel Sales 73

7. Automatização da venda 73

8. CRM inteligentes turbinados por IA 73

A expansão da Inteligência Artificial em vendas 74

20 aplicações práticas de Inteligência Artificial em vendas 76

Conexão e personalização da experiência do cliente 77

Análise, previsão e decisões estratégicas 77

Automação de processos, eficiência e produtividade 78

Otimização da estratégia e competitividade em vendas 78

Plataformas de atendimento ao cliente, comunicação e colaboração impulsionando Vendas CXCS 78

Sincronizando o Novo Mindset de Vendas com a revolução tecnológica 81

A paixão pelo método científico e pela criação de metodologias e entregáveis para acelerar Vendas CXCS 82

Do IFCX ao CXMMI: validação e evolução de um Modelo de Maturidade na gestão de CX 83

10 técnicas e exemplos de aplicação que estão multiplicando as vendas ... 85

As etapas da técnica de vendas EDiRC com aplicações práticas para equipes 87

1. Empatizar genuinamente: criando conexões autênticas 88

2. Diagnosticar: identificando necessidades ocultas e explícitas 88

3. Resolver: oferecendo soluções reais e personalizadas 89

4. Conquistar: fechando a venda e conquistando o cliente 89

As vendas *inbound* inteligentes precisam ser mais bem compreendidas pelas equipes 90

Dados e a conformidade com a LGPD para impulsionar vendas 91

CAPÍTULO 5 – Gestão de Equipes e Desenvolvimento de Talentos no Novo Mindset de Vendas 93

A ascensão das equipes de vendas e as 8 competências mais buscadas nos times comerciais 94

A estrutura organizacional de vendas 96

Nível Estratégico de Vendas (alta liderança) 96

Nível de Gestão de Vendas 97

Nível Operacional Vendas (execução e suporte) 98

Sinergias e diferenças de atuação de Vendas *On-line*, Vendas *Off-line* e Operações de Vendas (*Sales Ops*) 100

O Time de Vendas *On-line* (*E-commerce*) 101

O Time de Vendas *Off-line* 102

Operações de vendas – *Sales Operations* (*Sales Ops*) 103

1. Colaboração interna com os times de CX, CS, Suporte e Marketing 103

2. Previsão de vendas 104

3. Análise avançada e inteligência de negócios 104

4. Otimização do processo de vendas 104

5. Desenvolvimento de documentação para apoiar processos 104

6. Gestão de dados do CRM 104

7. Preparação de apresentações para revisões trimestrais de negócios. 104

8. Relatórios de vendas e resultados de campanhas 104

9. Definição de territórios de vendas 104

10. Planos de compensação e incentivos 105

11. Suporte à equipe de Vendas 105

12. Geração de *leads* e agendamento de compromissos.......................... 105

13. Treinamento e desenvolvimento da Força de Vendas 105

14. Gestão de tecnologias de vendas.. 105

15. Estratégia de canais de vendas e parcerias................................. 105

As 7 disfunções do tempo oculto da Força de Vendas 106

Ressignificando as competências das equipes para o CHAR 107

30 Competências técnicas, comportamentais e híbridas alinhadas às Vendas CXCS 108

As competências dos gestores de vendas 112

Treinamento e desenvolvimento dos times de vendas 113

Trilha de Treinamento e Desenvolvimento para os Vendedores............. 114

1. Nível iniciante: construção das bases 114

2. Nível intermediário: fortalecimento das habilidades................... 114

3. Nível avançado: excelência e resultados................................... 114

Trilha de Treinamento e Desenvolvimento para os Gerentes de Vendas 114

1. Nível iniciante: fundamentos da liderança em vendas................ 115

2. Nível intermediário: liderança estratégica em vendas................ 115

3. Nível avançado: liderança transformadora em vendas 115

FeedMentor: o modelo de feedback transformador em 20 minutos 115

1. *Rapport* e expectativas (1 minuto).. 117

2. Fatos, dados e consequências (1 minuto)................................. 117

3. Pergunta poderosa (1 minuto)... 117

4. Ouvir a resposta atentamente (5 minutos)............................... 117

5. Pactuação para o presente e futuro (12 minutos)...................... 117

CAPÍTULO 6 – Conduzindo a Jornada Emocional do Cliente no Novo Mindset de Vendas 119

O que a Força de Vendas de uma empresa tem a ver com o mapeamento da jornada do cliente? 120

Revisando a jornada do cliente para torná-la transformadora 120

Como mapear a jornada do cliente em 7 passos................................. 121

Mapeando a jornada com foco em vender e reter clientes................... 122

Passo 1: Planeje estrategicamente o *workshop* 123

Passo 2: Crie um impacto inicial poderoso................................. 123

Passo 3: Sensibilize os participantes 123

Passo 4: Capacite os participantes na metodologia 124

Passo 5: Construa a narrativa visual 124

Passo 6: Desafie os grupos em uma plenária 124

Passo 7: Registre e compartilhe os resultados 124

12 erros fatais que arruínam vendas e afastam clientes 125

1. Desconhecer a real jornada do cliente 126

2. Por inibição, clientes tímidos ficam em pânico com vendedores excessivamente sagazes 126

3. Falta de empatia das equipes 126

4. Tentar pressionar o cliente implorando para ele comprar 126

5. Oferecer o produto certo para a necessidade errada 126

6. Encher a cabeça do cliente de informações desnecessárias 126

7. Não fazer *follow-ups* com base na experiência do cliente 127

8. Argumentar somente baseado em preço e não em valor 127

9. Desconhecer qual sucesso pessoal o cliente espera com o uso do produto ou serviço 127

10. Vender produtos e serviços quando o cliente quer comprar experiência 127

11. Falar sem parar, congestionando o canal auditivo do cliente 127

12. Vender para a pessoa errada sem levantar o poder de decisão dela 127

Um marco para todos nós: a nova ciência das emoções validando o poder das conexões emocionais 128

Você realmente conhece e compreende o seu cliente? 130

Conectando Employee Experience com Vendas CXCS 131

1. Redução de silos e integração interdepartamental 132

2. Identificação de dores na jornada dos vendedores 132

3. Desonerar a Força de Vendas de tarefas não essenciais 132

4. Fornecer ferramentas adequadas para impulsionar as vendas 132

3 pilares para conectar Employee Experience com Vendas CXCS 133

O Employee Experience é base para o Novo Mindset de Vendas 133

CAPÍTULO 7 – Vendas e Customer Success na Estratégia de Retenção e Aumento de Receitas 135

Gestão de CS, uma função pouco compreendida pelo time comercial 135

O que a ciência vem nos mostrando sobre Customer Success 137

Alinhando Vendas e Customer Success para aumentar resultados 138

24 estratégias para alinhar Vendas com Customer Success e exponencializar resultados 139

Estratégias para o alinhamento inicial 139

Estratégias para elevar o valor percebido pelo cliente 140

Estratégias para otimizar a experiência do cliente 140

Estratégias para fortalecer a integração entre equipes 140

Estratégias para crescimento e retenção 140

Estratégias a longo prazo para retenção 141

O modelo de divisão de tarefas entre Vendas e Customer Success 141

Modelo 1: Vendas exclusivas para aquisição de clientes 141

Modelo 2: Vendas como motor de retenção e expansão 142

Modelo 3: Customer Success na linha de frente da expansão 142

Modelo 4: Departamento especializado em renovações 142

Modelo 5: Modelo híbrido 142

Modelo 6: Modelo personalizado 142

Escolha dos modelos para Vendas CXCS 142

Quer vender mais, proporcione a sinergia entre Vendas e Customer Success e simplicidade para o cliente 144

Na pirâmide de sucesso do cliente, o cliente atual traz novos clientes 145

A etapa de *onboarding* é mais estratégica do que pensamos 145

O processo de *onboarding* que impulsiona *upsell* e *cross-sell* 148

Competências CS para o time comercial, no ambiente Vendas CXCS 149

Desbloqueio do potencial do Customer Success Manager 150

CAPÍTULO 8 – O Processo de Vendas, *Pipeline* e Mais de 150 KPIs de Vendas 153

Processo de vendas × funil × KPIs: a grande sinergia para Vendas CXCS 154

O processo de vendas influenciado pela Jornada do cliente 154

O funil de vendas como um diagnóstico visual da jornada 155

Os KPIs não devem apresentar apenas os resultados comerciais 155

Vendendo mais a partir do processo estruturado de vendas 156

Como turbinar o *pipeline* de vendas 158

Mergulhe em mais de 150 KPIs de Venda Pessoal e Venda *On-line* 159

KPIs de ativação e prospecção de vendas 160

KPIs de ativação e prospecção – Venda Pessoal 160

KPIs de ativação e prospecção – Venda *On-line* 161

KPIs de conversão de vendas 162

KPIs de conversão de vendas – Venda Pessoal 162

KPIs de conversão de vendas – Venda *On-line* 162

KPIs de eficiência operacional em vendas 163

KPIs de eficiência operacional em vendas – Venda Pessoal 163

KPIs de eficiência operacional em vendas – Venda *On-line* 164

KPIs de experiência e sucesso do cliente 166

KPIs financeiros de resultados de vendas 167

KPIs financeiros de custos de vendas 169

KPIs financeiros de custos de vendas – Venda Pessoal 169

KPIs financeiros de custo de vendas – Venda *On-line* 170

KPIs de previsão e estratégia de vendas 172

Ao final do livro, você descobriu por que no subtítulo falo em "método de vendas potencializado por Customer Experience e Customer Success"? 173

Bibliografia 175

Índice Alfabético 181

Introdução

Sou muito grato, pois, em meu trabalho diário, tenho a oportunidade de implementar, junto com uma equipe talentosa e clientes inovadores, projetos de consultoria, desenvolver metodologias, treinar equipes de alta *performance* e estruturar áreas como Vendas, Customer Experience (CX), Customer Success (CS) e Employee Experience (EX) em empresas de diversos tamanhos e setores.

Essa vivência, que abrange desde *startups* até grandes corporações, me proporcionou uma visão cristalina ao longo dos anos sobre o que realmente impulsiona as novas vendas, garante a recorrência junto aos clientes existentes e reduz o tão indesejável *churn*. Foi essa jornada, ao lado da ciência, que me inspirou a escrever este livro e compartilhar com você as lições mais valiosas que aprendi – e continuo aprendendo!

Neste livro, apresento uma combinação poderosa de pesquisas, conhecimento e práticas reais aplicadas em empresas de referência. Compartilho o modo como temos ajudado organizações a alcançarem resultados extraordinários ao integrarem Vendas, Customer Experience e Customer Success de forma coesa e estratégica. Aqui, você encontrará *insights* fundamentados em dados sólidos e estudos de caso, com o objetivo de enriquecer seu aprendizado e inspirar mudanças transformadoras no seu ambiente de trabalho, incentivando a adoção de inovações e o alinhamento com as tendências globais mais relevantes.

A elaboração deste livro foi uma jornada desafiadora, mas extremamente gratificante. Investi centenas de horas em pesquisas das tendências empresariais globais mais recentes, mergulhando em descobertas científicas e combinando esse conhecimento com milhares de horas de implementação em empresas e treinamento de alunos. Esta obra representa a união da ciência com a prática de mercado, conectando metodologias de ponta a soluções reais que transformam a relação entre empresas e seus clientes. Uma motivação adicional foi aplicar essas metodologias em cenários reais, adaptando conceitos internacionais para a realidade brasileira e comprovando seus resultados. O processo foi enriquecedor e trouxe aprendizados que compartilho com você, leitor.

Se você busca resultados em novas vendas, deseja ampliar as práticas de *cross-sell* e *up-sell* nos já clientes e, ao mesmo tempo, combater o *churn* que assombra empresas ao redor do mundo, saiba que este livro foi elaborado especialmente para você.

O estímulo que me levou a escrever este livro surgiu ao observar uma barreira comum entre muitas empresas, inclusive aquelas que se consideram inovadoras: a separação da área de vendas das demais. Muitas vezes, as organizações criam silos que dificultam a colaboração entre equipes e o alinhamento estratégico necessário para uma abordagem realmente centrada no cliente. Às vezes, a própria equipe comercial, seja *on-line* ou *off-line*, se isola.

Contudo, esse problema é bem maior do que você imagina e isso não é exclusividade de empresas tradicionais. Essa desconexão afeta empresas de todos os portes e setores – desde *startups* ágeis até grandes conglomerados. Na maioria dos casos, mais de 80% das organizações que dizem ser centradas no cliente não conseguem, de fato, aplicar isso na prática. Em muitos casos, as áreas comerciais têm foco apenas no momento da venda, pouco se importando com estratégias de retenção e redução de *churn*, gerando o que chamo de Cultura de Vendas Tradicional.

Para contrapor esse modelo numeroso e poderoso, mas profundamente arraigado em empresas no mundo inteiro, criei o **Novo Mindset de Vendas**, título deste livro. A partir desse modelo, desenvolvi uma metodologia integrada que denominei **Vendas CXCS**. Com potencial para se tornar uma inovação de alcance global. Essa abordagem une as metodologias de Customer Experience (CX) e Customer Success (CS) às vendas, conectando também áreas estratégicas como Marketing e Operações.

O modelo de Vendas CXCS transforma os processos de vendas físicas e digitais, promovendo mudanças significativas nos resultados das empresas. Ao adotarem essa metodologia, *startups* e grandes corporações conquistam agilidade e flexibilidade para se adaptarem às demandas de um mercado em constante evolução, fortalecendo sua competitividade e entregando valor superior aos clientes.

Durante a redação deste livro, refleti profundamente sobre uma questão que me acompanhou ao longo dos anos: como classificar aqueles clientes que vão além das métricas tradicionais, como o NPS ou o CSAT, que o mercado habitualmente chama de promotores? Será que essa é realmente a escala máxima para esses heróis? Certamente, não.

Como compreender e valorizar essa "força de vendas invisível", composta por clientes que, de maneira espontânea, tornam-se verdadeiros vendedores de suas experiências positivas, impactando diretamente outros consumidores?

Minha resposta para essa questão é a proposição de um grau a mais: o **Cliente-Propulsor**, ponto culminante da abordagem Vendas CXCS. Esses clientes, ao vivenciarem interações excepcionais, transcendem a simples lealdade, tornando-se embaixadores e, eventualmente, vendedores naturais da sua marca. Suas recomendações têm um poder de influência tão grande que se tornam essenciais para conquistar novos clientes e ampliar os resultados da empresa de modo exponencial.

O *design* da capa deste livro é uma homenagem ao Cliente-Propulsor – aquele que se torna o combustível para que as empresas decolem e alcancem níveis extraordinários de sucesso.

Cada capítulo foi cuidadosamente planejado para criar o Novo Mindset de Vendas, conectando a ciência das práticas à sua implementação eficaz. Essa abordagem integra o poder do modelo Vendas CXCS e culmina no conceito transformador do Cliente-Propulsor, ajudando você a aplicar o aprendizado de forma estruturada e impactante. Aqui está um resumo do que você encontrará:

Capítulo 1: Da Venda Tradicional ao Novo Mindset de Vendas

Explora a evolução das vendas tradicionais para um modelo centrado no cliente, com base na integração de Customer Experience e Customer Success. Este capítulo mostra como o Novo Mindset de Vendas pode superar as limitações do modelo tradicional, impulsionando as vendas de novos clientes e ampliando exponencialmente as receitas de clientes atuais.

Capítulo 2: Centralidade no Cliente, CX e CS: a Tríade para Multiplicar as Vendas

Destaca como alinhar CX, CS e vendas é essencial para transformar o cliente em um Cliente-Propulsor. Apresenta práticas que colocam o cliente no centro da estratégia, promovendo fidelização, redução de *churn* e aumento das receitas com impacto direto nos resultados empresariais.

Capítulo 3: Fusão entre Vendas e Marketing para o Novo Mindset

Detalha como a sinergia entre vendas e marketing fortalece o modelo Vendas CXCS, promovendo uma conexão mais próxima com os clientes. Este capítulo aborda estratégias como *inbound marketing* e *social selling* para atrair *leads* qualificados, aumentar as conversões e consolidar a fidelidade.

Capítulo 4: Inteligência Artificial, Tecnologias e Metodologias para Vender Mais

Apresenta exemplos práticos de como ferramentas tecnológicas e metodologias emergentes, como Inteligência Artificial, automação e análise preditiva, são aplicadas no Vendas CXCS. Essas tecnologias aumentam a eficiência e personalizam as interações com os clientes, fortalecendo sua jornada até se tornarem Clientes-Propulsores.

Capítulo 5: Gestão de Equipes e Desenvolvimento de Talentos no Novo Mindset de Vendas

Descreve as funções de cada cargo que participa da venda, foca na liderança eficaz como um pilar para criar culturas de inovação e alta *performance*. Este capítulo demonstra como a capacitação contínua, o desenvolvimento de talentos e o Feed-Mentor fortalecem o Novo Mindset de Vendas, equipando as equipes para superar desafios e aumentar as vendas.

Capítulo 6: Conduzindo a Jornada Emocional do Cliente no Novo Mindset de Vendas

Mostra como atender às necessidades emocionais do cliente transforma interações em experiências memoráveis. Aborda como esse processo não apenas fideliza o cliente, mas também o impulsiona a se tornar um Cliente-Propulsor, conectando-se emocionalmente à marca e gerando valor duradouro.

Capítulo 7: Vendas e Customer Success na Estratégia de Retenção e Aumento de Receitas

Propõe o alinhamento entre vendas e Customer Success, dentro da abordagem Vendas CXCS, potencializa *cross-sell* e *up-sell*, melhora a retenção e estabelece um ciclo sustentável de valor. Este capítulo conecta estratégias a longo prazo com resultados escaláveis.

Capítulo 8: O Processo de Vendas, *Pipeline* e Mais de 150 KPIs de Vendas

Esse capítulo apresenta uma visão prática e orientada por dados para gerenciar *pipelines* e medir resultados com mais de 150 KPIs. Mostra como o monitoramento contínuo e a otimização dos processos e *pipelines* de vendas garantem a evolução dos clientes até estes atingirem o *status* de Clientes-Propulsores.

Agora, convido você a embarcar nesta jornada transformadora. Permita-se explorar as ideias apresentadas aqui e refletir sobre como elas podem se aplicar ao seu contexto. Este livro não é apenas sobre o "o que fazer," mas também sobre "como fazer" – um guia para colocar em prática as estratégias que podem revolucionar a abordagem de vendas e desbloquear todo o potencial do time comercial e dos demais cargos que compõem o *front office* das empresas.

Vamos juntos ao Capítulo 1!

Roberto P. Madruga
roberto.madruga@conquist.com.br

CAPÍTULO 1

Da Venda Tradicional ao Novo Mindset de Vendas

Chegamos ao ponto de ruptura. A relação entre empresas e clientes – seja em transações B2B, B2C, B2B2C ou mesmo em parcerias governamentais – está se transformando de modo radical. O comprador que antes aceitava passivamente o que lhe era oferecido e seguia os *calls to action* sem questionar, simplesmente, desapareceu. No lugar dele, surge um cliente que desafia as empresas a repensarem cada interação.

O processo de vendas – seja presencial ou *on-line* – e as competências das equipes comerciais estão sendo desafiados como nunca. A pressão é enorme: os métodos tradicionais, ancorados em metas a curto prazo, simplesmente não suportam o peso das exigências de um cliente cada vez mais empoderado. Gerentes e suas equipes que se apegam a fórmulas usuais veem-se ultrapassados, enquanto novas competências, como o domínio de Customer Experience (CX), Customer Success (CS) e o uso estratégico da Inteligência Artificial (IA), tornam-se mandatórias para quem deseja se destacar.

Quem está preparado para essa revolução? Quem está disposto a abandonar o conforto do modelo tradicional para abraçar um Novo Mindset de Vendas?

Eu mesmo precisei transformar minha visão sobre o verdadeiro significado de "vender". Confesso que, por muito tempo, fui movido pela urgência de implementar estratégias e ver resultados imediatos. No entanto, ao equilibrar agilidade com estratégia, percebi que avançar com propósito e saber o momento certo para agir gera resultados mais consistentes. Essa postura, que aplico na Conquist, foi essencial para construir um dos maiores ecossistemas de Customer Experience e Customer Success do Brasil, o The Customer Summit, e para desenvolver projetos de consultoria, educação e pesquisa em mais de 700 empresas, incluindo algumas das mais admiradas do mundo.

Com base nessa experiência prática e fundamentada na ciência, desenvolvi o modelo **Vendas CXCS** – uma abordagem que integra vendas com Customer Experience e Customer Success para criar uma jornada de vendas profundamente centrada no cliente. Nesse **Novo Mindset de Vendas**, vender é apenas uma etapa em um ciclo contínuo, que transforma o cliente para ir além do papel de "promotor" da marca,

CAPÍTULO 1

tão celebrado nos modelos tradicionais. Esse cliente, que apelidamos de **"Cliente-Propulsor"**, não apenas recomenda a marca, mas impulsiona o crescimento da empresa fornecedora de maneira espontânea e entusiástica, representando o exemplo máximo dessa nova cultura. Você já reparou que a capa deste livro contém a imagem de um foguete? Esse é o símbolo do **Cliente-Propulsor**. Vamos em frente!

A decadência da cultura de vendas tradicional

A cultura de vendas tradicional, como o próprio nome sugere, está enraizada em práticas convencionais, moldadas em um cenário de mercado que pouco se assemelha ao de hoje. Nesse modelo, o cliente é visto como uma "presa" a ser conquistada, enquanto a venda se torna uma "arma" para capturar o alvo. O foco está na transação em si, deixando a experiência e o sucesso do cliente frequentemente em segundo plano. O vendedor, mais centrado em si mesmo e em suas metas pessoais, perde a oportunidade de aprofundar verdadeiramente os gatilhos que criam experiências memoráveis e que promovem o sucesso autêntico do cliente. Essa abordagem limita o relacionamento ao ato de vender, negligenciando a chance de construir algo significativo e duradouro com o cliente.

Na prática, essa cultura depende de táticas de pressão e de descontos constantes para acelerar o fechamento do negócio. Embora essas estratégias possam funcionar a curto prazo, elas não promovem uma relação a longo prazo com o cliente e, muitas vezes, desvalorizam o produto ou serviço. O resultado é uma venda que não considera o verdadeiro valor da solução para o cliente. Nesse modelo, não existe um esforço real para entender as dores ou os desejos do cliente. Como consequência, ele percebe que é tratado como apenas mais um "comprador" e não como uma prioridade.

Outra crítica à cultura de vendas tradicional é a falta de colaboração entre equipes, o que gera uma visão fragmentada da jornada do cliente. As áreas de vendas, marketing e atendimento operam isoladas, sem troca de informações e sem uma visão integrada do percurso que o cliente percorre. Essa falta de alinhamento cria uma experiência inconsistente, na qual cada ponto de contato parece desconexo e descoordenado, dificultando a construção de uma experiência fluida e coesa para o cliente.

Na cultura de vendas tradicional, marketing é uma área que se considera a "dona da bola", liderando a criação de campanhas e estratégias, mas muitas vezes de maneira isolada e sem uma conexão direta com as necessidades reais da equipe de Vendas. Por outro lado, a equipe de Vendas se vê como a área mais importante da empresa, sob a justificativa de que são eles que "trazem o dinheiro para dentro". Essa visão de supremacia, tanto de marketing quanto de vendas, acaba criando um ambiente onde cada área prioriza suas próprias metas, focando em resultados imediatos e fragmentados, em vez de colaborar para alcançar um objetivo comum.

Esse isolamento impede que essas áreas, ao lado das demais equipes de *front office*, trabalhem juntas para um propósito maior: proporcionar experiências positivas e significativas para o cliente e contribuir para o sucesso dele ao longo de toda a jornada. O resultado dessa disfunção é uma cultura que negligencia o valor da colaboração e limita o impacto positivo que poderia ser gerado para o cliente e para o crescimento sustentável da empresa. Enquanto isso, as demais áreas de *front office*, como Customer Experience, Customer Success e Suporte, lutam para serem ouvidas e para demonstrar seu valor estratégico.

Enquanto a cultura de vendas tradicional perde sua relevância, uma nova abordagem ganha espaço: a Cultura de Vendas CXCS. Esse modelo integra Customer Experience e Customer Success para construir relacionamentos duradouros e gerar resultados exponenciais. Diferentemente do modelo tradicional, que enxerga o fechamento de vendas como um "abate de presa", Vendas CXCS coloca o cliente no centro, priorizando o entendimento e o acompanhamento contínuo ao longo de toda a jornada. Em cada interação, o foco está em criar valor real e estabelecer uma conexão que fidelize o cliente de maneira autêntica e profunda.

Nos próximos tópicos, você verá como essa nova cultura desafia a mentalidade ultrapassada e apresenta um caminho estruturado para empresas que buscam evolução, promovendo negócios sustentáveis e construindo relacionamentos sólidos com seus clientes. É uma abordagem que transforma a venda em uma parceria, criando Clientes-Propulsores.

Na cultura de vendas tradicional, o feedback do cliente é um risco

Na cultura de vendas tradicional, o feedback proveniente das experiências do cliente é frequentemente mal interpretado. Em vez de ser encarado como uma oportunidade estratégica de melhoria, ele é tratado como uma ameaça ou um obstáculo que deve ser contornado. Essa mentalidade defensiva cria barreiras que impedem a empresa de evoluir conforme as necessidades e expectativas do cliente, tornando-se resistente a adaptações que poderiam aprimorar seus produtos, serviços e processos.

Vou fornecer um exemplo bem prático do que estou falando. Essa visão distorcida do feedback gera, inclusive, comportamentos que minam a sinceridade das respostas dos clientes em pesquisas de engajamento, NPS (*Net Promoter Score*) e CSAT (*Customer Satisfaction Score*). Na tentativa de elevar a nota global, a equipe comercial muitas vezes interfere diretamente no feedback, orientando o cliente a dar avaliações positivas em vez de permitir uma expressão autêntica das percepções e experiências. Esse tipo de influência não apenas compromete a integridade dos dados coletados, mas também impede que a empresa identifique áreas de melhoria genuínas e enderece problemas que afetam a satisfação e a lealdade do cliente.

Imagine que uma empresa de *software* está prestes a realizar uma rodada de pesquisa de NPS com seus principais clientes para medir a satisfação e a probabilidade de recomendação. Sabendo da importância da nota para a avaliação de desempenho da equipe, o time comercial decide se antecipar ao envio do questionário, entrando em contato com os clientes para "prepará-los". Nesse contato, ele sugere diretamente que uma nota alta ajudaria a manter o relacionamento e até reforça os benefícios que o cliente já obteve com a solução, minimizando problemas anteriores.

O receio do feedback negativo por parte dos clientes frequentemente leva a Força de Vendas a preparar o cliente para "pegar leve" na avaliação, ocultando pontos de melhoria na jornada.

CAPÍTULO 1

Como resultado, muitos clientes, influenciados por esse contato, acabam dando uma nota mais alta do que realmente gostariam, evitando mencionar pontos de insatisfação ou áreas que poderiam ser melhoradas. O impacto disso é duplo: de um lado, a empresa vê um aumento artificial na nota de NPS e, de outro, perde feedback essencial que poderia ajudar a identificar falhas ou oportunidades de aperfeiçoamento na jornada do cliente.

No fundo, a cultura tradicional de vendas prioriza a prospecção incessante em detrimento da retenção. Clientes entram e saem do ciclo sem que haja um esforço consistente para fidelizá-los. A empresa investe tempo e dinheiro para captar novos clientes, mas raramente busca maneiras de manter os clientes existentes satisfeitos e engajados. Esse ciclo exaustivo e custoso de aquisição e substituição limita o crescimento da empresa e afeta a percepção de valor da marca, enfraquecendo a lealdade do cliente.

Em essência, a cultura de vendas tradicional impõe uma visão a curto prazo, pela qual o lucro imediato é mais valorizado do que a construção do engajamento com o cliente. Esse modelo pode ter sido eficaz até bem pouco tempo atrás. Hoje, no entanto, a cultura de vendas tradicional se mostra obsoleta em diversos segmentos – B2B, B2C, B2B2C e até mesmo em órgãos governamentais. Ela não se alinha mais com as necessidades de empresas de diferentes tipos e tamanhos, desde *startups* com equipes comerciais enxutas até grandes corporações.

A mentalidade tradicional falha em criar uma jornada integrada e consistente, que é exatamente o que o cliente hoje espera de suas interações com uma marca, independentemente do porte ou do setor da empresa.

O motivo é simples. O cliente deseja mais que um produto; ele busca uma experiência significativa e um parceiro de confiança. A transição para um Novo Mindset de Vendas, orientado por Customer Experience e Customer Success, desafia esses paradigmas tradicionais e propõe que cada cliente seja visto como um parceiro de longo prazo, com quem a empresa constrói uma relação de confiança e valor mútuo.

Conheça os 10 sinais da cultura de vendas tradicional

Para deixar claro desde o início, quando me refiro à cultura de vendas tradicional, estou falando daquela mentalidade que ainda prevalece em empresas de diversos setores e tamanhos. Essa abordagem insiste em "empurrar" produtos e serviços para o cliente, muitas vezes recorrendo a descontos como muleta para fechar negócios rapidamente. Nesse tipo de mentalidade, a experiência e o sucesso do cliente são deixados em segundo plano, enquanto o foco se restringe ao ato imediato de vender, como se cada transação fosse isolada e sem impacto a longo prazo.

O problema central dessa cultura é que ela fragmenta o atendimento e compromete o potencial de criação de valor duradouro. Em um ambiente onde o cliente é tratado apenas como mais um número, as equipes operam isoladamente, com pouca ou nenhuma comunicação entre si. Como resultado, cada área enxerga o cliente de forma limitada e desconectada. O cliente, nesse cenário, acaba sendo "dividido" em partes, como uma presa recém-capturada, e ninguém se responsabiliza por sua jornada completa ou pelo sucesso final da experiência. Essa falta de visão integrada desperdiça inúmeras oportunidades que poderiam fortalecer os resultados de todos.

Quando uma organização está presa a essa cultura, certos comportamentos nocivos acabam se tornando o padrão e comprometem a qualidade da experiência do cliente. Esses são alguns dos sinais mais comuns de que a empresa ainda opera sob uma mentalidade de vendas tradicional:

1. O cliente é visto como parte secundária da transação

Na cultura de vendas tradicional, a prioridade está em bater metas e alcançar números. As metas mensais e trimestrais tornam-se o objetivo final, deixando as necessidades reais do cliente em segundo plano. Os vendedores, pressionados por essas métricas, tratam o cliente como um meio para atingir o número desejado, em vez de considerá-lo como um parceiro ou como o propósito do trabalho. O cliente, assim, deixa de ser visto como um indivíduo com valores pessoais e é tratado apenas como uma etapa no caminho para o sucesso interno da empresa.

2. Apenas as necessidades superficiais dos clientes são consideradas

Na pressa para fechar a venda, a conversa se resume no produto disponível ou na promoção do momento. A equipe de Vendas raramente se preocupa em entender o que o cliente realmente precisa. Em vez de investigar a fundo as dores e os desafios do cliente, o atendimento é superficial, perdendo-se a oportunidade de oferecer uma solução personalizada que poderia fidelizar o cliente a longo prazo. Essa falta de profundidade deixa de lado o potencial de criar um vínculo e transforma a venda em uma interação vazia.

3. Rotular o cliente como "chato", "ansioso" ou "difícil"

Quando a negociação não avança de acordo com os desejos da equipe, é comum que o cliente receba rótulos depreciativos. Frases como "esse cliente é muito enrolado!" ou "ele é ansioso demais!" se tornam frequentes, e o cliente é tratado como uma "pedra no sapato". Essa postura afasta a responsabilidade de ajustar a abordagem e melhorá-la, impedindo que os vendedores façam uma autoanálise e aprimorem suas habilidades para lidar melhor com diferentes perfis de cliente.

4. Feedbacks do cliente são ignorados ou "escondidos"

Em vez de ver o feedback do cliente como uma oportunidade de aprendizado e melhoria, a cultura tradicional frequentemente o trata como um obstáculo a ser contornado ou como uma ameaça à imagem dos vendedores. Vendedores evitam levar feedbacks negativos para a liderança, temendo que isso prejudique sua reputação ou *performance* interna. Assim, críticas que poderiam gerar melhorias importantes são ignoradas, fazendo com que problemas recorrentes persistam e impactem a experiência de outros clientes.

5. Vendedores se posicionam como "heróis" e clientes, como "vilões"

No ambiente tradicional de vendas, o cliente é frequentemente tratado como um obstáculo a ser superado, em vez de um parceiro na negociação. Frases como "consegui vender mesmo com aquele cliente complicado!" tornam-se comuns, criando uma mentalidade de conflito em vez de colaboração. Isso alimenta um comportamento no qual o vendedor se enxerga como o "herói" que supera as dificuldades impostas pelo cliente, o que prejudica a relação e limita as chances de construir uma parceria duradoura.

CAPÍTULO 1

6. O foco está na prospecção, não na retenção

Empresas com essa mentalidade investem pesadamente em campanhas para conquistar novos clientes, enquanto dedicam poucos recursos para manter os clientes atuais satisfeitos e engajados. A retenção, que é crucial para a construção de um negócio sólido e sustentável, é deixada em segundo plano, resultando em uma constante necessidade de prospecção e altos custos de aquisição. Esse ciclo incessante de captar novos clientes desgasta as equipes e faz com que a empresa perca consumidores fiéis, que poderiam ter se tornado embaixadores da marca.

7. Clientes só são ouvidos quando reclamam

Na cultura de vendas tradicional, o feedback é tratado como uma obrigação formal, algo a ser feito para evitar crises, mas não como uma oportunidade real de aprendizado. As empresas apenas reagem quando os problemas se tornam grandes o suficiente para serem notados, em vez de anteciparem as necessidades do cliente e oferecerem uma experiência consistente e proativa. Essa postura reativa prejudica a percepção que o cliente tem da marca, pois ele sente que sua voz só é valorizada quando traz críticas.

8. Problemas não são analisados de maneira preventiva

Mesmo diante de reclamações recorrentes, a cultura tradicional falha em agir preventivamente. As empresas que operam desse modo tendem a ignorar sinais de insatisfação ou padrões de problemas, tratando cada reclamação como um caso isolado. Sem esforços estruturados para prevenir falhas antes que afetem o cliente, essa abordagem perpetua um ciclo de erros repetidos, em que os mesmos problemas surgem continuamente, desgastando o relacionamento com o cliente.

9. A jornada do cliente raramente é mapeada

Na ausência de um mapeamento completo da jornada do cliente, a experiência oferecida é inconsistente. O cliente pode ter um excelente atendimento *on-line*, mas enfrentar uma experiência frustrante na loja física, ou vice-versa. A falta de integração entre os pontos de contato cria lacunas que dificultam a fidelização, pois o cliente é submetido a uma série de interações desconexas que não agregam valor de maneira coesa.

10. Egos exagerados dominam as equipes

A cultura de vendas tradicional incentiva um ambiente de competição interna, onde cada vendedor tenta se destacar individualmente, buscando provar sua superioridade em relação aos colegas. Em vez de colaboração e trabalho em equipe, prevalece uma postura de confronto, o que cria atritos e desconexão entre as áreas e compromete tanto a experiência do cliente quanto o desempenho geral da empresa.

Esses sinais não apenas sufocam o cliente, mas também impedem a empresa de evoluir e de se adaptar ao mercado moderno. Ao insistir nessa cultura fragmentada e a curto prazo, a organização negligencia o potencial de construir uma base de clientes leais e comprometidos.

Subindo um nível na régua: da cultura tradicional para o Novo Mindset de Vendas

Empresas que insistem em operar sob uma cultura de vendas tradicional, como foi o caso de gigantes como Yahoo, Kodak e Blockbuster, estão, frequentemente, fadadas a perder relevância. Cada uma dessas marcas já dominou seu setor e parecia inabalável, mas a falta de adaptação a um mercado centrado na experiência e no sucesso do cliente resultou em declínios drásticos. Enquanto a Yahoo perdeu terreno para concorrentes que priorizaram a personalização e a conectividade digital, a Kodak falhou em abraçar o avanço da fotografia digital e a Blockbuster ficou estagnada diante da transformação para soluções de *streaming*, que facilitavam a vida do cliente. Esses exemplos revelam como ignorar a centralidade do cliente e a inovação pode rapidamente tornar qualquer empresa obsoleta em um mercado que valoriza flexibilidade e conexão genuína com o consumidor.

Sendo muito sincero, a ausência de uma cultura voltada para o sucesso do cliente limita o impacto que esse consumidor poderia ter nos resultados da empresa. Ao não considerar o cliente como um parceiro estratégico e um potencial embaixador da marca, a organização deixa de alcançar o verdadeiro potencial de crescimento orgânico, que ocorre quando os próprios clientes se tornam uma Força de Vendas adicional, contribuindo para uma expansão mais sustentável e escalável.

Superar essa mentalidade exige uma mudança profunda no modo como a empresa enxerga tanto o cliente quanto o processo de venda. Vender deixa de ser apenas uma questão de fechar negócios; torna-se uma oportunidade de agregar valor em cada ponto de contato, garantindo que o cliente tenha sucesso ao longo de toda a sua jornada. Sem essa mudança de paradigma, a empresa pode até continuar vendendo, mas nunca atingirá seu verdadeiro potencial, que se apoia em clientes engajados e leais – o que chamo de **Clientes-Propulsores**.

*O **Cliente-Propulsor** é uma extensão poderosa da equipe de Vendas: ele não só recomenda a marca, mas também influencia entusiasticamente outros clientes a fecharem negócios.*

Dessa maneira, o método que descrevo neste livro prova-se eficaz. O Novo Mindset de Vendas é unificado e centrado no cliente, de modo que cada interação se transforma em uma oportunidade de fortalecer o relacionamento. Nesse novo modelo, o ciclo da venda não termina com o vendedor, mas com o próprio cliente, que alcança seus objetivos e se torna um propulsor natural da marca. Ao integrarmos vendas, experiência e sucesso em uma jornada única, deixamos de "sufocar" o cliente com transações e passamos a incorporá-lo como parte essencial do nosso crescimento e evolução.

A seguir, apresento o segredo do sucesso das empresas mais admiradas do mundo, que possuem uma competência inquestionável: a venda aliada a uma dedicação incrível à experiência e ao sucesso do cliente.

CAPÍTULO 1

O segredo das empresas mais admiradas do mundo

Mundialmente, a Apple se destaca não apenas por sua capacidade de inovar, mas também por seu *design* inconfundível, enquanto a Amazon está redefinindo o que entendemos por varejo e serviços na nuvem. A Microsoft, por sua vez, não fica para trás, sendo uma referência quando o assunto é desenvolvimento de *software* e soluções voltadas para o mundo empresarial. E aí temos a Alphabet (Google), que domina o vasto universo da Internet com seus serviços de busca e suas inovações tecnológicas de ponta.

E não para por aí! A Tesla está acelerando a revolução dos veículos elétricos e das soluções em energia sustentável, enquanto o Itaú nos mostra o verdadeiro poder do investimento de valor com sua carteira diversificada de clientes. A Disney, por sua vez, continua a nos encantar com seu universo de entretenimento e suas franquias de mídia sem igual. E, falando em ícones, a Coca-Cola mantém sua posição de destaque no mundo das bebidas, reconhecida em qualquer canto do planeta.

A Walmart lidera com maestria o segmento de varejo, marcando presença tanto no mundo físico quanto no digital, e a Nike está sempre um passo à frente, ditando tendências no mundo dos artigos esportivos e da moda. O Facebook (Meta) se mantém no epicentro das redes sociais, enquanto a Samsung e a Nvidia se destacam, respectivamente, nos setores de eletrônicos de consumo e semicondutores. A Netflix, por sua vez, revolucionou o jeito como consumimos mídia em *streaming*, e a Toyota continua mostrando sua força na indústria automobilística.

Empresas como a Johnson & Johnson são pilares nos segmentos de saúde e bens de consumo, enquanto a Visa e o PayPal nos mostram a crescente relevância da tecnologia financeira. A IBM e a Salesforce, líderes em tecnologia e consultoria, são exemplos claros de como a inovação está moldando o futuro desses campos. E não podemos nos esquecer da Airbnb, que revolucionou a maneira como vemos hospitalidade, e da McDonald's, um verdadeiro ícone no mundo de alimentos e bebidas.

E, complementando essa visão global, temos empresas como a Intel, Spotify e a Cisco, cada uma liderando em seu respectivo nicho, desde semicondutores até serviços financeiros. Juntas, elas desenham um panorama vibrante da força da marca, da inovação e da estratégia empresarial, que juntas moldam nosso dia a dia e o cenário econômico mundial.

Mas, qual o segredo das empresas mais admiradas do mundo?

No centro de suas estratégias, encontra-se uma competência inigualável em vender, aliada a uma dedicação fervorosa à experiência do cliente (Customer Experience) e ao sucesso do cliente (Customer Success). Essas empresas não se limitam a oferecer produtos ou serviços de excelência; elas criam jornadas memoráveis para seus consumidores, garantindo não apenas a satisfação, mas também a construção de uma relação duradoura. A habilidade de entender profundamente os clientes é o que as diferencia.

Cada interação é vista como uma oportunidade para fortalecer essa conexão, transformando clientes em verdadeiros embaixadores da marca. Esse foco incansável no cliente é o motor que impulsiona o crescimento e a inovação, consolidando a posição de liderança dessas empresas mundialmente. Além disso, elas trabalham continuamente para unir as áreas de *front* e *back office* em prol da centralidade genuína nos clientes, sejam eles B2B, B2C, B2B2C, B2G ou outros modelos de negócios. A seguir, veremos a convergência entre CX e CS.

Vamos em frente nessa nova cultura, mas de forma estruturada

Veja o exemplo das empresas que acabei de apresentar. A construção de uma cultura de vendas vencedora se deu de forma estruturada e ao longo de vários anos.

Pensando na minha própria experiência pessoal, adotar o estilo – avançar de maneira ágil, porém estruturada e sabendo aguardar o momento certo – foi uma das decisões mais eficazes que tomei ao longo da minha trajetória profissional. Em muitos momentos, a pressa de implementar o Novo Mindset de Vendas pode parecer irresistível, mas aprendi que o verdadeiro crescimento vem quando equilibramos a urgência com a paciência estratégica. Esse método não só me permitiu obter mais resultados, mas também ajudou a fortalecer a confiança das equipes e o engajamento dos clientes ao longo do processo. A combinação de rapidez com estrutura me trouxe importantes conquistas e me ensinou que, muitas vezes, o segredo está em saber quando acelerar e quando dar um passo para consolidar o avanço.

A transição para o Novo Mindset de Vendas é, sem dúvida, uma mudança profunda e abrangente. No entanto, essa transformação não precisa – e muitas vezes não pode – ocorrer da noite para o dia. É uma jornada estratégica, construída passo a passo, mas com um comprometimento claro: alcançar uma reformulação completa da maneira como sua empresa se relaciona com o cliente.

Pense nessa transformação como uma série de passos progressivos que, juntos, criam novo alicerce para o negócio. Começa com pequenas adaptações, como revisar os métodos de atendimento ou incentivar a colaboração entre equipes, e avança para uma integração mais profunda, em que cada área passa a trabalhar com o cliente no centro de todas as decisões. A implementação gradual permite que a equipe assimile as mudanças e adapte processos de modo sustentável, evitando a resistência interna e fortalecendo o engajamento de todos os envolvidos.

Ainda assim, é essencial manter a visão a longo prazo. Embora a implantação possa ser progressiva, a meta é uma mudança radical de cultura. Esse novo modelo de vendas centrado no cliente exige uma transformação estrutural que não pode ser adiada indefinidamente – ela deve ser conduzida com firmeza e visão de futuro.

Portanto, a transição para o Novo Mindset de Vendas é uma jornada que combina a paciência de uma implementação gradual com a determinação de alcançar uma mudança profunda.

Comparando as duas culturas

Para compreender as diferenças entre a cultura de vendas tradicional e a nova abordagem, é essencial contrastar as características que distinguem esses dois modelos. A cultura de vendas tradicional, focada em metas a curto prazo e transações isoladas, tende a ver o cliente apenas como um número, priorizando o lucro imediato em vez de um relacionamento duradouro. Essa mentalidade fragmenta a jornada do cliente, reduz o potencial de engajamento e transforma o cliente em um meio para atingir objetivos internos, sem compromisso real com a sua experiência ou sucesso. Em contrapartida, O Novo Mindset de Vendas propõe uma transformação profunda, colocando o cliente no centro da estratégia. Ela integra Vendas, Customer Experience, Customer Success, Marketing e Tecnologia para criar uma jornada de valor contínuo. Cada interação se torna uma oportunidade de fortalecer o relacionamento

CAPÍTULO 1

e de transformar o cliente em um embaixador ativo da marca. Nesse modelo, o foco é a criação de experiências memoráveis e o sucesso do cliente no uso das soluções oferecidas, gerando não apenas satisfação, mas fidelidade e recomendações espontâneas.

O Quadro 1.1 destaca esses pontos, comparando a abordagem tradicional com o novo modelo de vendas em pilares como foco principal, colaboração entre equipes, engajamento do cliente e visão da jornada.

Quadro 1.1 Comparação da cultura de vendas tradicional *versus* o Novo Mindset de Vendas

Pilar	Cultura de vendas tradicional	Novo Mindset de Vendas
1. Objetivo estratégico	Tornar os clientes compradores frequentes.	Além de compras frequentes, tornar o cliente uma força propulsora da empresa.
2. Foco principal	Vendas rápidas e lucro imediato.	Criação de experiências excepcionais e sucesso contínuo do cliente.
3. Abordagem de vendas	Oferecer produtos e serviços para o cliente.	Acompanhar o cliente ao longo da jornada, garantindo experiências e o sucesso dele.
4. Estratégia principal de retenção	Descontos, promoções e bajulação do cliente.	Criação de experiências memoráveis por meio de estratégias de CX e de gatilhos de sucesso por meio do CS.
5. Colaboração entre equipes	Departamentos isolados, com cada área focada em suas próprias metas.	Sinergia total entre Vendas, CX, CS, Marketing e Suporte para uma visão integrada do cliente.
6. Feedback do cliente	Feedback visto como um risco para algumas áreas.	Feedback valorizado como base para aprimoramento e inovação.

Fonte: Desenvolvido pelo autor.

O Quadro 1.1 nos revela essas gigantescas diferenças. Enquanto o modelo anterior se concentra em metas imediatas e transações isoladas, a nova abordagem trata o cliente como um parceiro estratégico e potencial embaixador da marca. Essa visão integradora transforma cada interação em uma oportunidade de gerar valor, criando experiências memoráveis e construindo um relacionamento duradouro.

O Novo Mindset de Vendas alimenta o *Cliente-Propulsor*

Imagine uma Força de Vendas adicional, poderosa e totalmente gratuita, formada pelos próprios clientes da sua empresa. Eles não apenas compram seus produtos ou serviços, mas também se tornam verdadeiros propulsores do crescimento, recomendando sua marca com entusiasmo e autenticidade. Esse modelo, no qual cada

Da Venda Tradicional ao Novo Mindset de Vendas

cliente satisfeito se torna um vendedor informal, é mais real e acessível do que você imagina – e pode multiplicar os resultados da sua equipe oficial.

Para algumas empresas, a proporção de Clientes-Propulsores em relação aos vendedores oficiais chega a 10 para 1. Isso mesmo: para cada colaborador que trabalha na linha de frente, você pode ter 10 clientes promovendo sua marca. Essa é uma realidade concreta e uma estratégia que tenho implementado com sucesso em projetos que priorizam a experiência e o sucesso do cliente. O segredo? Um Novo Mindset de Vendas que integra Customer Experience, Customer Success e Marketing, criando um ecossistema onde o cliente está genuinamente no centro de todas as operações.

Esse modelo de sinergia não apenas potencializa o engajamento dos clientes, mas também os capacita a promover os produtos e serviços de maneira espontânea. Ao oferecer uma experiência que supera expectativas em cada ponto de contato, você cultiva nos clientes um entusiasmo autêntico pela marca. Eles deixam de ser apenas consumidores para se tornarem verdadeiros fãs e promotores, compartilhando suas experiências positivas – muitas vezes sem perceberem que estão, de fato, atuando como vendedores.

Na minha própria empresa, mais de 50% dos novos projetos vêm por meio de indicações espontâneas de clientes e alunos engalados. Eles não apenas indicam, mas influenciam diretamente, celebrando junto conosco cada novo cliente conquistado. Esse fenômeno é impulsionado pela preparação cuidadosa e contínua das equipes de *front office* – incluindo vendas *on-line* e *off-line*, suporte, Customer Experience e Customer Success. Ao equipar cada membro da equipe com o conhecimento profundo sobre nossas soluções e com uma metodologia centrada no cliente, cada interação se torna uma oportunidade para reforçar o valor da marca e incentivar o cliente a compartilhar sua satisfação.

Desenvolver Clientes-Propulsores significa somar novos resultados de vendas aos que já são produzidos pelas equipes comerciais, por isso, todas as áreas devem cooperar com essa cultura.

Entretanto, como isso impacta os negócios fechados pela equipe de Vendas? Longe de substituir as vendas tradicionais, os clientes engajados complementam o trabalho da linha de frente, somando novas oportunidades e resultados. As equipes incentivam proativamente os clientes a se tornarem propulsores de negócios, criando uma dinâmica de colaboração na qual todos ganham. Esse modelo de crescimento colaborativo destaca a importância de investir continuamente na capacitação das equipes, garantindo um ciclo virtuoso de satisfação, lealdade e sucesso. Para que essa cultura prospere, é fundamental que todas as áreas da empresa cooperem e estejam alinhadas com esse propósito.

Ao adotar essa estratégia, você não apenas eleva o desempenho da sua equipe, mas também transforma cada cliente engajado em uma extensão poderosa do seu time de vendas. Essa Força de Vendas adicional opera com base na confiança e na lealdade, dois pilares essenciais para o crescimento sustentável de qualquer negócio.

CAPÍTULO 1

Em última análise, os clientes se tornam o maior ativo da sua empresa – não apenas pelo lucro direto que geram, mas também pelo imenso potencial de promoverem e expandirem sua marca espontaneamente, sem esperar nada em troca.

Elisa Abbot, em seu artigo *5 Ways to Make Customers Your Best Salespeople*,[1] oferece estratégias valiosas para transformar clientes em vendedores genuínos da marca, enfatizando a importância de incentivar o compartilhamento de conteúdo gerado pelos próprios usuários, como avaliações, fotos e vídeos, em plataformas integradas às redes sociais. Abbot também destaca a eficácia dos programas de lealdade, que oferecem benefícios como descontos e eventos exclusivos, demonstrando apreço pelos clientes e encorajando-os a compartilhar experiências positivas. Além disso, a autora aposta na força das histórias reais, incentivando o uso de depoimentos autênticos para criar uma conexão emocional e gerar confiança. Ela sugere ações práticas, como oferecer uma experiência excepcional que fidelize e motive os clientes a recomendarem a empresa.

Quem é o *Cliente-Propulsor*? 8 características que definem esse perfil valioso

Cliente-Propulsor é mais do que um consumidor fiel; ele é um verdadeiro parceiro que se identifica profundamente com a marca, exercendo uma influência positiva e genuína em seu círculo social. Esse cliente reconhece e valoriza o que a empresa faz por ele, engajando-se ativamente em promover a marca de forma natural e espontânea. Vamos apresentar as oito características que definem esse perfil tão valioso:

1. **Reconhece as experiências criadas para ele**: o *Cliente-Propulsor* percebe e aprecia cada detalhe da experiência que foi planejada pela empresa. Ele valoriza a dedicação e o cuidado envolvidos em cada interação.

2. **Engaja-se também pelo sentimento**: esse cliente se conecta emocionalmente à marca. Sua fidelidade vai além dos produtos ou serviços em si; ele se envolve com os valores, com as pessoas, a visão e até com a história da empresa, criando uma conexão mais do que comercial.

3. **Vende a marca sem sentir que está vendendo**: para o *Cliente-Propulsor*, falar bem da marca é algo natural. Ele recomenda os produtos e serviços espontaneamente, de forma genuína, sem se sentir pressionado ou incentivado a fazer isso. O entusiasmo dele é autêntico e isso torna suas recomendações ainda mais valiosas.

4. **Exerce influência sobre outros clientes**: pessoas ao redor do *Cliente-Propulsor* confiam na sua opinião. Quando ele fala bem da marca, sua influência é capaz de inspirar outros clientes a conhecê-la e até mesmo a adotá-la. Ele se torna um exemplo, um guia para aqueles que buscam referências confiáveis.

5. **Defende a empresa de forma espontânea**: quando a empresa é injustamente criticada, o *Cliente-Propulsor* se sente pessoalmente motivado a

---

[1] Fonte: disponível em: https://openviewpartners.com/blog/5-ways-to-make-customers-your-best-salespeople/#.X2zf9GhKjIV. Acesso em: 24 set. 2020.

defendê-la. Ele conhece a marca de verdade e não hesita em usar sua voz para esclarecer dúvidas, reforçando o valor e a integridade da empresa perante outros consumidores.

6. **Fica feliz ao ouvir falar da marca por terceiros**: quando o *Cliente-Propulsor* ouve outras pessoas falando da marca de forma positiva, ele se sente orgulhoso. Isso reforça sua conexão com a empresa, como se ele próprio fizesse parte do sucesso e da boa reputação que ela alcançou no mercado.

7. **Utiliza os produtos e serviços adquiridos**: o *Cliente-Propulsor* é alguém que não apenas compra, mas realmente usa e se beneficia dos produtos ou serviços oferecidos pela marca. Ele conhece o valor prático daquilo que adquiriu e, por isso, sua satisfação é autêntica e evidente.

8. **Reconhece o sucesso com a ajuda da marca**: ao alcançar resultados ou conquistas que foram facilitados pela empresa, o *Cliente-Propulsor* reconhece a importância desse apoio. Ele atribui parte de seu sucesso ao relacionamento com a marca, enxergando-a como uma aliada em suas vitórias pessoais e profissionais.

Uma pergunta que todos devem se fazer: **Como levar o cliente para um novo nível, saindo de cliente satisfeito e engajado para Cliente-Propulsor?** A resposta está em implementar o **Framework Vendas CXCS**.

O Framework Vendas CXCS para implementar o Novo Mindset de Vendas

Compreender o impacto do Novo Mindset de Vendas e reconhecer o poder do **Cliente-Propulsor** são apenas os primeiros passos. Para transformarmos essa visão em realidade e estabelecermos uma cultura de vendas genuinamente centrada no cliente, desenvolvemos um *framework* prático, estruturado em três movimentos contínuos e fluidos, simbolizando uma jornada que impulsiona a continuidade e a velocidade. Esses movimentos funcionam como guias dinâmicos para você e sua equipe em cada etapa da transformação, oferecendo uma metodologia prática, adaptável a empresas de todos os portes e setores. Por isso, batizei de **Framework Vendas CXCS**. As etapas e os respectivos conteúdos são:

1. Construção da Base do Novo Mindset de Vendas

Este primeiro movimento é a fundação para uma mudança estruturada. Compreende a transição de um modelo tradicional para um *mindset* inovador, no qual o cliente está no centro da estratégia. Essa fase inicial abrange três movimentos, que foram expressos nos três primeiros capítulos deste livro:

1. Da venda tradicional ao Novo Mindset de Vendas.
2. Centralidade no cliente, CX e CS: a tríade para multiplicar as vendas.
3. Integração entre Vendas e Marketing para o Novo Mindset de Vendas.

2. Execução de Vendas

Após estabelecer uma base sólida, o segundo movimento foca na execução prática das estratégias de vendas. Esta etapa é dedicada a impulsionar a Força de Vendas com tecnologias, metodologias e uma abordagem emocional que garanta uma experiência memorável para o cliente. Apresento esse processo em três movimentos e respectivos capítulos:

1. Inteligência Artificial, tecnologias e metodologias para vender mais.
2. Gestão de equipes e desenvolvimento de talentos no Novo Mindset de Vendas.
3. Conduzindo a jornada emocional do cliente no Novo Mindset de Vendas.

3. Retenção e Mensuração de Resultados

O terceiro movimento é focado na retenção de clientes e na mensuração dos resultados, assegurando que os esforços anteriores se traduzam em sucesso contínuo. Esta etapa final se concentra na fidelização dos clientes e na análise de dados para aprimorar continuamente a experiência e a estratégia de vendas. Os três movimentos dessa fase que resultaram em capítulos específicos deste livro são:

1. Vendas e Customer Success na estratégia de retenção de clientes.
2. *Pipeline* e escala de maturidade da Força de Vendas no Novo Mindset.
3. KPIs de vendas, análises e resultados.

Utilizar o *framework* Vendas CXCS, conforme a Figura 1.1, é incorporar uma nova mentalidade de vendas que coloca o cliente no centro de cada decisão e ação. Esse modelo oferece uma abordagem prática e contínua, dividida em três movimentos

Figura 1.1 *Framework* Vendas CXCS – estrutura em três movimentos para um Novo Mindset de Vendas.

1. **Construção da Base do Novo Mindset**
   - Da venda tradicional ao Novo Mindset de Vendas.
   - Centralidade no cliente, CX e CS: a tríade para multiplicar as vendas.
   - Integração entre Vendas e Marketing para o Novo Mindset de Vendas.

2. **Execução de Vendas**
   - Inteligência artificial, tecnologias e metodologias para vender mais.
   - Gestão de equipes e desenvolvimento de talentos no Novo Mindset de Vendas.
   - Condução da jornada emocional do cliente no Novo Mindset de Vendas.

3. **Retenção e Mensuração de Resultados**
   - Vendas e Customer Success na estratégia de retenção de clientes.
   - O processo de vendas, pipeline e indicadores de vendas.

Fonte: Desenvolvida pelo autor.

interligados, que orientam as equipes desde a construção de um *mindset* sólido até a execução estratégica e a retenção duradoura de clientes. Para tirar o máximo proveito desse *framework*, é essencial que cada etapa seja aplicada com disciplina e adaptabilidade, permitindo ajustes conforme as necessidades específicas do mercado e dos clientes evoluem. Assim, ao seguir esse fluxo, você não apenas aumenta a eficácia das vendas, mas também constrói relações profundas e sustentáveis, transformando clientes em parceiros e embaixadores leais da marca.

Uma das estratégias mais eficazes do *framework* Vendas CXCS é a capacidade de integrar vendas com Customer Experience e Customer Success. Conforme veremos a seguir, essa conexão é essencial para criar experiências memoráveis e promover o sucesso do cliente em todas as etapas.

A experiência e o sucesso do cliente são complementares

Customer Experience e Customer Success são os novos motores do crescimento. Juntas, essas estratégias transformam a maneira como clientes enxergam sua marca – não mais como uma vendedora, mas como uma parceira essencial para seu sucesso.

Essa é a essência de Vendas CXCS, uma abordagem revolucionária que coloca o cliente como protagonista das estratégias de negócio. Essa transição, que vai da obsessão pelo produto para uma cultura verdadeiramente focada no cliente, pode parecer desafiadora, mas é plenamente alcançável com dedicação e metodologia.

O primeiro passo nessa transformação é garantir que todos na empresa, independentemente da posição que ocupem, compreendam profundamente o papel que desempenham. Afinal, o que oferecemos não são apenas produtos ou serviços, mas experiências únicas e o sucesso do nosso cliente. Esses são valores imensuráveis, que demandam esforço e comprometimento para serem entregues.

Em meu livro *Gestão do Relacionamento e Customer Experience*, busco esclarecer o verdadeiro significado de gestão de CX de maneira prática:

> "a gestão de experiência do cliente (CEM ou CXM) começa com a definição clara de objetivos voltados para a criação de experiências e emoções inesquecíveis. Envolve a elaboração de estratégias para alcançar esses objetivos, a implementação de técnicas e ferramentas adequadas, e o monitoramento contínuo e proativo de cada etapa da jornada do cliente. O objetivo é fortalecer e aprofundar o relacionamento com a organização, criando condições para elevar o valor do cliente ao longo do tempo".

Conheça o livro pelo QR Code:

uqr.to/1z6de

CAPÍTULO 1

Da mesma maneira, defino a Gestão de Customer Success (CSM) como um conjunto de estratégias e práticas exercidas por um time dedicado que une diferentes áreas da empresa, como produtos, marketing, vendas e atendimento em prol do sucesso do cliente. O foco é ampliar negócios e renovar contratos, entendendo profundamente os objetivos dos clientes, acompanhando de perto sua jornada e colaborando ativamente para o sucesso desses objetivos.

Com a experiência acumulada em projetos de reformulação de empresas de diversos setores e portes, quero compartilhar algumas dicas valiosas com aqueles que estão prontos para embarcar nessa transformação do processo de tradicional de vendas, rumo a uma experiência e sucesso do cliente. Vamos às dicas:

1. **Mapeamento da experiência do cliente**: um dos primeiros passos é entender a jornada do cliente de modo integral, desde o primeiro contato até o pós-venda, garantindo que todas as interações sejam positivas. Uma metodologia eficaz de vendas e atendimento com base em CX, que seja simples de assimilar e aplicar pelos times, pode levar a resultados significativos tanto em negócios fechados quanto na otimização do atendimento.

2. **Conhecimento genuíno do cliente**: um entendimento profundo do cliente, incluindo seu perfil e necessidades, antes e durante o contato, é fundamental. Vendedores bem treinados e agentes de atendimento capacitados, munidos de uma metodologia eficaz, podem aumentar significativamente a conversão de vendas e reduzir os custos de atendimento, além de diminuir o atrito com os clientes.

3. **Transformação da cultura organizacional**: a mudança para uma cultura focada no cliente exige uma transformação organizacional profunda, que comece com a redefinição de estratégias, processos, diretrizes e modelos de gestão. O objetivo é garantir que o cliente esteja verdadeiramente no centro de todas as atenções e decisões da empresa.

4. **Adoção de metodologias estruturadas**: utilizar uma metodologia estruturada, como Empatizar, Diagnosticar, Resolver e Conquistar (EDiRC), pode ajudar a equipe a criar uma conexão mais profunda com os clientes, entendendo genuinamente suas necessidades e desejos e trabalhando para satisfazê-los de maneira eficaz.

5. **Garantir experiências gratificantes**: o cliente não é apenas alguém que adquire produtos ou serviços; ele é um embaixador natural da sua marca. Quando tem uma experiência positiva, compartilha essa satisfação com o mundo. Suas opiniões nas redes sociais, avaliações *on-line* e recomendações pessoais têm um poder incrível.

6. **Criação de valor focado nas metas dos clientes**: para uma abordagem centrada no sucesso do cliente que transcenda os objetivos imediatos da empresa, é fundamental adotar a postura de criação de valor compartilhado. Em vez de focarem apenas em metas de resultados ou indicadores de desempenho internos, as empresas devem buscar entender e ajudar os clientes a alcançarem suas próprias metas. Inclusive, um dos princípios do CS é o cliente obter sucesso em sua vida pessoal ou profissional com a ajuda do produto ou serviço adquirido.

Implementar essas mudanças não é tarefa fácil e requer comprometimento e esforços contínuos de toda a organização. No entanto, as recompensas de adotar uma abordagem centrada no cliente são enormes.

A sinergia entre CX e CS beneficia a venda

Durante muitos anos de consultoria e recentemente no meu programa de PhD, fiz várias descobertas de como aumentar os negócios e a lucratividade das empresas, independentemente do porte e do setor econômico em que elas atuam. Uma das maneiras de multiplicar os resultados é desenvolver estratégias de Customer Experience e Customer Success, integrando-as com os esforços da Força de Vendas.

No contexto atual, Customer Experience e Customer Success são áreas de conhecimento distintas, porém, descobri e venho tratando-as como campos complementares, essenciais, que as empresas incorporam para se destacarem no mercado competitivo. CX abrange a percepção holística que os clientes têm de sua interação com uma marca, englobando todos os pontos de contato e a jornada completa do cliente. O objetivo principal da Customer Experience é garantir que cada interação seja positiva, reforçando a satisfação, a lealdade e o engajamento do cliente.

Isso envolve uma abordagem multidisciplinar que inclui o *design* do produto, o ambiente físico e digital, a comunicação e o atendimento ao cliente. Empresas voltadas para a CX adotam uma cultura organizacional que prioriza o cliente em todas as decisões de negócios, assegurando que a jornada do cliente seja respeitada e bem-sucedida. A gestão da experiência do cliente é vital para empresas que buscam verdadeiro foco no cliente, exigindo mudança cultural da organização de uma perspectiva centrada no produto para uma centrada no cliente, integrando departamentos como Vendas, Marketing, Produtos, Atendimento ao Cliente, Suporte, Logística, Faturamento e TI para proporcionar experiências positivas e coesas.

De modo complementar, a gestão de Customer Success se concentra em garantir que os clientes obtenham os resultados desejados ao utilizarem os produtos ou serviços de uma empresa. Isso vai além da satisfação do cliente, abordando a retenção, a expansão da conta e a advocacia do cliente.

Customer Success é uma disciplina emergente que engloba diversas estratégias, habilidades e práticas realizadas por uma equipe dedicada que colabora em diversas funções dentro da empresa, com foco intenso na retenção de negócios e renovação de contratos. Isso é alcançado por meio de uma compreensão profunda dos objetivos dos clientes, monitoramento ativo e colaboração para alcançar esses objetivos. Além disso, a Customer Success Association destaca a importância do CS como uma estratégia essencial para desenvolvimento, retenção e expansão do portfólio de clientes.

A integração de CX e CS nas estratégias de negócios reflete uma evolução nas práticas de gestão de relacionamento com o cliente, considerando-se fundamentais a satisfação e o sucesso do cliente para o crescimento sustentável e a competitividade no mercado. As empresas que adotam essa sinergia se concentram não apenas em atrair novos clientes, mas também em manter e expandir seus relacionamentos existentes, criando uma base de clientes leais e defensores da marca.

Essa abordagem centrada no cliente é essencial na presente era digital, quando as expectativas dos clientes estão continuamente evoluindo e a facilidade de mudar

CAPÍTULO 1

de fornecedores é alta. Portanto, empresas que excelentemente gerenciam a experiência e o sucesso do cliente estão mais bem posicionadas para prosperar em um ambiente de mercado cada vez mais competitivo e orientado para o serviço.

Assim, Vendas CXCS não é apenas um título, mas uma nova cultura empresarial que coloca o cliente no centro de todas as atividades e decisões, transformando a maneira como os produtos e serviços são vendidos, apoiados e melhorados. É uma jornada que vai além da satisfação do cliente, buscando criar experiências excepcionais e garantir o sucesso contínuo do cliente antes mesmo da venda, o que, por sua vez, impulsiona o sucesso e a sustentabilidade do negócio a longo prazo.

Com essa abordagem, a venda não é mais o ponto final, mas parte de um ciclo contínuo de valor e engajamento. Desse modo, Vendas CXCS não apenas melhora o desempenho imediato da equipe, mas também cria uma base sólida para o crescimento e para a construção de uma marca que o cliente admira e recomenda.

Como dar o pontapé inicial em Vendas CXCS?

Em uma perspectiva na qual o Customer Experience e o Customer Success estão cada vez mais cativando as atenções dos executivos *C-level* das empresas, torna-se impensável competir somente dentro das fronteiras do seu próprio setor. Vender, nos dias de hoje, significa estar no mesmo campo de jogo que gigantes como Amazon, Disney e Netflix. E isso vale tanto para negócios B2C quanto para B2B.

Por estarem acostumados a um patamar elevado de serviço prestado por essas referências, muitos líderes têm demandado que as empresas B2B adotem uma abordagem que priorize mais a experiência e a emoção no atendimento. No entanto, o desafio surge principalmente dos fornecedores, uma vez que poucas organizações têm-se dado conta dessa tendência ascendente.

Atendimentos ágeis, interfaces móveis intuitivas, estratégias *omnichannel*, suporte personalizado e sob demanda, um único ponto de contato com o cliente e feedbacks de outros usuários são algumas das características que executivos anseiam encontrar na jornada repleta de experiências positivas com seus fornecedores, sejam eles B2C ou B2B. Em outras palavras, ao dissecarmos essas e outras facetas de Vendas CXCS, percebemos que as expectativas giram em torno da personalização das interações, da agilidade no processo de compra e atendimento, e de resultados que emanam de uma parceria que eleve e valorize a conexão fornecedor-consumidor.

Com o objetivo de transformar esse cenário em algo que possa ser implantado, apresento cinco passos que têm o poder de reformular completamente a abordagem tradicional de vendas, alinhando-a aos ideais do Customer Experience e Customer Success:

1. **Inovar a jornada do cliente**: é fundamental focar nos clientes ideais e decifrar os seus respectivos processos de compra. Lembre-se de que cada cliente possui um processo distinto e, portanto, a busca por uma solução única para todos não é o caminho. Pelo contrário, é imprescindível assegurar que cada consumidor receba um atendimento personalizado, que respeite suas necessidades, preferências e regulamentações específicas.

2. **Orquestrar propostas e contatos**: o segredo está em engajar o cliente antes mesmo que ele formalize uma relação mais estreita com a empresa. A ascensão das mídias sociais e dos meios digitais tornou esse processo

não apenas viável, mas também mais acessível. As experiências positivas que você proporciona a um cliente se tornam um atrativo irresistível para outros – e isso, sem dúvida, se destacará.

3. **Enfatizar a experiência da equipe de Vendas**: dentro do propósito de Vendas CXCS, o papel do vendedor é cada vez mais importante. Ele se torna a principal ponte de conexão com os clientes. Por isso, nunca negligencie a importância de treiná-lo, capacitá-lo e motivá-lo constantemente. Embora essa diretriz possa ser aplicável em diversos contextos, aqui precisamos ressaltar a necessidade de o vendedor reconhecer sua importância e ter à disposição as ferramentas adequadas para desempenhar seu trabalho.

4. **Investir em análises e IA**: as organizações voltadas para Vendas CXCS devem obter uma visão abrangente dos seus possíveis pontos de contato com todos os participantes do mercado que possam contribuir para aprimorar seus serviços e atendimento. Isso significa analisar consumidores, potenciais parceiros e todo o processo de vendas, juntamente com seus indicadores-chave.

5. **Modernizar as funções da equipe de Vendas**: dada a alta personalização exigida na jornada do cliente, é imprescindível que a equipe de Vendas esteja em perfeita harmonia com todos os demais departamentos, como Marketing, CX, CS, Design de Produtos, Suporte e Finanças.

Ao incorporar essas estratégias, a sua empresa não estará apenas vendendo produtos ou serviços; estará também engajando seus clientes em uma experiência mais enriquecedora.

Para encerrar este capítulo, quero prestar uma homenagem aos verdadeiros precursores da criação de experiências de valor para os clientes – aqueles que abriram caminho para essa transformação profunda que hoje chamamos de Economia da Experiência. Tenho a honra de destacar, especialmente, o visionário Joe Pine, cujas ideias, junto com as de James Gilmore, trouxeram uma nova perspectiva para o mercado ao introduzirem o conceito de experiência como o próximo passo evolutivo para as empresas.

Minha gratidão a Joe Pine vai além de uma simples admiração intelectual. Tive o privilégio de conhecê-lo, e ainda mais, de contar com sua participação no lançamento do meu livro *Gestão do Relacionamento e Customer Experience*. Esse encontro não foi apenas um marco na minha trajetória profissional, mas também um combustível para impulsionar minha própria visão de como podemos moldar uma nova cultura de vendas centrada no cliente.

A grande batalha pela experiência do cliente

Criar estratégias centradas no cliente é, antes de tudo, integrá-lo ao coração da empresa. E o que seria o coração da empresa? É a força motriz que une, inspira e direciona cada segmento e cada indivíduo dentro da organização, abrangendo desde as atividades mais básicas até os planejamentos mais complexos, do operacional ao estratégico, mantendo sempre o cliente como o ponto focal.

Foram os visionários Pine e Gilmore, no artigo revolucionário para a *Harvard Business Review* intitulado "Welcome to the Experience Economy", que originalmente nos

CAPÍTULO 1

apresentaram a ideia de que, no futuro, as empresas não competiriam apenas por produtos ou serviços, mas também pela capacidade de oferecer experiências memoráveis aos seus clientes. Pine e Gilmore, com suas mentes brilhantes, mergulharam fundo em pesquisas e descobertas, e nos revelaram que, conforme nossa economia se desdobra e evolui, fica cada vez mais claro que as experiências não são meramente um ramo dos serviços, mas uma categoria econômica totalmente distinta e vibrante.

Eles nos mostraram como os serviços, cada vez mais transformados em *commodities*, estão abrindo caminho para que as experiências se tornem a nova fronteira na escalada do valor econômico. Naquela época, oferecer um serviço de qualidade era o suficiente, mas, agora, as empresas estão diante de um desafio maior: criar e promover experiências que não só capturem a atenção dos consumidores, mas também justifiquem preços *premium*.

Essa transição, longe de ser simples, exige uma mudança radical na maneira como as empresas pensam, concebem e entregam valor aos seus clientes. No entanto, para aquelas empresas que querem se distanciar da estagnação em mercados saturados de *commodities*, apostar na criação de experiências únicas não é apenas uma jogada astuta – é uma necessidade imperativa.

Da mesma maneira que a transição da economia industrial para a economia de serviços marcou um ponto de virada, a capacidade de se adaptar e inovar será o que determinará quais empresas irão prosperar nesta nova era da economia das experiências. Observe a Figura 1.2, que captura a essência dessa transformação, inspirada diretamente no trabalho inovador de Pine e Gilmore.

Figura 1.2 A progressão do valor econômico demonstrando a transição da venda de produtos e serviços para o modelo de experiências.

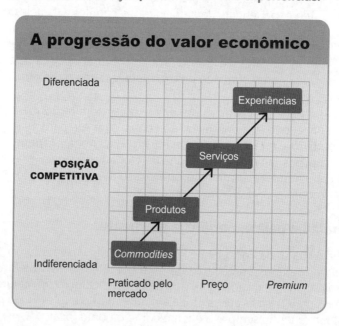

Fonte: adaptada de PINE, B. Joseph; GILMORE, James. Welcome to the experience economy. *Harvard Business Review*, v. 76, n. 4, p. 97-105, July/Aug. 1998.

Esse futuro previsto por Joe Pine e James Gilmore de fato aconteceu e está pulsante nas empresas!

Neste capítulo, apresentei a urgência de abandonar práticas ultrapassadas e adotar uma nova mentalidade de vendas: o Novo Mindset de Vendas. Exploramos como a cultura tradicional, centrada apenas em transações, está se tornando obsoleta em um mercado que valoriza relacionamentos genuínos e experiências excepcionais. Também discutimos o poder transformador do **Cliente-Propulsor**, que se torna um embaixador espontâneo da marca e um motor de crescimento orgânico.

Ficou evidente que empresas líderes em seus setores são aquelas que conseguem alinhar vendas, Customer Experience e Customer Success para construir uma jornada integrada e significativa. Essa abordagem permite que cada interação com o cliente vá além do fechamento de um negócio, tornando-se uma oportunidade de criar valor real para ambos.

No entanto, este é apenas o início para uma transformação mais profunda. O Novo Mindset de Vendas exige estrutura, estratégia e integração para multiplicar resultados. É por isso que, no próximo capítulo, você verá como a centralidade no cliente, aliada a CX e CS, forma a tríade indispensável para impulsionar suas vendas. Descubra como essas três forças trabalham juntas para transformar cada cliente em um propulsor de negócios e como implementar práticas que tornam sua empresa uma referência no mercado. Vamos avançar juntos!

CAPÍTULO 2

Centralidade no Cliente, CX e CS: a Tríade para Multiplicar as Vendas

Este capítulo marca o início de uma transformação importante no modelo tradicional de vendas. Vamos ser diretos: fabricar produtos, prestar serviços de qualidade e vendê-los com eficiência é algo que qualquer empresa deve fazer. Contudo, isso não é o suficiente para destacar uma organização no mercado atual, nem mesmo a carreira de executivos. O verdadeiro diferencial de empresas de alta *performance* está na capacidade de colocar o cliente no centro de tudo – e transformar essa centralidade em resultados práticos, mensuráveis e sustentáveis.

É fácil? Claro que não. Na verdade, aqui vai um dado que pode incomodar: das empresas que afirmam ter foco no cliente, apenas cerca de 20% realmente implementam uma cultura de centralidade no cliente com iniciativas estruturadas em Customer Experience e Customer Success. Isso nos leva a uma reflexão importante: muitas vezes, o foco no cliente é mais um desejo do que uma realidade concreta.

Mas calma – isso tem solução!

Neste capítulo, vou apresentar a tríade que sustenta o Novo Mindset de Vendas: a centralidade no cliente integrada a CX e CS. Juntos, esses três elementos colaboram para o modelo de Vendas CXCS, que transforma clientes em Clientes-Propulsores – consumidores que não apenas retornam para novas compras, mas também recomendam e promovem sua marca espontaneamente, gerando um ciclo de crescimento orgânico e sustentável.

Também vamos discutir a maneira com que práticas como empatia, compaixão e confiança são capazes de criar uma cultura sólida e orientada para resultados. Esses elementos não apenas fortalecem os laços com os clientes, mas também aumentam a retenção, reduzem o *churn* e transformam cada interação em uma oportunidade real de gerar valor.

E tem mais: vou compartilhar com você inovações práticas em gestão, como o laboratório de vendas com base na experiência e no sucesso do cliente, que funciona como um espaço de ideação de novas formas de vender mais e melhor. Além disso, você terá acesso a 10 táticas práticas para alavancar as vendas, todas baseadas na consolidação da cultura de centralidade no cliente.

CAPÍTULO 2

Prepare-se para encarar verdades incômodas, como a desconexão entre o discurso e a prática de centralidade no cliente. Contudo, mais importante, inspire-se com estratégias poderosas que ajudarão sua empresa a se destacar em um mercado cada vez mais centrado no cliente.

Uma verdade inconveniente sobre a centralidade (foco) no cliente

Quero começar este capítulo com uma verdade que pode parecer desconfortável: existe um abismo considerável entre o que se deseja e o que realmente se pratica quando falamos em centralidade no cliente no Brasil.

Fabricar produtos, oferecer serviços de qualidade e vendê-los com eficiência são obrigações básicas de qualquer empresa. Entretanto, essas ações rotineiras, por mais essenciais que sejam, dificilmente inspiram os colaboradores a alcançar o "próximo nível" no desempenho. Para isso, é preciso ir além do que é técnico. É necessário um mergulho mais profundo, despertando propósito e alinhamento. Só assim os colaboradores encontrarão motivação genuína para entregar excelência.

A chave para essa transformação está na criação de uma cultura autêntica de foco no cliente. Sim, autêntica. E por que insisto nisso? Porque, embora o conceito de centralidade no cliente esteja presente em praticamente todas as agendas corporativas, sua aplicação no dia a dia é, muitas vezes, uma tarefa desafiadora. Essa cultura exige mais do que *slogans* descolados. Ela demanda algo que muitas empresas ainda resistem a fazer: abrir mão de interesses imediatos e enfrentar práticas nocivas, como pressionar o cliente para fechar uma compra, adotar um tom de superioridade no atendimento ou fazer promessas que jamais poderão ser cumpridas.

Trago essa realidade à tona não apenas como observador, mas também como consumidor que já experienciou essas práticas em diversas empresas. Além disso, essa percepção se reforça nas conversas que mantenho com líderes e profissionais de mercado, em que escuto relatos claros sobre as dificuldades de implementar um foco genuíno no cliente.

Para ilustrar, quero compartilhar uma enquete que realizei no LinkedIn (Figura 2.1), na qual questionei os participantes sobre o percentual de empresas no Brasil que realmente podem ser consideradas *customer centric companies*. Os resultados não apenas refletem a visão do mercado, mas também desafiam as empresas a reavaliarem as suas práticas.

Os resultados revelaram uma percepção ampla de que poucas empresas adotam genuinamente essa abordagem: 69% dos respondentes acreditam que apenas entre 0 e 25% das empresas brasileiras são verdadeiramente focadas no cliente. Outros 25% dos participantes consideram que essa proporção está entre 26 e 50%, enquanto apenas 7% acreditam que entre 51 e 75% das empresas têm o cliente no centro de suas estratégias. Nenhum dos participantes da enquete apontou que mais de 76% das empresas brasileiras sejam realmente focadas no cliente.

Esses resultados mostram uma realidade dura: para a maioria dos profissionais, existe uma grande lacuna entre o discurso e a prática de centralidade no cliente no mercado brasileiro.

Será que isso ocorre na sua empresa? Quando os colaboradores percebem uma falta de conexão entre o propósito da empresa e o foco real no cliente, é comum que se questionem: "Por que ir além?". Sem um propósito verdadeiramente alinhado ao

Figura 2.1 Percepção do mercado sobre o percentual de empresas verdadeiramente centradas no cliente no Brasil.

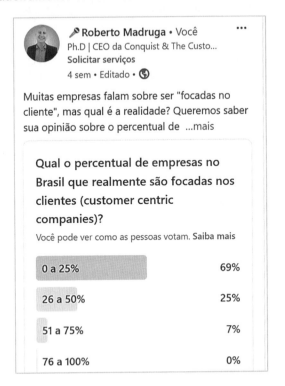

Fonte: desenvolvida pelo autor.

cliente, é natural que o engajamento diminua, e os colaboradores passem a executar suas tarefas com menos paixão e envolvimento. Embora isso possa parecer uma crítica rígida, é uma realidade que já observei em diversas empresas.

Para que essa cultura centrada no cliente seja realmente incorporada e refletida nas ações do dia a dia, é essencial que ela seja sustentada por metodologias e estratégias claras, que a tornem concreta e prática. Isso significa implementar estratégias e ferramentas que promovam mudanças organizacionais, definir processos claros, estabelecer *Key Performance Indicators* (KPIs) alinhados, oferecer suporte tecnológico robusto e, acima de tudo, criar uma estrutura sólida que fomente o desenvolvimento de Customer Experience e Customer Success. Portanto, CX e CS não apenas ancoram a cultura de centralidade no cliente, mas também ajudam a traduzi-la em ações práticas e mensuráveis, atuando como alavanca para multiplicar os resultados de vendas.

A centralidade no cliente não pode ser apenas desejo

Conduza uma pesquisa sobre centralidade no cliente com dois grupos importantes dentro da mesma organização: o primeiro composto por vendedores e analistas das áreas de CX, CS, Atendimento e Helpdesk – em outras palavras, o time que está na linha de frente, lidando diretamente com os clientes. O segundo grupo deve incluir os cargos *C-level*, responsáveis pela visão estratégica e pela tomada de decisões de alto impacto.

CAPÍTULO 2

Essa abordagem, que conecta perspectivas operacionais e estratégicas, pode revelar contrastes importantes sobre como a centralidade no cliente é percebida e implementada dentro de empresas consideradas "evoluídas". Esses contrastes têm o potencial de fornecer *insights* práticos sobre onde as estratégias de foco no cliente realmente se traduzem em ações e onde ainda existem lacunas a serem preenchidas.

Agora, imagine as respostas para duas perguntas-chave dessa pesquisa. A primeira, "Sua empresa ama clientes?", certamente receberia um "sim" unânime de todos os grupos. Afinal, é quase um consenso que valorizar o cliente é essencial. No entanto, a segunda pergunta, "Sua empresa genuinamente coloca o cliente no centro das principais mudanças e decisões que afetam suas necessidades?", pode expor uma discrepância intrigante entre a visão estratégica dos CEOs e a experiência prática dos analistas que estão na linha de frente.

Você esperaria que cerca de 70% dos CEOs e vendedores afirmassem que suas empresas, de fato, colocam o cliente no centro das decisões críticas. Porém, é provável que apenas 30% dos analistas citados compartilhem dessa mesma percepção. Essa disparidade evidencia um descompasso entre a intenção estratégica e a execução operacional.

Por que isso acontece? A resposta está nas diferentes funções e perspectivas dentro da organização. Os diretores, focados na visão macro e na estratégia a longo prazo, tendem a adotar uma perspectiva mais idealizada sobre como o cliente está posicionado no centro das operações. Os vendedores, muitas vezes alinhados a essa visão estratégica, compartilham desse otimismo.

Por outro lado, os analistas CX, CS, Atendimento e Helpdesk, que estão no "campo de batalha" lidando diariamente com os desafios de reduzir o *churn* e atender às demandas urgentes dos clientes, enxergam uma realidade muito mais granular. Eles sentem, de maneira direta e imediata, as lacunas entre o discurso estratégico e as ações práticas.

Esse contraste deixa clara uma verdade inegável: a centralidade no cliente não pode ser apenas um "desejo" ou uma "declaração estratégica". Para ser real, ela precisa permear todas as camadas da empresa, conectando a visão dos líderes à execução diária dos profissionais que lidam diretamente com os clientes.

Essa dualidade entre o ideal e o praticado não se limita à cultura de centralidade no cliente. Quando sou convidado para reestruturar áreas como Comercial, CX e CS, o primeiro passo é sempre um diagnóstico detalhado. E é nesse momento que frequentemente encontramos uma situação curiosa: muitos gestores se orgulham de adotar melhores práticas nessas áreas. Contudo, ao analisarmos mais a fundo, percebemos que muitas dessas práticas são, na verdade, incapazes de sustentar uma transformação real.

Será que isso pode estar ocorrendo em sua empresa?

Das empresas que declaram focar nos seus clientes, na prática, cerca de 20% realmente implementam uma cultura de centralidade no cliente com iniciativas estruturadas em CX e CS.

A boa notícia é que existe um caminho claro para transformar esse cenário: integrar estratégias de Customer Experience e Customer Success, as duas grandes forças que viabilizam a cultura de centralidade no cliente. Vamos apresentar isso agora.

Customer Experience e Customer Success viabilizam a cultura de centralidade no cliente

Gostaria de implementar (verdadeiramente) a cultura de centralidade no cliente na sua empresa? Comece revendo se as estratégias de CX e CS estão sendo potencializadas.

Embora as empresas ainda vejam Customer Experience e Customer Success como áreas separadas e, muitas vezes, com pouca interação, é preciso entender que CX, CS e centralidade no cliente não são métodos concorrentes ou substitutos. Ao contrário, são complementares e interdependentes, funcionando em conjunto para sustentar o crescimento saudável da organização.

A divisão desses departamentos, embora traga vantagens em termos de especialização das equipes, também cria desafios. Ao focarem em áreas específicas, como experiência e sucesso, as equipes se tornam especialistas em suas respectivas funções, podendo aprimorar suas habilidades de maneira direcionada. No entanto, essa divisão também limita a capacidade de oferecer uma experiência verdadeiramente integrada e orientada ao sucesso do cliente.

Quando CX e CS operam isoladamente, a jornada do cliente pode se tornar fragmentada, pois cada área tende a adotar métricas, processos e prioridades próprios. O cliente, ao longo de sua interação com a empresa, pode perceber essa desconexão, sentindo que suas necessidades não são atendidas de maneira contínua e coesa. Esse modelo isolado, em vez de facilitar, muitas vezes atrapalha a percepção de valor do cliente, que passa a enxergar a empresa como desarticulada.

Por isso, a centralidade no cliente é o ponto de partida essencial e integrador, uma espécie de "cola" entre CX e CS, inclusive para o time de Vendas também. A centralidade no cliente não se limita a um departamento ou uma equipe específica; é uma cultura corporativa que orienta cada decisão da empresa, desde o desenvolvimento de produtos até as estratégias comerciais e as operações diárias.

Para que a centralidade no cliente seja praticada, é preciso estruturar estratégias de CX e CS que atuem em sinergia. Customer Experience cuida de cada interação e da percepção do cliente, enquanto Customer Success tem a responsabilidade de assegurar que ele atinja os resultados desejados com o produto ou serviço. Em outras palavras, enquanto CX cria experiências que elevam a satisfação e o engajamento do cliente, CS acompanha sua jornada de maneira proativa, ajudando-o a superar barreiras e garantir que ele veja valor contínuo na relação com a empresa.

Adotar uma abordagem integrada entre centralidade no cliente, CX e CS pode aumentar as vendas em mais de 20%, elevar o NPS em mais de 32 pontos e reduzir o churn.

CAPÍTULO 2

Essa é uma ótima notícia: tenho constatado, em pesquisas e em nossos projetos de implementação, que integrar CX e CS à centralidade no cliente gera resultados impressionantes. Empresas que adotam essa abordagem integrada podem aumentar as vendas em mais de 20%, elevar o Net Promoter Score (NPS) em mais de 32 pontos e reduzir a taxa de *churn* para um dígito.

Esses números impressionantes mostram o poder dessa sinergia. Entretanto, integrar não significa simplesmente misturar essas três dimensões – é preciso orquestrá-las de maneira estruturada, garantindo que CX e CS estejam alinhados à centralidade no cliente para criar experiências que encantem e resultados que transformem.

No próximo tópico, irei apresentar o modo como a integração dessas áreas pode ser colocada em prática para transformar a experiência dos clientes em um motor de crescimento de vendas.

Explicando a complementaridade entre CX, CS e foco no cliente – e como isso influencia as vendas

A interdependência entre Customer Experience, Customer Success e centralidade no cliente é o pilar fundamental do modelo de Vendas CXCS. Nesse modelo, as equipes comerciais – presenciais, *on-line* ou híbridas – atuam alinhadas para criar valor de modo consistente, tanto para a empresa quanto para o cliente.

Essa sinergia não só fortalece os relacionamentos, mas também transforma parte dos clientes em Clientes-Propulsores: consumidores engajados que não apenas voltam para novas compras, mas também promovem a marca de maneira espontânea e entusiástica. Esse comportamento multiplica o alcance do negócio de maneira orgânica e eficaz.

No meu livro *Gestão do Relacionamento e Customer Experience*, aprofundo essa ideia, destacando que CX vai muito além de uma metodologia ou filosofia de trabalho. Trata-se de uma prática que combina inteligência, pessoas, tecnologia, processos e comunicação para planejar e otimizar a jornada do cliente, criando experiências que constroem vínculos emocionais e racionais duradouros. É esse princípio central que torna CX e CS estratégias complementares e interdependentes. Quando aplicadas em conjunto, elas não apenas impulsionam o crescimento da empresa, mas também consolidam relacionamentos a longo prazo com os clientes.

E quanto à cultura de foco no cliente?

A centralidade no cliente atua como o "cimento" dessa integração: quando CX e CS estão alinhados a essa cultura, a percepção de valor e a confiança aumentam significativamente. Esse ambiente favorece não só a recompra, mas também abre portas para oportunidades de *cross-sell* e *up-sell*. Além disso, essa cultura orientada ao cliente possibilita a criação de novos negócios com clientes que já reconhecem e valorizam a experiência e o sucesso proporcionados pela empresa, transformando-os em parceiros a longo prazo.

O Customer Success, por sua vez, amplia a visão de CX ao garantir que cada cliente alcance os resultados desejados com o produto ou serviço. Se a experiência do cliente otimiza a jornada e fortalece o engajamento, o sucesso do cliente se concentra em assegurar que ele obtenha resultados concretos com o que adquiriu da empresa. Customer Success, portanto, ajuda o cliente a alcançar seus objetivos, estender o uso do produto ou serviço e superar desafios, promovendo não apenas a prevenção do *churn*, mas também as chances de consumidores comuns se tornarem Clientes-Propulsores.

A verdadeira centralidade no cliente

A centralidade no cliente não deve ser vista apenas como um "desejo corporativo" ou um *slogan* corporativo, mas sim como um pilar da cultura organizacional, profundamente enraizado em todas as práticas e decisões da empresa. Para que essa filosofia se torne realidade, é mandatório que ela seja vivenciada diariamente tanto pelas equipes operacionais quanto pelas estratégicas, assegurando que cada ação e iniciativa reflita genuinamente o compromisso da empresa em colocar o cliente em primeiro lugar.

Transformar a centralidade no cliente em algo real e pulsante requer uma abordagem holística e ao mesmo tempo com metodologia estruturada de Customer Experience que permeie todos os níveis da organização. Isso significa que cada membro da equipe, independentemente de sua função ou posição, deve compreender e abraçar a importância de priorizar a jornada do cliente. Treinamentos regulares, *workshops* e programas de imersão fortalecem essa mentalidade, garantindo que todos estejam alinhados com os valores centrados no cliente da empresa.

Além disso, é essencial que as práticas centradas no cliente sejam tangíveis e mensuráveis. Isso pode ser alcançado por meio da implementação de indicadores específicos que serão apresentados no Capítulo 8, garantindo que esses KPIs sejam considerados em avaliações de desempenho e processos de tomada de decisão. Incentivar o feedback direto dos clientes e agir com base nessa informação demonstra um compromisso verdadeiro com a melhoria contínua e a adaptação às necessidades dos clientes.

Quando a centralidade no cliente é incorporada de maneira autêntica na cultura da empresa, ela naturalmente "transborda para o mercado". Isso se manifesta no modo como os clientes falam sobre a empresa, na lealdade e na advocacia que demonstram e na reputação geral da marca. A experiência do cliente excepcional torna-se um diferencial competitivo, atraindo novos consumidores e retendo os existentes.

A centralidade no cliente, portanto, deve ser mais do que apenas um objetivo aspiracional; ela precisa ser uma realidade vivida que defina a maneira como a empresa opera e se relaciona com seu mercado.

A Figura 2.2 coloca o cliente no centro de todas as operações. A partir do cliente irradiam-se conexões com diferentes áreas de *front office*. Esses departamentos estão alinhados não apenas para cumprir suas funções específicas, mas também para colaborar na criação de uma experiência completa e coerente para o cliente e ajudar a empresa a atingir 4 objetivos estratégicos.

CAPÍTULO 2

Figura 2.2 Representação da centralidade do cliente nas operações de *front office*, destacando o alinhamento interdepartamental como base para a entrega de uma experiência de valor e o alcance de 4 objetivos estratégicos: aumento de vendas, redução de dores, redução de *churn* e crescimento de Clientes-Propulsores.

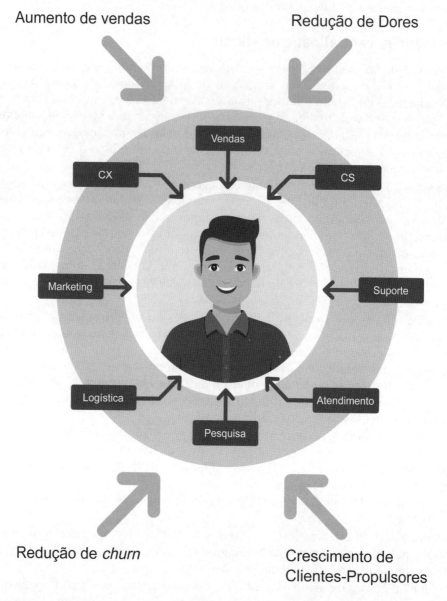

Fonte: desenvolvida pelo autor.

A Figura 2.2 demonstra a centralidade no cliente como o eixo principal para alinhar as diferentes áreas de uma empresa, com o propósito de gerar resultados claros e mensuráveis. No centro do diagrama, o cliente ocupa a posição de destaque, simbolizando a prioridade máxima em todas as estratégias de negócio. Ao seu redor, encontram-se as áreas-chave que interagem diretamente com ele: Vendas, CS, Suporte, Atendimento, Pesquisa, Logística, Marketing e CX. Essas áreas formam o núcleo das operações orientadas aos clientes.

No exterior da Figura 2.2, 4 objetivos estratégicos principais reforçam os benefícios de adotar a centralidade no cliente:

1. **Aumento de vendas**: representa o impacto direto de estratégias integradas, sendo que todas as áreas colaboram para identificar oportunidades, converter *leads* e fidelizar clientes.

2. **Redução de dores**: reforça o compromisso de identificar, de forma proativa, dores durante o entendimento da jornada do cliente.

3. **Redução de *churn***: evidencia como a integração entre as áreas fortalece a retenção de clientes, reduzindo cancelamentos.

4. **Crescimento de Clientes-Propulsores**: destaca o objetivo máximo do Novo Mindset de Vendas, que é transformar clientes satisfeitos propulsores da marca, promovendo espontaneamente os produtos e serviços.

Cada área – como Marketing, Suporte ou Atendimento – desempenha um papel essencial, mas todas convergem para um único propósito: criar experiências significativas e resultados sustentáveis. Ao adotar essa visão integrada, sua empresa pode não apenas atingir metas comerciais, mas também construir relacionamentos duradouros e valiosos com os clientes, solidificando sua posição no mercado.

Essa visão vai além de uma abordagem departamental. Ela representa uma cultura empresarial em que cada setor, independentemente da área de atuação, se compromete a entender, atender e antecipar as necessidades dos clientes. Seja na indústria, no comércio, na tecnologia, no agronegócio ou nos serviços, o cliente deixa de ser um alvo para se tornar o centro vital que direciona as ações da empresa.

Essa centralidade exige uma profunda imersão nas jornadas dos clientes, assegurando que cada interação vá além da transação para fortalecer um relacionamento duradouro e significativo. Para que isso aconteça, é essencial que todas as equipes do *front office* compartilhem uma visão centrada no cliente e trabalhem de maneira integrada, refletindo um compromisso unificado com a excelência.

10 táticas para vender mais a partir da consolidação da cultura de centralidade no cliente

Incluir o cliente no centro de tudo significa criar experiências positivas em cada interação, independentemente das circunstâncias, seja em tempos de crise ou de prosperidade. Mas ir além é essencial. Afinal, o que realmente define uma empresa – assim como uma pessoa – são suas ações, não apenas suas intenções.

Assim funciona o modelo de Vendas CXCS, que integra as práticas de Customer Experience e Customer Success com a cultura de centralidade no cliente. Esse modelo promove uma abordagem proativa em que cada departamento participa ativamente da construção de uma experiência fluida e satisfatória para o cliente. Essa integração cria uma jornada em que o cliente se sente conectado emocionalmente à empresa, tornando-se mais inclinado a se engajar com a marca de modo recorrente e a recomendá-la espontaneamente.

CAPÍTULO 2

Implementar uma cultura centrada no cliente é um desafio contínuo e exige comprometimento. No entanto, uma vez que a empresa esteja avançando nesse caminho, ela pode alavancar as vendas aplicando as seguintes táticas, que estão alinhadas com o modelo de Vendas CXCS:

1. Utilização de IA baseada em dados do cliente

Aplicar a inteligência artificial, permitindo que as empresas analisem comportamentos e preferências dos clientes, ajudando a antecipar necessidades e personalizar recomendações. Assim, é possível prever momentos ideais para oferecer uma nova compra ou um *upgrade* de valor agregado. Com o uso de IA, cada interação se torna mais assertiva e alinhada ao contexto do cliente.

2. Identificação real das necessidades do cliente

Mais de 50% dos vendedores não prestam atenção às reais necessidades dos clientes, focando apenas em fechar a venda. No entanto, ouvir ativamente o cliente e buscar entender o que ele realmente precisa cria uma experiência de compra mais autêntica e aumenta as chances de fidelização. Colocar o cliente no centro significa valorizar suas necessidades antes dos interesses da empresa.

3. Identificação de necessidades ocultas dos clientes

Frequentemente, os clientes não estão conscientes de todas as suas necessidades. Ao monitorarem suas interações e comportamento, as equipes comerciais podem identificar essas necessidades latentes e surpreender o cliente com soluções que ele talvez nem soubesse que existiam.

4. Nova argumentação de vendas com base em CX e CS

Operar a partir da cultura de centralidade do cliente e em parceria com CX oferece ao time de vendas uma nova base para desenvolver um discurso que foge do clichê "posso ajudar em algo?". A proposta é construir uma abordagem que demonstre conhecimento prévio dos valores do cliente, oferecendo ajuda com um contexto mais relevante e personalizado.

5. *Upselling* e *cross-selling* baseados em *insights* do cliente

Para que *upselling* e *cross-selling* sejam efetivos, é fundamental que sejam sugeridos apenas quando realmente agregarem valor ao cliente. A equipe de CS, ao acompanhar o uso do produto e o progresso do cliente, consegue identificar os melhores momentos para propor essas ofertas e, assim, pode estar alinhada com a área comercial. Assim, as recomendações são percebidas como úteis e não como tentativas de venda forçadas.

6. Revisão constante do portfólio de produtos e serviços

Com o feedback contínuo dos clientes, a empresa pode aprimorar seu portfólio, ajustando ou adicionando produtos e serviços que realmente atendam às necessidades e preferências dos consumidores. Esse processo permite que o portfólio esteja sempre atualizado, facilitando o processo de venda.

7. Gatilhos de vendas baseados na evolução do relacionamento

Marcar eventos importantes na jornada do cliente, como aniversários de relacionamento ou conquistas específicas, pode servir de gatilho para novas oportunidades de venda. Nessas ocasiões, a empresa pode oferecer benefícios especiais ou apresentar novidades, reforçando o vínculo e incentivando a lealdade.

8. Compreensão dos objetivos do cliente com base em CS

A área de Customer Success ajuda a identificar os objetivos e KPIs específicos que o cliente espera alcançar. Com essas informações, a equipe de vendas pode adaptar sua abordagem para oferecer soluções que se alinhem diretamente a esses objetivos, demonstrando valor e reforçando o apoio contínuo da empresa.

9. Redefinição dos títulos e postura da Força de Vendas

Ajustar os títulos e a abordagem da equipe de vendas para algo mais consultivo pode influenciar positivamente a percepção do cliente. Títulos como "consultor de sucesso do cliente" ou "estrategista de experiência" ajudam a posicionar a equipe como aliada do cliente em sua jornada de sucesso, destacando o compromisso com o apoio e os resultados esperados.

10. Empatia verdadeira em vez de falso *rapport*

Em vez de estabelecer um *rapport* superficial, é essencial que a equipe de vendas pratique uma empatia genuína. Isso significa compreender e validar os sentimentos e desafios do cliente, criando um relacionamento de confiança. O cliente percebe que a empresa está comprometida com o seu sucesso, não apenas com a venda.

Essas táticas, com base em uma cultura centrada no cliente, ajudam as empresas a construir relacionamentos duradouros e aumentar vendas. Aliás, no Novo Mindset de Vendas, uma das atitudes mais importantes que deve mover o time comercial é a Empatia.

Compreendendo a empatia do ponto de vista de vendas

Empatia, uma palavra poderosa que está presente em muitos aspectos da vida corporativa, especialmente nas vendas, contudo muito falada, mas nem sempre praticada.

A capacidade de entender e compartilhar os sentimentos de outra pessoa é uma força poderosa que pode transformar completamente a interação entre vendedor e cliente. A seguir, iremos mergulhar nos tipos de empatia e entender como podemos cultivá-la para criar experiências de venda memoráveis.

Primeiramente, a **empatia cognitiva**, que consiste em realmente entender o ponto de vista do cliente. Não é apenas ouvir, mas compreender as necessidades, desejos e preocupações do cliente. Imagine-se no lugar do cliente: o que ele busca? Como suas ofertas podem solucionar um problema ou melhorar a vida dele? Isso requer uma escuta ativa e uma abertura para realmente absorver o que o cliente está compartilhando.

Em seguida, a **empatia emocional**. Esta vai além de entender; é sentir o que o cliente sente. Se ele está frustrado, compartilhe essa frustração. Se está entusiasmado, junte-se a esse entusiasmo. Essa conexão emocional cria um laço, tornando a

CAPÍTULO 2

experiência de compra mais humana e menos uma transação fria. Para desenvolver a empatia emocional, pratique colocar-se emocionalmente no lugar do cliente, permitindo-se ser vulnerável e aberto às emoções.

Por último, a **empatia compassiva**, que é a capacidade de não apenas entender e sentir, mas também de agir de modo a demonstrar que você se importa. Isso significa ir além do atendimento básico ao cliente; é oferecer soluções que realmente façam a diferença na vida do cliente, mostrando que a equipe comercial não está lá para apenas vender, mas para melhorar a vida dele de alguma maneira.

Empatia é algo que já herdamos dos nossos ancestrais; já está no nosso DNA. Contudo, quando a Força de Vendas prioriza somente o resultado, fica imune à empatia.

Para cultivar a empatia no processo de vendas, o ponto de partida é sempre a prática da escuta ativa. Isso exige dar ao cliente atenção total, sem interrupções, demonstrando interesse genuíno pelo que está sendo compartilhado. Em seguida, é essencial refletir sobre as situações a partir da perspectiva do cliente, procurando entender suas emoções, desafios e expectativas. Por fim, a empatia deve se traduzir em ação: oferecer soluções que não apenas resolvam os problemas, mas que agreguem valor significativo à experiência do cliente.

Vale lembrar que a empatia não é uma habilidade que se desenvolve instantaneamente. Trata-se de uma competência aprimorada com o tempo, prática e um interesse real pelo bem-estar alheio. Ao incorporar a empatia de modo consistente nas práticas de vendas, cria-se uma conexão mais profunda com os clientes, promovendo relações duradouras e fortalecendo a experiência de compra. Essa abordagem não apenas melhora o relacionamento comercial, mas também deixa uma impressão positiva que será lembrada e valorizada pelos clientes.

A empatia (real) para criar experiências e aumentar as vendas

A verdade é que a empatia não apenas vende, mas também conquista, desde que seja autêntica e profunda. Quando falamos sobre a força do aprendizado experiencial, estamos destacando sua capacidade única de engajar as pessoas por meio da prática, da vivência e da diversidade. Esse aprendizado empático é fundamental para o time de vendas.

A conexão entre as escolhas de compra dos consumidores e as experiências vividas pode ser enriquecida ao incentivarmos nossa equipe a se envolver corretamente com essas escolhas e com as expectativas dos clientes. Joey Holt, no livro *The Age Of Empathy*, destaca que os colaboradores precisam conhecer tanto as qualidades quanto as limitações dos produtos que oferecem, bem como as dos concorrentes. Essa prática promove uma visão mais empática e permite que o vendedor compreenda melhor o que realmente atende ou não às necessidades dos clientes. Um exemplo claro é o de um vendedor que utilizou um teclado de outra marca por um mês. Ao conhecer os pontos fortes e as limitações, como as falhas frequentes na conexão *bluetooth*, ele pode explicar ao cliente que, apesar do preço mais acessível, a experiência de uso pode não compensar a economia.

Outro exemplo ocorre nas interações pelas redes sociais, em que a personalização é fundamental para criar uma conexão real. Responder de maneira personalizada a cada comentário, levando em conta o contexto de cada usuário, fortalece o vínculo e demonstra cuidado. Em contraste, uma resposta genérica, ainda que redigida por uma pessoa, tende a soar desinteressada e pode não gerar o mesmo impacto. Nas lojas de aplicativos, vemos um fenômeno semelhante: quando um cliente avalia um aplicativo com nota baixa, uma resposta padronizada ou um simples *link* para o suporte geralmente acaba frustrando ainda mais o cliente, em vez de resolver o problema de maneira empática e direta. Esse tipo de prática vai contra os princípios das Vendas CXCS, que enfatizam a importância de interações autênticas e orientadas para a experiência positiva do cliente.

Quando praticamos a empatia genuína, estamos falando sobre a valorização autêntica das pessoas. Tratar um cliente como uma "presa" ou como um número na meta de vendas transmite frieza perceptível. É um erro fatal. Por outro lado, o cliente sente quando é tratado com humanidade, e esse tratamento cria uma base sólida para a defesa espontânea da marca, tornando-o um **Cliente-Propulsor**.

Embora sejam detalhes que pareçam pequenos, eles fazem uma grande diferença na experiência do cliente e na maneira como ele vê a empresa. Para que o cliente se sinta inclinado a se tornar um **Cliente-Propulsor**, ele precisa experimentar essa empatia genuína; sem ela, a lealdade e a recomendação se tornam menos prováveis. Aqui estão algumas dicas práticas sobre os tipos de empatia e como cultivá-los dentro do Novo Mindset de Vendas:

Empatia cognitiva

» Pratique a escuta ativa, dedicando sua total atenção ao que o cliente diz.

» Esforce-se para compreender não apenas as necessidades, mas também as preocupações e dores do cliente, colocando-se no lugar dele.

» Faça perguntas que demonstrem seu interesse em compreender sua perspectiva.

Empatia emocional

» Permita-se sentir o que o cliente sente, seja entusiasmo, frustração ou qualquer outra emoção.

» Compartilhe suas próprias experiências de maneira autêntica quando relevante, fortalecendo a conexão emocional.

» Demonstre suporte e compreensão, validando as emoções do cliente sem julgamentos.

Empatia compassiva

» Vá além de entender e sentir; demonstre ativamente que você se importa.

» Ofereça soluções e alternativas que atendam às necessidades de maneira personalizada.

CAPÍTULO 2

> » Realize *follow-ups* para garantir que as soluções fornecidas estejam sendo utilizadas pelo cliente e que ele enxergue o valor nelas.

Reforço mais uma vez que empatia verdadeira vai além do simples *rapport*. Enquanto o *rapport* é muitas vezes uma técnica para criar afinidade inicial, a empatia verdadeira envolve uma compreensão e um compromisso mais profundos.

A seguir, apresento as diferenças e as aplicações de *rapport* e empatia no contexto das Vendas CXCS, mostrando como cada um pode ser utilizado para impulsionar resultados comerciais de forma autêntica e eficaz.

Empatia rima com honestidade junto ao cliente

Em uma contribuição para a *Forbes*, Joey Holt, influente membro do conselho da revista, compartilhou um exemplo de atendimento que coloca o consumidor em primeiro lugar. A história se desenrola com um cliente que entra em uma loja física em busca de um par de fones de ouvido novos. Ele é recebido por um funcionário com uma abordagem acolhedora: "Com o que posso ajudá-lo hoje?".

Para compreender verdadeiramente o que o cliente busca, o vendedor precisa ir além da superfície e fazer perguntas que revelem suas necessidades específicas e reais. Muitas vezes, existe uma discrepância entre o que o cliente acredita querer e o que realmente precisa. Esse descompasso só pode ser superado quando o vendedor adota uma abordagem que vá além das técnicas tradicionais de vendas consultivas.

O problema é que, em muitas empresas, a Força de Vendas ainda é treinada com base em métodos ultrapassados de negociação, que colocam o foco apenas na solução do produto ou serviço e não na jornada do cliente. Sem as ferramentas certas para desenvolver empatia e uma escuta ativa, os vendedores frequentemente interpretam mal as verdadeiras necessidades dos clientes, o que pode levar a ofertas desalinhadas e experiências frustrantes.

A Força de Vendas, quando capacitada com as técnicas tradicionais de negociação, não consegue empatizar com os clientes, portanto, se engana sobre as necessidades reais deles.

Será que o cliente busca novos fones de ouvido porque os antigos estão danificados, ou porque precisa de melhor qualidade de som, como isolamento acústico? O uso será principalmente para ouvir música durante trajetos curtos ou para longas reuniões *on-line*? Ele tem preferência por um perfil sonoro balanceado ou por batidas com graves acentuados? A habilidade de filtrar essas informações permitirá ao vendedor fazer recomendações precisas, resultando em uma experiência de compra empática, humanizada e extremamente satisfatória para o cliente. Daí a importância da empatia do vendedor no Novo Mindset de Vendas.

Empatia não é um luxo; é uma habilidade essencial que diferencia os profissionais de vendas que criam conexões genuínas daqueles que ficam presos a transações superficiais. Quando os vendedores conseguem entender as dores e aspirações dos clientes, eles transformam a venda em uma parceria que gera valor real para ambos. Além disso, é fundamental que o vendedor mantenha a honestidade em todas as interações. Se, por acaso, a loja não dispuser do produto que melhor atende às necessidades do cliente, é contraproducente e prejudicial à credibilidade do vendedor e da empresa tentar persuadir o cliente a optar por um item menos adequado.

Aliás, aprendi com meus pais uma lição que aplica esse mesmo princípio: quando queremos oferecer algo a alguém, devemos fazê-lo de maneira honesta e proativa. Em vez de perguntar **se alguém deseja água**, traga já os copos para as pessoas na reunião. Esse gesto simples, mas correto, transmite cuidado e demonstra que você pensou nas necessidades dos outros antes mesmo que elas fossem verbalizadas. É essa mesma filosofia que as empresas devem adotar para criar conexões significativas e duradouras com seus clientes.

Aplicações de *rapport* e empatia no modelo de Vendas CXCS

Nas Vendas CXCS, o uso eficaz de *rapport* e empatia faz toda a diferença. O *rapport* facilita a abertura para a conversa, enquanto a empatia leva o cliente a se sentir compreendido. Essa combinação é muito eficaz. Ao focar na experiência e no sucesso do cliente, cada interação vai além da venda, nutrindo um relacionamento que incentiva recomendações, fidelização e até mesmo vendas recorrentes.

O *rapport* constrói uma base inicial e ajuda a iniciar a conversa. No entanto, se a interação se limita ao *rapport*, o relacionamento corre o risco de parecer artificial, pois falta a profundidade necessária para criar um vínculo duradouro. A empatia, por outro lado, é o que solidifica essa relação ao demonstrar interesse genuíno e compromisso com o bem-estar do cliente. É ela que transforma um contato comercial em uma parceria de confiança, na qual o cliente se sente verdadeiramente humanizado.

Rapport: a conexão inicial

» Objetivo: estabelecer uma conexão instantânea e criar uma base de afinidade.

» Aplicação: o *rapport* é útil no início do contato, quando o vendedor precisa "quebrar o gelo" e gerar um clima de abertura com o cliente, seja *on-line* ou presencial. Técnicas comuns incluem espelhar a linguagem corporal, encontrar interesses em comum e adotar um tom amigável. Outro exemplo é o *bot* de IA, que realiza *rapport* com os clientes por meio de textos mais humanizados.

» Impacto: o *rapport* cria uma atmosfera mais confortável para o cliente, facilitando a conversa inicial. No entanto, se não for sustentado por uma escuta ativa e verdadeira atenção, essa conexão pode se mostrar superficial, sem vínculo maior.

Empatia: o próximo nível

» Objetivo: compreender (verdadeiramente) as necessidades, dores e desejos do cliente, além de se colocar em seu lugar.

CAPÍTULO 2

» Aplicação: a empatia é essencial ao longo de todo o processo de vendas e atendimento, mas é particularmente poderosa em situações nas quais o cliente enfrenta dúvidas, dores ou frustrações. Envolve escuta ativa, validação dos sentimentos do cliente e compromisso em buscar soluções que agreguem valor.

» Impacto: ao praticar empatia verdadeira, o vendedor cria uma relação de confiança e respeito com o cliente. Isso gera um sentimento de lealdade e reforça a ideia de que a empresa se preocupa com o sucesso do cliente, promovendo o engajamento a longo prazo.

No modelo de Vendas CXCS, o uso estratégico de *rapport* e empatia é essencial para criar interações que vão além do transacional. O *rapport* estabelece a conexão inicial, criando um clima de abertura, enquanto a empatia demonstra interesse genuíno pelo cliente. Juntas, essas abordagens constroem um ambiente de confiança, fortalecendo o relacionamento e promovendo a lealdade.

No entanto, para alcançar um nível ainda mais profundo de conexão e transformar verdadeiramente a experiência do cliente, pode-se dar um passo além: incorporar a compaixão. A compaixão humaniza as interações e adiciona um novo valor às relações comerciais, como apresentarei a seguir.

Compaixão e humanização nas vendas – você já pensou nisso?

Falar sobre paixão para vender é algo natural nas equipes comerciais. Quem trabalha na linha de frente com o cliente geralmente tem uma motivação genuína, um desejo de se conectar e oferecer o melhor. Contudo, compaixão é um passo além dessa paixão.

Além da empatia, as empresas precisam incluir a compaixão na jornada do cliente, especialmente em momentos de maior vulnerabilidade. Sei que o termo "compaixão" pode soar forte no ambiente corporativo, mas é exatamente essa postura que deve, muitas vezes, orientar as ações de uma empresa para prevenir e minimizar as dores dos clientes em situações delicadas. Afinal de contas, estamos aqui tratando de um Novo Mindset de Vendas e precisamos quebrar alguns preconceitos.

A compaixão envolve uma preocupação verdadeira com o bem-estar do cliente e um compromisso de ajudá-lo, mesmo quando isso exige ir além das práticas convencionais. Em setores como saúde, serviços essenciais ou atendimento emergencial, a compaixão se torna um valor essencial para construir uma experiência que não apenas satisfaça, mas ampare e valorize o cliente.

Incorporar a compaixão à cultura de vendas significa adotar uma abordagem mais humana e solidária, que veja o cliente como um parceiro, alguém que merece ser cuidado, principalmente quando se encontra em um momento crítico.

Pense em setores como hospitais, fornecimento de energia elétrica ou atendimentos que envolvem longas filas de espera para clientes que sofrem de ansiedade – em cada um desses casos, a compaixão é um princípio fundamental.

Talvez você esteja se perguntando: o que compaixão tem a ver com vendas? Considere o exemplo de um vendedor que, focado apenas em fechar a transação, "empurra" um produto que, no final, não atende às necessidades do cliente ou até o prejudica. Essa abordagem não apenas mina a confiança, mas também pode gerar um prejuízo incalculável para as pessoas.

A compaixão, por outro lado, exige que o vendedor se preocupe verdadeiramente com as necessidades e limites do cliente, orientando-o na escolha de soluções que realmente agreguem valor. Esse é, inclusive, um dos grandes princípios do Customer Success: garantir que o produto, serviço ou experiência adquirida ajude o cliente a alcançar seus objetivos pessoais ou profissionais. Nesse contexto, a compaixão fortalece a relação com o cliente e gera percepção positiva da empresa, promovendo um ciclo de lealdade e satisfação que beneficia ambas as partes.

Assim, a compaixão nas vendas fortalece o vínculo entre cliente e empresa, além de reduzir a sensação de vulnerabilidade, principalmente em momentos delicados. Quando um cliente percebe que a empresa age com compaixão, ele sente segurança e confiança, criando um ambiente de cuidado e respeito.

Elementos para construir uma cultura de vendas mais humanizada

Para construírem uma abordagem de vendas compassiva e centrada no cliente, é essencial que as empresas adotem práticas mais inovadoras. A humanização nas vendas requer que a organização, de forma genuína, demonstre respeito pelo cliente em cada ponto de contato, especialmente em momentos de vulnerabilidade. A seguir, apresento exemplos de uma abordagem que valorize e apoie o cliente, criando relacionamentos com base em confiança e respeito.

Respeito pela situação do cliente: entender e levar em conta o contexto em que o cliente se encontra, respeitando sua realidade e limitações, especialmente em situações de urgência ou vulnerabilidade. Por exemplo, durante a pandemia de Covid-19, empresas como a Amazon ampliaram seus processos de entrega para priorizar itens essenciais e atender clientes vulneráveis, como idosos, em áreas afetadas pela crise.

Humanização da experiência do cliente: tratar o cliente como uma pessoa e não como uma transação, adaptando o atendimento para que ele se sinta acolhido e valorizado em cada etapa de sua jornada. O Boticário, por exemplo, é conhecido por sua cultura humanizada, incentivando os funcionários a se conectarem com os clientes de maneira genuína, desde atos de gentileza até flexibilidades inesperadas, como permitir remarcações em casos de necessidade especial.

Suporte emocional para o cliente e a equipe: treinar a equipe para oferecer apoio emocional, reconhecendo sinais de estresse ou preocupação nos clientes e agindo com empatia e compaixão nesses momentos. No setor de saúde, a Rede D'Or São Luiz investe em treinamentos sobre a experiência do cliente para médicos e equipe de atendimento, ajudando-os a lidar com pacientes e familiares em momentos delicados.

Não forçar a barra com o cliente: em vez de pressionar o cliente para uma compra que não é oportuna, focar na orientação e no apoio para que ele tome uma decisão consciente e informada, que realmente atenda suas necessidades. O Grupo Tiradentes, rede de instituições de ensino, é um exemplo positivo desse princípio. O grupo oferece orientação detalhada sobre os cursos e carreiras, auxiliando os clientes a entenderem as opções que melhor se alinham com suas metas profissionais e acadêmicas.

Ofertas de suporte durante crises e desastres: em situações críticas, como crises econômicas ou desastres naturais, é imprescindível que a empresa ofereça suporte

CAPÍTULO 2

adicional para mitigar o impacto sobre o cliente. Esse suporte pode incluir atendimento mais ágil, informações detalhadas e soluções alternativas. Por exemplo, a Supergasbras, uma das principais distribuidoras de Gás Liquefeito de Petróleo (GLP), adotou uma postura acolhedora logo no início da pandemia da Covid-19. A empresa não apenas priorizou o bem-estar de seus colaboradores, mas também ofereceu um suporte dedicado aos clientes, garantindo o fornecimento contínuo de GLP.

Treinamento em inteligência emocional para equipes de vendas: capacitar os colaboradores para desenvolverem habilidades de inteligência emocional, tornando-os mais aptos a lidar com situações complexas e a agir de maneira compassiva. Por exemplo, a MAG Seguros implementa programas de treinamento em inteligência emocional para que os funcionários se comuniquem de maneira mais eficaz e compreensiva com os clientes.

Flexibilização de políticas de retorno e cancelamento: demonstrar flexibilidade em políticas de devoluções e cancelamentos, principalmente quando os clientes estão em situações de dificuldade. O Mercado Pago, por exemplo, facilita a devolução imediata e sem custo, mesmo que o item não esteja danificado.

Programas de acompanhamento de clientes vulneráveis: desenvolver programas que identifiquem e acompanhem clientes em condições mais vulneráveis, oferecendo suporte contínuo e proativo para garantir uma experiência positiva. A Unimed oferece programas de acompanhamento específico para clientes idosos.

Essas práticas, quando implementadas de modo consistente, ajudam a criar uma cultura de vendas mais humanizada e compassiva, o que se conecta ao Novo Mindset de Vendas.

Criar confiança e comprová-la aumenta resultados com o Modelo de Vendas CXCS

Hoje, consumidores informados reconhecem a confiança como um dos pilares centrais em suas decisões de compra. Atentos e críticos, eles desconfiam facilmente de promessas superficiais ou comunicações excessivas. Nesse contexto, a confiança deixou de ser apenas um diferencial para se tornar um pré-requisito básico para que uma empresa seja considerada.

No modelo Vendas CXCS, a confiança é o combustível que transforma clientes satisfeitos em Clientes-Propulsores. Esses clientes bem-sucedidos não só retornam para novas compras, mas também defendem ativamente a marca, ajudando a expandir seu alcance de maneira orgânica e espontânea.

Contudo, muitas empresas apostam no desenvolvimento da confiança junto ao consumidor, investindo quase tudo no correto funcionamento do produto. Gerar confiança é mais do que isso.

A era da conectividade trouxe novas expectativas. Os consumidores buscam mais do que experiências satisfatórias com os produtos e serviços adquiridos; eles esperam que as empresas demonstrem um alinhamento real com valores éticos e sociais que consideram importantes, como confiança, sustentabilidade, ética e altruísmo. No entanto, esses valores não podem ser apenas palavras bonitas em uma campanha publicitária – eles devem estar presentes nas ações diárias da empresa.

É aqui que Vendas CXCS se destaca. Ela não se limita a oferecer um processo de compra eficiente, mas acompanha o cliente em toda a sua jornada, garantindo o sucesso e promovendo um relacionamento duradouro. Essa abordagem sólida cria uma conexão genuína entre a empresa e o cliente, sustentada pela confiança.

Aqui estão dicas para aumentar o nível de confiança com clientes a partir do modelo de Vendas CXCS:

- » **Deixar de lado ações isoladas**: substitua iniciativas desconectadas por projetos estruturados, utilizando metodologias robustas que integrem CX, CS, Marketing, Vendas e Suporte ao cliente.

- » **Capacitar a Força de Vendas**: invista em treinamento contínuo, tanto para equipes presenciais quanto para remotas, integrando técnicas de CX e CS no dia a dia delas. Isso evita que essas competências fiquem confinadas apenas às áreas específicas.

- » **Treinar equipes de CX, CS e suporte em vendas**: realize o movimento inverso, qualificando essas equipes com princípios de Vendas CXCS para que possam identificar e desenvolver oportunidades comerciais.

- » **Definir novos KPIs**: vá além de CSAT e NPS, criando métricas que reflitam o impacto de CX e CS no ciclo de vida do cliente, como o Índice de Foco no Customer Experience (IFCX), que abordarei no Capítulo 4.

- » **Garantir transparência**: estabeleça uma comunicação aberta sobre processos, políticas e mudanças, reforçando o compromisso com práticas éticas e valores claros.

Ao adotar essas práticas, o modelo Vendas CXCS não apenas fortalece a confiança do cliente, mas também cria uma base sólida para a expansão de resultados. Quando a confiança é comprovada por meio de ações concretas e consistentes, ela se torna o elemento que diferencia a empresa em um mercado cada vez mais competitivo.

O laboratório de vendas baseado na experiência e sucesso do cliente

Imagine o futuro da experiência e do sucesso do cliente em sua empresa e o potencial de impulsionar suas vendas de modo exponencial. Uma estratégia inovadora que permite estar na vanguarda das melhores práticas é criar um laboratório de vendas com base na experiência e no sucesso do cliente.

Essa ideia nasceu há alguns anos, durante uma reunião científica com um cliente da área de nutrição. Sempre realizava reuniões com consultores para debater novos métodos, técnicas e ferramentas de gestão, mas naquela ocasião fui inspirado a tornar esses encontros mais científicos e analíticos. Desde então, na Conquist, essas reuniões assumiram um novo formato e se tornaram um enorme sucesso, quer seja para planejar novos projetos, quer seja para abrir novas fontes de conhecimento ou desenvolver maneiras de inovação em nossas metodologias.

Com esse aprendizado e experimentação internos, decidimos expandir essa abordagem para os nossos clientes, criando o **Laboratório de Vendas CXCS**. Nesse laboratório, os princípios de Customer Experience e Customer Success são aplicados e aprimorados de forma integrada, com foco em desenvolver estratégias que alavanquem as vendas ao mesmo tempo que fortalecem o vínculo e a satisfação do cliente.

CAPÍTULO 2

O termo "laboratório" reflete com precisão a proposta desse espaço: um ambiente onde as equipes de *front office* recebem capacitação para desenvolver e oferecer experiências superiores para os clientes. Além disso, essas equipes são treinadas para fomentar o uso contínuo e aprofundado dos produtos ou serviços adquiridos, garantindo que os clientes obtenham resultados concretos e mensuráveis com suas aquisições. Portanto, esse laboratório é um espaço dinâmico para testar, ajustar e aperfeiçoar práticas de CX e CS, sempre alinhadas às vendas.

Mergulhar nas marcas que são ícones em Customer Experience e Customer Success é como abrir uma porta para um fluxo constante de aprendizado e inovação. Ao estudar essas referências, você se conecta com uma fonte inesgotável de *insights*, antecipando tendências e aplicando as melhores práticas para transformar sua empresa em uma referência no setor. É um convite para se engajar na produção de conhecimento, na análise de estudos de caso, tanto de sucessos quanto de lições aprendidas, mantendo-se à frente e liderando uma equipe capacitada e alinhada com os desafios do Novo Mindset de Vendas. Tenho o hábito de fazer esses encontros entre as equipes e os clientes e os resultados de engajamento e vendas são realmente altos.

Contudo, para empresas que estão começando ou se aprofundando nessa cultura, seja uma *startup* inovadora ou uma corporação consolidada, é vital estar ciente dos desafios que surgem após a implementação. Adotar essa nova abordagem de vendas traz benefícios, mas também exige cautela. O caminho pode abrir portas para grandes conquistas, mas também apresenta obstáculos, como, por exemplo, equilibrar o crescimento das vendas com a consistência na experiência do cliente.

Um laboratório focado em experiência e sucesso do cliente pode revolucionar a maneira como as empresas conduzem suas vendas orientadas a valor. Imagine um ambiente onde a inovação e a colaboração se tornam o alicerce do trabalho, onde as divisões entre departamentos se diluem para dar lugar a um ecossistema integrado de aprendizado e evolução contínua. Nesse laboratório, a empresa pode desenvolver estratégias sólidas de Vendas CXCS.

Esse tipo de laboratório pode ser estruturado com base em 10 estratégias principais, cada uma delas projetada para impulsionar o crescimento de receita, a retenção e a satisfação do cliente:

1. **Espaço multidisciplinar integrado**: estruture o laboratório para que as equipes de vendas, CX e CS possam trabalhar em sinergia, unindo suas diferentes perspectivas para resolver problemas complexos de experiência e sucesso do cliente. Promova *workshops* e reuniões semanais onde cada área compartilhe *insights* e resultados, fortalecendo uma visão unificada do cliente.

2. **Programas de incubação de ideias**: lance programas de incubação para que as equipes de vendas, CX, CS, Marketing, Produtos e Suporte possam colaborar na criação de soluções conjuntas. Por exemplo, uma ideia desenvolvida pela equipe de CX sobre personalização de atendimento pode receber feedback das vendas para se alinhar com as estratégias comerciais, e o CS pode contribuir com *insights* sobre o impacto a longo prazo para o cliente.

3. **Parcerias estratégicas externas com integração interna**: estabeleça parcerias com consultorias, *startups* e instituições com projetos que incluam

o time de vendas desde o início. Isso garante que as inovações e novas tecnologias trazidas de fora sejam pensadas desde o começo com a visão integrada, aplicando-se diretamente em estratégias de vendas e sucesso do cliente.

4. **Foco em tecnologia e dados para unificar *insights***: equipe o laboratório com ferramentas que centralizem dados de vendas, CX, CS e Suporte em uma única plataforma acessível. Com isso, as equipes podem analisar e entender o comportamento do cliente de maneira coesa, identificando oportunidades de *cross-sell*, *up-sell* e melhorias na experiência e retenção, com base em dados integrados.

5. **Cultura de feedback contínuo para os times**: crie uma plataforma de feedback na qual as equipes de CX, CS e vendas possam registrar as interações e *insights* dos clientes em tempo real. Esse sistema permite que o feedback recebido em uma venda, por exemplo, seja rapidamente compartilhado com CX e CS para ajustes na jornada, e vice-versa.

6. **Capacitação conjunta de talentos**: ofereça treinamentos unificados para vendas, CX e CS, destacando a importância de uma visão única do cliente. Realize *workshops* conjuntos em que cada equipe compartilhe suas melhores práticas e desafios, promovendo um entendimento profundo do papel de cada área no sucesso do cliente.

7. **Simulações e ambientes de teste realísticos**: desenvolva ambientes de teste onde todas as equipes possam simular a jornada completa do cliente. Por exemplo, uma simulação que comece com o processo de vendas, passe pela ativação com CS e inclua o atendimento de CX permite que as áreas vejam o impacto de cada etapa e façam ajustes coordenados.

8. **Programas de visita para clientes com perspectiva integrada**: convide clientes para visitar o laboratório e participar de sessões de cocriação, com a presença das equipes de vendas, CX e CS. Essa interação direta permite que o cliente veja o compromisso integrado de todas as áreas e ofereça feedback que será aplicado de maneira coordenada.

9. ***Hackathons* e maratonas de inovação**: organize *hackathons* nos quais vendas, CX e CS trabalhem juntos para resolver desafios de maneira criativa. Ao longo desses eventos, as equipes podem desenvolver soluções que considerem desde a atração do cliente até a retenção e o sucesso, promovendo uma inovação que seja eficaz em todas as fases do relacionamento com o cliente.

10. **Plataforma de compartilhamento de conhecimento integrada**: crie uma plataforma na qual as descobertas, melhores práticas e *insights* de vendas, CX, CS, Suporte e Marketing possam ser acessados por todos. Assim, o aprendizado se torna uma base comum que facilita a aplicação de inovações de maneira coordenada e garante que todos estejam alinhados com a visão de centralidade no cliente.

Ao adotarem esse modelo de laboratório de vendas com base na experiência e no sucesso do cliente, as empresas podem se posicionar não apenas como líderes em

CAPÍTULO 2

suas indústrias, mas também como verdadeiros pioneiros na criação de experiências excepcionais que vendem!

Neste capítulo, apresentei a maneira como a centralidade no cliente, Customer Experience e Customer Success formam a tríade essencial para multiplicar as vendas e consolidar o Novo Mindset de Vendas. Demonstrei que a centralidade no cliente não pode ser apenas um desejo corporativo; ela deve ser um compromisso prático, refletido em ações concretas, sustentadas por metodologias estruturadas, indicadores precisos e uma integração genuína entre departamentos.

No modelo de Vendas CXCS, vimos como é possível criar conexões reais com os clientes, indo além das transações para transformar cada interação em uma oportunidade de agregar valor. A empatia, a compaixão e a confiança tornam-se os combustíveis que transformam clientes satisfeitos em Clientes-Propulsores, que promovem espontaneamente a marca e impulsionam o crescimento orgânico da empresa.

Por fim, propus o laboratório de vendas com base na experiência e no sucesso do cliente – um espaço para inovar, testar e aprimorar estratégias que integram as áreas de Vendas, CX e CS em torno do cliente. Essas práticas não apenas ampliam as vendas, mas também fortalecem a retenção, constroem relacionamentos duradouros e posicionam a empresa como referência em sua área de atuação.

No próximo capítulo, vamos mergulhar em uma tendência que está transformando as organizações: a fusão entre Vendas e Marketing. Prepare-se para descobrir como essas áreas, muitas vezes vistas como opostas, podem se unir para formar uma máquina de crescimento altamente eficiente e sincronizada, capaz de trazer resultados exponenciais.

CAPÍTULO 3

Fusão entre Vendas e Marketing para o Novo Mindset

No capítulo anterior, exploramos como a centralidade no cliente, combinada com as práticas de CX e CS, pode multiplicar as vendas, colocando o cliente no centro das decisões e práticas empresariais. Agora, vamos acrescentar mais uma peça fundamental ao Novo Mindset de Vendas: a integração de Vendas com Marketing, uma união estratégica que eleva o potencial de crescimento e consolida o modelo de Vendas CXCS.

No modelo de Vendas CXCS, o Marketing deixa de atuar apenas na geração de *leads* e passa a trabalhar como extensão das vendas, educando e nutrindo o cliente em cada etapa. Esse relacionamento de valor, construído antes mesmo da primeira venda, gera uma experiência positiva que facilita o engajamento a longo prazo e reforça a lealdade do cliente.

Desde suas origens, Marketing e Vendas compartilham o objetivo de conectar a empresa ao cliente, oferecendo produtos e serviços alinhados às necessidades do mercado. Embora essas áreas tenham seguido caminhos distintos, ambas partem da missão de impulsionar o crescimento organizacional. Com a evolução das empresas, o Marketing se especializou em campanhas e posicionamento, enquanto Vendas focava na conversão. Hoje, a integração dessas funções reforça a eficácia de ambas.

Contudo, na atualidade, as fronteiras entre Vendas e Marketing estão se dissolvendo!

Neste capítulo, você verá como a integração entre Vendas e Marketing pode transformar o modelo de Vendas CXCS, unindo estratégias que não apenas ampliam o alcance e a atração de clientes, mas também reforçam a retenção e o sucesso do cliente a longo prazo. Apresentarei o percurso histórico dessas áreas, desde a separação inicial até a recente convergência. Em seguida, entraremos em práticas modernas como Smarketing, RevOps e Social Selling, que permitem uma colaboração mais eficaz e contínua entre as duas equipes.

CAPÍTULO 3

Da rivalidade à colaboração entre Vendas e Marketing

Historicamente, Vendas e Marketing compartilham um objetivo comum: ambos buscam conectar a empresa ao cliente e gerar valor por meio de um relacionamento produtivo. No entanto, ao longo das décadas, essas áreas tomaram caminhos distintos. O Marketing se tornou mais estratégico e focado em criar demanda e construir a marca, enquanto Vendas se concentrou na conversão direta e no atendimento ao cliente. Esse distanciamento resultou em uma divisão que, embora comum, gerou desafios significativos, como a falta de alinhamento nas mensagens ao mercado e uma desconexão na experiência do cliente.

Philip Kotler, em sua obra clássica *Administração de Marketing*, definiu o Marketing como uma função essencial para atender às necessidades e desejos dos consumidores, construindo o valor da marca a longo prazo. Por outro lado, Neil Rackham, em *SPIN Selling*, mostrou como o papel das Vendas se especializou em entender e resolver os problemas específicos dos clientes. Essas e outras visões clássicas departamentalizaram demais essas áreas, afastando-as. Hoje, o ambiente empresarial, impulsionado pelas tecnologias digitais e pelo foco na experiência e no sucesso do cliente, está exigindo que essas áreas se integrem. Não basta serem "amiguinhas", precisam estar verdadeiramente jogando do mesmo lado do campo.

Para entender como essa integração está ganhando atenção mundo a fora, é importante conhecer alguns termos que comprovam essa aproximação entre vendas e marketing.

RevOps (Revenue Operations): representa uma estratégia de centralização das operações de receita, unificando Vendas, Marketing, Suporte e Customer Success para aumentar o crescimento e a eficiência. Em *The Revenue Operations Playbook*, Stephen Diorio explora como o RevOps busca desmantelar silos e criar uma operação integrada, na qual Vendas e Marketing trabalham em colaboração para otimizar cada etapa da jornada do cliente.

Growth Marketing: conforme definido por Sean Ellis em *Hacking Growth*, vai além do Marketing tradicional e adota uma abordagem com base em experimentação contínua e crescimento em todas as etapas do funil. Esse conceito enfatiza a importância de o Marketing trabalhar diretamente com a equipe de Vendas para ajustar campanhas e estratégias com base em dados de comportamento do cliente.

Sales Enablement: no livro *The Sales Acceleration Formula*, Mark Roberge define Sales Enablement como o processo de capacitar a equipe de Vendas com as ferramentas, conteúdos e treinamentos necessários para aumentar a eficácia. Nessa prática, o Marketing é responsável por fornecer materiais que realmente atendam às necessidades dos vendedores, ajudando-os a personalizar a experiência do cliente.

Smarketing: o termo foi popularizado por Brian Halligan e Dharmesh Shah em *Inbound Marketing*, livro no qual eles explicam a importância de integrar as equipes de Vendas e Marketing com metas e métricas conjuntas. Halligan e Shah mostram que essa abordagem ajuda a alinhar esforços e a criar uma experiência de cliente mais unificada.

Revenue Marketing: trata-se de uma prática que se compromete diretamente com a geração de receita, envolvendo o Marketing em estratégias que impactam o retorno financeiro. Em *Revenue Marketing*, Debbie Qaqish descreve como essa abordagem desafia o papel tradicional do Marketing, transformando-o em um verdadeiro parceiro de vendas, responsável por metas financeiras concretas.

50

Estratégia Omnichannel: no contexto das estratégias que geram valor para o cliente, *omnichannel* se refere à criação de uma experiência integrada e consistente em todos os canais. Em meu livro *Gestão do Relacionamento e Customer Experience*, enfatizo a *omnichannel* como uma pré-condição essencial para gerar experiências positivas ao longo da jornada dos clientes.

Social Selling: em *Social Selling Mastery*, Jamie Shanks define Social Selling como o uso de redes sociais para construir um relacionamento com clientes potenciais e estabelecer confiança antes da venda. O Marketing fornece conteúdo e contexto para nutrir esses relacionamentos, enquanto as Vendas interagem diretamente com *leads* qualificados.

Os termos apresentados reforçam a urgência com a qual temos que integrar mais esses departamentos no Brasil.

Contudo, se olharmos para a história dessas duas áreas, vemos que o distanciamento entre Vendas e Marketing não só separou funções, mas criou desafios. Em muitos casos, a falta de comunicação e colaboração gerou problemas como mensagens inconsistentes ao mercado e uma desconexão entre a expectativa do cliente e a entrega final. No entanto, as tendências atuais, como RevOps, Smarketing e Growth Marketing, estão desafiando essa lógica de separação. A tecnologia e o foco no cliente exigem que Marketing e Vendas trabalhem lado a lado, compartilhem dados e alinhem suas estratégias para garantir uma experiência mais fluida e eficaz para o cliente.

Exemplos de empresas que adotaram essas práticas modernas de integração são a HubSpot, que oferece uma plataforma que conecta diretamente as campanhas de Marketing com os esforços de Vendas, e a Slack, onde os dados compartilhados e os sistemas integrados de CRM e automação de Marketing facilitam a comunicação entre as equipes. A Adobe, por sua vez, usa ferramentas de automação para garantir que suas campanhas estejam alinhadas com as metas de Vendas. Esses exemplos mostram que, em vez de serem concorrentes, Vendas e Marketing estão se tornando áreas complementares, unidas por uma visão de crescimento comum e por objetivos centrados na experiência do cliente.

A integração entre Vendas e Marketing é uma necessidade estratégica para as empresas que querem implementar o Novo Mindset de Vendas. Ao superarem o antigo modelo de concorrência e adotarem uma visão colaborativa, as empresas conseguem otimizar recursos, melhorar taxas de conversão e oferecer uma experiência de cliente muito mais coesa e satisfatória. Tecnologias como IA, Omnichannel, CRM e plataformas de automação são ferramentas fundamentais, mas o verdadeiro motor dessa transformação é a cultura organizacional, que precisa estar alinhada para que as equipes trabalhem com mentalidade de cooperação e de foco no cliente.

A seguir, irei apresentar na linha do tempo e mostrar o quanto foi difícil integrar essas duas áreas.

O distanciamento entre Marketing e Vendas arruinou muitas empresas

Você sabia que o distanciamento entre Marketing e Vendas foi responsável por riscar do mapa empresas que já foram líderes em seus setores? Ao observarmos um pouco a linha do tempo, percebemos a importância de integrar essas duas áreas para manter a competitividade.

CAPÍTULO 3

Na década de 1970, o Marketing se consolidava como uma disciplina cada vez mais estratégica e independente. Com o foco em pesquisas, estratégias de comunicação e posicionamento de marca, o Marketing começou a se afastar das operações de Vendas, que permaneceram centradas no fechamento de negócios e no contato direto com os clientes.

Essa transformação ampliou o escopo do Marketing, que passou a englobar lançamento de produtos, pesquisas de mercado e desenvolvimento de estratégias de comunicação. Tornou-se um componente indispensável para o sucesso das organizações, consolidando-se como função essencial para a criação de valor e para a competitividade empresarial.

Em parte, esse distanciamento foi consequência da crescente especialização nas empresas. O Marketing passou a ser visto como uma função estratégica, voltada para a visão a longo prazo, construção de marca e geração de demanda. Já as Vendas, por outro lado, ficaram encarregadas da conversão dessas oportunidades em transações concretas. Com isso, os dois departamentos atuavam de modo independente, com pouca comunicação ou colaboração.

Empresas como IBM e PepsiCo exemplificam essa divisão. Nos anos 1970, a IBM investiu pesadamente em Marketing para geração de *leads* e posicionamento, enquanto as Vendas focavam na conversão e no relacionamento direto com o cliente. A PepsiCo, nos anos 1980, adotou campanhas publicitárias impactantes e destinou seu time de Vendas exclusivamente para distribuição e promoção nos pontos de venda.

No entanto, essa separação trouxe desafios significativos. A falta de alinhamento entre Marketing e Vendas gerou inconsistências na mensagem ao mercado e, muitas vezes, uma desconexão entre as expectativas dos clientes e o que realmente era entregue. Com o tempo, essa falta de integração evidenciou a necessidade de uma abordagem mais coordenada entre as áreas.

Décadas atrás, a rivalidade entre Vendas e Marketing era tamanha que quem saía perdendo invariavelmente era o cliente, que ficava confuso com mensagens diferentes.

Além disso, essa desconexão resultava em comunicação limitada e até rivalidade entre as áreas, com cada uma buscando justificar seus próprios resultados sem considerar a importância da colaboração. O Marketing criava campanhas desalinhadas com a realidade das Vendas, enquanto os times de Vendas muitas vezes consideravam o Marketing desconectado das necessidades dos clientes. Esse modelo passou a ser questionado e, nas décadas seguintes, novas abordagens integradas começaram a emergir, mostrando o valor da sinergia entre Marketing e Vendas.

Uma luz no fim do túnel proporcionada pelo marketing digital

O marketing digital trouxe uma solução inovadora para integrar Vendas e Marketing de maneira mais eficaz – afinal, tornou-se inevitável que essas áreas se aproximassem.

Fusão entre Vendas e Marketing para o Novo Mindset

O Marketing precisou se envolver nas etapas de venda, enquanto a equipe de Vendas passou a se beneficiar das estratégias e *insights* do Marketing. Esse novo cenário possibilitou que campanhas se tornassem personalizadas e mensuráveis em tempo real, trazendo vantagens claras para ambos os setores.

A Amazon foi uma das pioneiras no uso eficaz do marketing digital. A empresa utilizava uma combinação de SEO, anúncios pagos e recomendações personalizadas para elevar as vendas *on-line*. O uso de algoritmos que oferecem recomendações de produtos com base em compras anteriores tornou-se um marco de como o marketing digital pode influenciar diretamente o comportamento de compra. Da mesma maneira, a Netflix atualmente se abastece de dados coletados digitalmente para personalizar a experiência do usuário, sugerindo filmes e séries com base nas preferências e no histórico de navegação do cliente.

Com o marketing digital, tornou-se possível rastrear o comportamento do cliente em todas as fases da jornada, ajustando estratégias com base em dados. Pela primeira vez, as campanhas podiam ser ajustadas em tempo real, desfazendo os "silos" que antes isolavam Marketing e Vendas. As áreas passaram a colaborar mais estreitamente para otimizar o uso de plataformas e garantir que o cliente recebesse uma experiência integrada e consistente.

Além disso, o marketing digital desafiou o modelo tradicional de vendas, permitindo que muitos produtos fossem comprados diretamente *on-line*, sem a necessidade de um vendedor intermediário. Isso fez com que as fronteiras entre Marketing e Vendas se tornassem ainda mais indefinidas, incentivando os dois departamentos a compartilhar a responsabilidade pelo sucesso das campanhas e pela conversão dos *leads* gerados *on-line*.

A HubSpot foi uma das empresas que lideraram a promoção dessa integração, oferecendo uma plataforma de *inbound marketing* que conecta diretamente as campanhas de Marketing com os esforços de Vendas. O Marketing cria conteúdo relevante para gerar *leads*, enquanto as equipes de Vendas têm acesso a essas interações e podem acompanhar o histórico de contato dos *leads*, adaptando suas abordagens de acordo.

O Marketing, assim, tornou-se o principal responsável por educar o cliente antes mesmo do primeiro contato com o vendedor, usando conteúdos informativos e engajadores que preparam o terreno para a conversão. Ao mesmo tempo, a equipe de Vendas começou a utilizar *insights* mercadológicos para refinar suas abordagens e personalizar suas interações, criando um ciclo no qual cada etapa faz parte de uma estratégia coordenada e orientada ao cliente.

Essa mudança trouxe grandes benefícios para as empresas, que, ao integrarem os dois departamentos, conseguiram otimizar recursos e melhorar significativamente as taxas de conversão. A colaboração entre Marketing e Vendas também resultou em uma experiência do cliente mais fluida e eficiente, com uma comunicação coesa desde o primeiro contato até a finalização da compra.

As empresas começaram a perceber que, em vez de insistirem em "empurrar" produtos para os consumidores, precisavam atraí-los com estratégias de *inbound*, conteúdo relevante e uma comunicação transparente, alinhada aos interesses do cliente.

Exemplo claro dessa mudança foi a Apple, que utiliza uma abordagem sutil em suas campanhas, focando mais nos benefícios e na experiência do consumidor do que em "empurrar" produtos. A Apple cria um senso de desejo e exclusividade,

CAPÍTULO 3

incentivando os consumidores a buscarem a marca, em vez de serem bombardeados por campanhas agressivas.

Com essa nova dinâmica, os times de Vendas precisaram se adaptar, adotando técnicas mais consultivas e menos agressivas e contando mais com as campanhas de marketing para gerar *leads* qualificados. O foco deixou de ser apenas fechar a venda e passou a envolver e educar o cliente, construir confiança e manter um relacionamento contínuo mesmo após a compra. Esse novo paradigma trouxe uma abordagem centrada no cliente, revolucionando as práticas de marketing e vendas e colocando a experiência do cliente no centro das estratégias empresariais.

O poder da indicação de clientes e da reputação dos dirigentes

Além do impulso do marketing digital, a partir do aumento da presença das mídias sociais, a confiança dos consumidores migrou da comunicação corporativa para as indicações de outros clientes. Cada vez mais, o poder da recomendação passou a ser um dos fatores mais influentes na decisão de compra. Consumidores confiam em avaliações, depoimentos e experiências de outros clientes, muitas vezes mais do que nas campanhas publicitárias das próprias empresas. Isso se fortaleceu com plataformas como TripAdvisor e Booking, que permitem que qualquer pessoa compartilhe suas experiências com produtos e serviços.

Além disso, a prática de incentivar programas de indicação permitiu que clientes satisfeitos se tornassem promotores ativos da marca, resultando em um crescimento massivo de novos usuários.

Na última década, os consumidores não estiveram apenas preocupados com a qualidade dos produtos ou serviços oferecidos por uma empresa, mas também com a reputação dos seus dirigentes. O comportamento, as decisões e os valores dos líderes corporativos se tornaram parte essencial da percepção da marca.

A ideia de integração total entre Vendas e Marketing começou a se consolidar à medida que as empresas perceberam que a colaboração entre esses dois departamentos é essencial para o sucesso. O Marketing e as Vendas agora trabalham com metas comuns, compartilham dados e alinham suas estratégias para garantir uma abordagem mais coesa e eficiente.

A Slack é um exemplo de empresa que integrou eficientemente suas equipes de Vendas e Marketing. A comunicação entre os dois departamentos é facilitada por dados compartilhados e sistemas integrados de CRM e automação de marketing. Outra empresa que promove essa integração é a Adobe, que utiliza ferramentas de automação para garantir que as campanhas de marketing estejam totalmente alinhadas com os esforços de vendas. Isso cria uma experiência de cliente mais fluida, desde o primeiro contato com a marca até a conversão final.

O novo foco em CX, *omnichannel* e mapeamento da jornada

Com o aumento da concorrência, as empresas perceberam que a experiência do cliente se tornou um dos principais diferenciais competitivos. O foco em CX começou a se consolidar à medida que as organizações entenderam que não bastava apenas vender um bom produto – era necessário criar uma experiência de compra memorável em todos os pontos de contato com o cliente.

Um exemplo que ilustra perfeitamente essa abordagem é a Nike, que promove uma experiência *omnichannel* abrangente, desde as lojas físicas até toda a jornada de compra e serviços digitais. A empresa investe continuamente para oferecer uma experiência excepcional em cada ponto de contato, desde a entrada do cliente nas lojas física e digital até o uso de seus produtos e o suporte pós-venda.

Durante minha imersão na Nike de Nova Iorque, que funciona como um verdadeiro laboratório de inovação, pesquisei dezenas de estratégias de vendas focadas na experiência e no sucesso do cliente praticadas pela Nike. A seguir, compartilho algumas das práticas de alto impacto para impulsionar as vendas, que podem ser aplicadas a qualquer setor:

1. **Revisão contínua da jornada do cliente** em ambientes físicos, *on-line* e híbridos, como a opção de compra no *site* com retirada na loja, garantindo conveniência e flexibilidade.

2. **Adaptação dinâmica do *layout* das lojas** física e digital em minutos para atender diferentes perfis de público, criando uma conexão personalizada que torna a experiência de compra mais atraente.

3. **Uso de um personagem alinhado aos valores da marca** para transmitir propósito e inspirar o consumidor, em vez de simplesmente representar a marca de maneira genérica.

4. **Unificação das experiências física e digital**, permitindo que o cliente transite facilmente entre os dois ambientes com uma experiência coesa e fluida.

5. **Valorização de pequenas experiências físicas** que criam grandes memórias, como provadores de roupas cuidadosamente planejados, que tornam a visita à loja memorável e agradável.

6. **Capacitação dos colaboradores com métodos de CX**, oferecendo um atendimento personalizado e empático, centrado nas expectativas e nas necessidades do cliente.

7. **Ampliação dos serviços oferecidos pela marca**, como treinos gratuitos, criando um valor agregado que fortalece o relacionamento com o cliente e aumenta a interação com a marca.

8. **Promoção ativa da adesão ao programa de fidelidade**, incentivando os clientes a aproveitarem vantagens exclusivas, o que aumenta o engajamento e a probabilidade de novas compras.

Essas práticas de alto impacto podem criar um ambiente envolvente e elevar a fidelização e as vendas em vários tipos de negócios.

A cultura de que o Marketing anuncia e a equipe comercial vende está mudando

A visão tradicional de que o Marketing anuncia e a equipe de Vendas finaliza está se tornando obsoleta. Hoje, a experiência do cliente exige uma nova reflexão: os clientes compram porque foram impactados pela mensagem de marketing ou porque se encantaram com a experiência nos canais de vendas e atendimento? No Novo Mindset de Vendas, essa relação linear não basta mais. O cliente, movido pelo papel de Cliente-Propulsor, espera uma integração plena entre todos os pontos de contato, sem distinções internas – ele busca uma experiência coesa e personalizada, independentemente de onde se encontra na jornada de compra.

Para alcançar esse novo patamar de experiência, as empresas estão adotando o mapeamento completo da jornada do cliente como prática essencial, garantindo que cada interação seja coerente. A Spotify é um exemplo dessa integração, usando dados para personalizar recomendações e alinhando suas estratégias de marketing e vendas para fortalecer a conexão emocional com os usuários.

O mapeamento da jornada identifica todos os pontos de contato do cliente com a marca, desde o primeiro interesse até o pós-venda, permitindo ajustes estratégicos que elevam a experiência. A Disney, por exemplo, aprimora a jornada de seus visitantes de ponta a ponta, promovendo envolvimento contínuo por meio de uma experiência sempre memorável e integrada com os esforços de vendas.

Empresas como Sephora também inovam ao utilizar *chatbots* para personalizar o atendimento em plataformas digitais e redes sociais. A Sephora ajuda os clientes com recomendações, agendamentos e dúvidas e oferece sugestões de produtos, transformando o atendimento *on-line* em um processo fluido e envolvente.

Hoje, o cliente dificilmente é atraído apenas por uma campanha de marketing; ele busca referências de outros clientes e explora múltiplos canais da empresa antes de decidir.

A experiência *omnichannel* é um dos pilares centrais na integração entre Vendas e Marketing. O Boticário, por exemplo, oferece uma experiência de compra contínua e coesa em todos os canais, integrando histórico de compras, testes virtuais e recomendações personalizadas no *app*, além de quiosques digitais nas lojas físicas. Essa Estratégia Omnichannel demonstra o poder de um modelo de Vendas CXCS, que promove a lealdade e o engajamento contínuo ao colocar o cliente e sua experiência no centro da estratégia.

Para empresas que desejam prosperar, a mensagem é mais do que clara: o sucesso do cliente depende de uma sinergia total entre Marketing e Vendas, uma fusão que define a experiência do cliente como o verdadeiro diferencial.

Crescimento do Customer Success (CS) e ascensão do Marketing H2H

Como entusiasta de metodologias emergentes, procuro estudar muito e aplicar práticas de gestão inovadoras assim que são apresentadas nos EUA e na Europa, trazendo-as para os projetos de nossos clientes no Brasil. Esse movimento visa garantir que eles alcancem resultados diferenciados antes de seus concorrentes.

Há cerca de 20 anos, adaptei o modelo de Customer Experience para o Brasil, e mais recentemente trouxe a metodologia de Employee Experience (EX). Com a mesma dedicação, abracei anos atrás o Customer Success, que inicialmente emergiu entre empresas de tecnologia nos EUA para proteger a base de clientes de receita recorrente e reduzir o *churn* de maneira coordenada. Além de implementar essa metodologia em dezenas de empresas, tenho paixão por ensinar, o que me permitiu impactar mais de 300 mil pessoas com aulas e palestras.

Uma dica para você é conhecer a primeira e mais importante certificação em CX e CS, que foi sucesso de público. Os leitores podem adquirir um desconto acessando o QR Code a seguir:

Conheça também os MBAs que coordeno em conjunto com uma equipe especializada acessando o QR Code e a seguir:

Hoje, com muito orgulho, posso dizer que o Brasil é reconhecido como referência nessas competências. Quem afirma isso são as empresas e alunos internacionais, mesmo sabendo que ainda temos muito a fazer.

O Customer Success, ou Sucesso do Cliente, foca em garantir que os clientes alcancem seus objetivos ao utilizarem um produto ou serviço, promovendo lealdade e satisfação. Essa metodologia leva as empresas a investirem em equipes dedicadas, que acompanham o cliente em toda a jornada pós-venda, fornecendo suporte contínuo e aumentando a fidelização. A Totvs, por exemplo, é referência na prática do CS, monitorando métricas de satisfação e engajamento para prevenir o *churn* e elevar a retenção.

Outras empresas, como Quinto Andar, também se destacam em CS, estruturando operações para ajudar os clientes a extrair o máximo de valor de suas soluções e oferecendo suporte contínuo. Essas práticas demonstram o impacto do Customer Success na construção de relacionamentos duradouros e lucrativos.

Falando em metodologias, irei agora conectar o H2H.

O Marketing H2H (*Human to Human*) vem ganhando destaque como uma abordagem que valoriza a conexão humana em toda interação comercial. Popularizado pelo especialista em marketing Bryan Kramer, autor do livro *There is no B2B or B2C: it's Human to Human #H2H*, o conceito desafia as abordagens tradicionais de B2B e B2C, lembrando que todas as decisões são tomadas por pessoas. Kramer ressalta que, para conquistar o consumidor moderno, as marcas precisam adotar uma comunicação autêntica e centrada no relacionamento humano, indo além dos rótulos e estabelecendo um diálogo genuíno e empático com o público.

No contexto de Vendas CXCS, o H2H encontra terreno fértil, pois o cliente passa a ser o verdadeiro propulsor das ações de marketing e vendas. O *Cliente-Propulsor* exige um nível de conexão e transparência que só pode ser alcançado quando a marca se apresenta de forma verdadeira e humana. O Marketing H2H permite que as empresas construam experiências que acompanham o cliente em toda a sua jornada, desde o primeiro contato até o pós-venda.

Essa abordagem coloca o cliente no centro de todas as estratégias, promovendo interações que refletem empatia e transparência, pilares fundamentais para que a experiência e o sucesso do cliente sejam garantidos. A ascensão do marketing digital e das redes sociais acelerou essa mudança, permitindo que empresas conversem diretamente com o público e proporcionem uma experiência mais significativa e engajadora.

Um exemplo brasileiro de empresa que adota o Marketing H2H é o Nubank. Conhecido pela comunicação próxima e transparente, o Nubank se destaca ao tratar cada cliente como único e ao cultivar uma relação de parceria. A empresa usa linguagem acessível e informal em seus canais, compartilhando informações sobre suas operações e decisões, como no caso de reajustes de taxas ou atualizações de políticas, o que reforça a confiança e o vínculo com seus clientes. O Nubank também utiliza as redes sociais para responder diretamente aos clientes e compartilhar histórias de consumidores, criando uma comunidade de clientes leais e entusiastas.

O Marketing H2H, portanto, representa uma transformação intensa no modo como as marcas se relacionam com seus clientes. No Capítulo 2, mostrei como empatia, compaixão e confiança não são apenas valores, mas verdadeiros alicerces da humanização. Essas qualidades são combustíveis essenciais para que as empresas construam laços autênticos e duradouros com seu público.

Quando esses pilares são bem aplicados, o cliente engajado percebe a diferença e começa a trilhar um caminho que o leva ao próximo nível: tornar-se um *Cliente-Propulsor*, aquele que não apenas compra, mas também impulsiona sua marca fornecedora de maneira proativa.

7 vantagens da integração de Vendas com Marketing

Se a área comercial *on-line* ou *off-line* da sua empresa se fundirá com o Marketing, isso dependerá de fatores como a importância estratégica de cada área e o papel central do marketing na companhia. O cenário mais provável é que a área comercial ganhe mais suporte, empatia e alinhamento com o Marketing e demais áreas de frente, como CX, CS, Suporte, Logística e Produtos.

Consequentemente, a integração entre Vendas e Marketing se tornou essencial para empresas que buscam mais resultados de negócios. Quando essas áreas atuam de maneira coordenada, os benefícios vão desde o aumento das receitas até a eficiência operacional. Aqui estão as principais vantagens que essa integração proporciona:

1. Aumento das vendas totais.
2. Aumento na quantidade de *leads*.

3. Integração da geração de *leads* com o fechamento da venda.
4. Maior controle do processo de negociação.
5. Inserção da equipe de Vendas nas estratégias de marketing.
6. Inserção da equipe de Marketing nos resultados comerciais.
7. Redução de *churn*.

1. Aumento das vendas totais

Uma das principais vantagens da integração entre Vendas e Marketing é o aumento das vendas totais. Inclusive, há empresas que estão fundindo verdadeiramente essas áreas.

No melhor cenário, com os dois departamentos operando de modo alinhado, a equipe de Vendas recebe *leads* mais qualificados e prontos para serem convertidos. O Marketing, ao compreender melhor as necessidades dos clientes e o feedback da equipe de Vendas, pode criar campanhas mais eficazes e focadas em atrair o público certo. Esse ciclo de colaboração resulta em taxas de conversão mais altas, impulsionando o crescimento das vendas de maneira significativa.

2. Aumento na quantidade de *leads*

A quantidade de *leads* também aumenta substancialmente quando Vendas e Marketing estão integrados. O Marketing, ao entender o que o time de Vendas precisa para ter sucesso, pode desenvolver estratégias mais eficazes de geração de *leads*. Além disso, com o uso de ferramentas de IA, o processo de atração de *leads* se torna mais assertivo. Como resultado, as empresas conseguem atrair mais *leads* qualificados, prontos para serem nutridos e convertidos pela equipe de Vendas.

3. Integração da geração de *leads* com o fechamento da venda

Outro benefício dessa associação é a integração do processo de geração de *leads* com o fechamento da venda. Quando Marketing e Vendas compartilham dados e *insights* em tempo real, o ciclo de vendas se torna mais fluido. A equipe de Marketing pode acompanhar todo o processo, desde a atração do *lead* até a conversão, ajudando a fornecer suporte em momentos críticos. Com essa colaboração, o funil de vendas é otimizado, resultando em um processo mais eficiente para o fechamento de contratos.

4. Maior controle do processo de negociação

Com Marketing e Vendas compartilhando informações detalhadas sobre o comportamento do cliente, histórico de interações e dados de preferências, a equipe de Vendas pode realizar negociações mais assertivas. Esse controle facilita a personalização das interações e ajuda a manter o cliente engajado, aumentando as chances de sucesso nas negociações e reduzindo o tempo necessário para fechar negócios.

5. Inserção da equipe de Vendas nas estratégias de marketing

Uma vantagem importante dessa integração é a inserção da equipe de Vendas nas estratégias mercadológicas. Os vendedores, que estão diretamente em contato com os clientes, possuem uma compreensão mais próxima das dores, expectativas e

CAPÍTULO 3

necessidades do público. Ao inserirem essas percepções nas campanhas de marketing, as empresas podem desenvolver mensagens mais eficazes, adaptadas ao que realmente ressoa com os clientes. Isso torna o marketing mais preciso e relevante, aumentando o impacto das campanhas.

6. Inserção da equipe de Marketing nos resultados comerciais

Do mesmo modo que o item anterior, porém em uma direção oposta, a inserção da equipe de Marketing nos resultados de Vendas gera um ciclo de feedback extremamente valioso. Ao monitorar os resultados gerados pelas campanhas de marketing, a equipe pode ajustar rapidamente suas estratégias com base nos resultados dos vendedores. Esse alinhamento garante que o marketing seja continuamente otimizado para gerar *leads* que tenham maior probabilidade de conversão, criando um processo de vendas mais previsível e bem-sucedido.

7. Redução de *churn*

Por fim, a sinergia entre Marketing e Vendas desempenha um papel crucial na diminuição do *churn*. Quando essas equipes atuam de maneira integrada, o marketing pode continuar nutrindo os clientes com conteúdos pertinentes mesmo após a concretização da venda, fortalecendo o engajamento com os compradores. Enquanto isso, a equipe de Vendas, munida de informações mais detalhadas sobre os consumidores, consegue desenvolver estratégias mais precisas para fidelizá-los. Isso inclui ações como *cross-sell* e *up-sell* bem direcionados, que agregam valor à experiência do cliente. Esse trabalho conjunto não só aumenta a retenção, mas também reduz significativamente as taxas de cancelamento.

Smarketing – alinhando Vendas e Marketing na Nova Cultura de Vendas

Na Nova Cultura de Vendas, a integração entre as equipes de Vendas e Marketing é essencial. De acordo com o artigo "How Sales and Marketing Alignment Increased New Revenue by 34%", de Steven MacDonald, alinhar os setores de Vendas e Marketing já é a terceira maior prioridade entre as empresas que buscam crescimento. Isso ocorre porque o desalinhamento entre essas áreas causa perdas significativas, muitas vezes bilionárias, que podem levar empresas à estagnação e até a retirarem-se do mercado.

A solução para esse problema? Um alinhamento profundo, com o qual Vendas e Marketing trabalham de modo integrado e são vistos como um único organismo. Esse conceito, conhecido como *Smarketing (Sales + Marketing)*, é adotado por 95% dos líderes de mercado global, que percebem não só a redução dos desafios internos, mas também o aumento de receita, velocidade de crescimento e retenção de clientes, com impacto positivo em toda a organização.

No contexto da Nova Cultura de Vendas, o Smarketing leva ao reposicionamento do marketing como uma força central no funil de vendas. Isso se deve à mudança nos hábitos dos consumidores, que hoje preferem uma jornada de compra autônoma e bem-informada, reduzindo a necessidade de interações tradicionais com a equipe de Vendas.

No modelo tradicional, o Marketing gerava *leads* que eram passados para a equipe de Vendas, resultando em uma divisão rígida entre as duas áreas. Esse processo linear, no entanto, criava lacunas na comunicação e, muitas vezes, uma experiência fragmentada para o cliente. O novo funil de vendas, alinhado ao Smarketing, é mais dinâmico e contínuo. Marketing e Vendas trabalham juntos ao longo de todas as etapas – Consciência, Interesse, Consideração, Intenção, Avaliação e Compra –, proporcionando uma experiência de cliente mais coesa. Esse modelo integrativo facilita a nutrição de *leads* e resulta em taxas de conversão mais altas. Veja a Figura 3.1.

Figura 3.1 O novo funil de vendas.

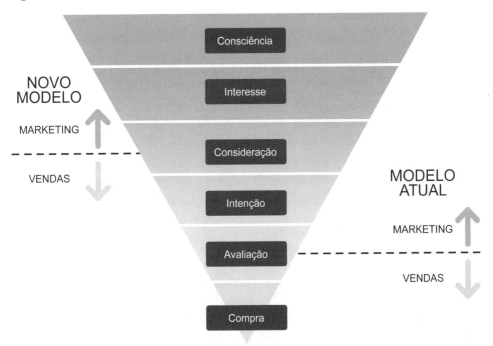

Fonte: adaptação e tradução próprias, baseada em MACDONALD, Steven. How sales and marketing alignment increased new revenue by 34%: case study. *SuperOffice*, 15 Oct. 2020.

Cada etapa do novo funil é desenhada para atender às necessidades específicas do cliente em tempo real. Isso permite que o Smarketing adapte suas ações conforme o cliente avança na jornada, garantindo que tanto a atração quanto a conversão sejam otimizadas. Como resultado, a experiência do cliente é enriquecida, com uma abordagem consistente e centrada em suas reais necessidades.

Para empresas que desejam adotar a Nova Cultura de Vendas e alinhar vendas e marketing, Steven MacDonald apresenta 10 passos fundamentais:

1. **Criar uma jornada única do cliente**: definir uma jornada coesa, sem divisões internas, garantindo uma experiência integrada para o cliente.
2. **Concordar com uma *persona***: definir uma *persona* ideal que represente o cliente, a partir de *insights* conjuntos de Vendas e Marketing.
3. **Usar uma abordagem "marketing primeiro"**: nutrir e educar o cliente desde o início, preparando-o para a conversão de maneira consultiva.

CAPÍTULO 3

4. **Acompanhar KPIs conjuntamente**: monitorar indicadores de desempenho compartilhados, como taxa de conversão e custo de aquisição, para garantir sinergia entre as áreas.

5. **Utilizar feedback dos clientes**: analisar e incorporar feedbacks reais dos clientes para ajustar mensagens, ofertas e até produtos.

6. **Manter mensagens de marketing consistentes**: criar uma comunicação unificada, com clareza e consistência em todos os pontos de contato.

7. **Criar conteúdos para fechar a venda**: desenvolver materiais, como estudos de caso e relatórios, para suportar a equipe de Vendas no momento de decisão.

8. **Unir forças no crescimento da retenção**: trabalhar em conjunto para desenvolver campanhas de retenção e expansão de contas existentes.

9. **Criar uma estratégia de conteúdo unificada**: planejar e distribuir conteúdos que acompanhem o cliente em cada etapa da jornada.

10. **Implementar relatórios de fechamento de *loop***: estabelecer um sistema de feedback constante entre vendas e marketing para aprimorar continuamente o processo de fechamento de *loop*.

Essas práticas ajudam as equipes comerciais e de marketing a atuar de forma sinérgica, promovendo uma Nova Cultura de Vendas, na qual a experiência, o sucesso e a lealdade do cliente se tornam os pilares.

Lembre-se de que o marketing de conteúdo é uma maneira natural de fazer com que alguém percorra o funil de vendas. É esse modo de divulgação que atrairá o futuro cliente ao primeiro contato. Talvez ele esteja tentando resolver um problema simples e se depare com um vídeo ou comparando preços concorrentes e consuma um infográfico da empresa. Em seguida, ele será instigado a saber mais sobre o assunto, por meio de *e-books*, *webinars* e conteúdos mais interativos. Por último, o marketing de conteúdo o convidará a fazer parte do portfólio de clientes ao mostrar a ele as oportunidades de solução que sua marca, já creditada como referência no meio pela produção gratuita fornecida, oferece.

Após a conversão, Vendas e Marketing devem continuar trabalhando juntos para promover o crescimento e a retenção de clientes. Isso pode incluir campanhas de *upsell*, *cross-sell* e programas de fidelidade, sempre com foco em agregar valor à experiência do cliente.

A ascensão do Social Selling

O Social Selling, ou venda por meio da rede social, emergiu como uma tendência importante com o crescimento das redes sociais como plataformas de relacionamento e engajamento entre empresas e consumidores. Vendedores começaram a utilizar redes como LinkedIn, Facebook, X (antigo Twitter), Instagram e TikTok para construir relacionamentos com potenciais clientes, interagir com suas necessidades e compartilhar conteúdo relevante, preparando o terreno para futuras vendas. O objetivo do Social Selling é criar conexões com o cliente antes mesmo da interação de vendas tradicional.

Fusão entre Vendas e Marketing para o Novo Mindset

À medida que o Social Selling ganhou força, as vendas também passaram a adotar uma abordagem mais consultiva. O vendedor consultivo atua como um conselheiro para o cliente, focando em compreender profundamente suas necessidades e oferecendo soluções personalizadas, em vez de simplesmente empurrar produtos. Essa mudança começou a se intensificar nos últimos anos, quando as empresas perceberam que a confiança e o relacionamento são fundamentais para o sucesso nas vendas.

Um exemplo dessa abordagem é a Cisco, que investe significativamente na capacitação de sua equipe de Vendas. A Cisco prepara seus times para conhecerem profundamente o mercado e as metodologias de Customer Experience, o que permite à empresa oferecer soluções tecnológicas sob medida, alinhadas às necessidades específicas de cada cliente. Essa prática não apenas aumenta as chances de conversão, mas também fortalece o relacionamento a longo prazo com os clientes, que passam a enxergar a Cisco como uma parceira confiável em outros segmentos.

Diferença entre o método antigo e o Social Selling

Vender em oportunidades em que amigos se reúnem em "redes", como clubes, associações e congressos, é uma prática secular na nossa sociedade. A novidade do Social Selling é que agora podemos fazer isso repetidamente, em vários ambientes ao mesmo tempo e de forma virtual, o que gera um fluxo constante de novos *leads* e acelera as oportunidades de fechamento. No entanto, é preciso se diferenciar, pois hoje em dia todos estão tentando se conectar e vender nas redes sociais.

O Social Selling é adaptável a empresas de todos os setores. Essa estratégia revoluciona a prospecção de clientes ao focar nas redes sociais. Nesse ambiente digital, as empresas estabelecem conexões com potenciais clientes por meio de interações diretas, como perguntas, respostas e comentários, além do compartilhamento de conteúdos que capturam o interesse do público. O objetivo é utilizar as plataformas sociais de maneira ativa, estimulando o engajamento e incentivando os *leads* a avançarem na jornada de compra.

As incitativas de Social Selling, dentro do Novo Mindset de Vendas, vão além de conquistar novos clientes. Ao estabelecer um relacionamento mais próximo e engajador, cada cliente se torna uma extensão do seu marketing, ampliando o alcance da empresa por meio de interações autênticas e recomendações espontâneas. Essa abordagem gera um ciclo no qual a experiência, o engajamento e a confiança do cliente impulsionam novas oportunidades de negócio, formando um diferencial estratégico.

Para obter sucesso com o Social Selling, a voz da empresa nas redes sociais deve refletir autoridade e *expertise* no seu nicho. A estratégia vai muito além de simplesmente buscar clientes; é crucial que a empresa esteja preparada para acolher esses consumidores quando e onde eles decidirem se engajar. Assim, o conceito de "Educação" se destaca como fundamental no novo modelo de vendas. Ao oferecer conteúdos educativos – como treinamentos, videoaulas, *webinars*, pesquisas e artigos em *blogs* –, a empresa atrai uma variedade de consumidores, reforçando a posição como especialista no assunto. Esse enfoque não apenas informa, mas também fortalece relações de confiança com o público, criando uma base sólida para transações comerciais bem-sucedidas. Veja esse resumo na Figura 3.2.

CAPÍTULO 3

Figura 3.2 O Social Selling como uma abordagem de vendas conectada em Vendas CXCS.

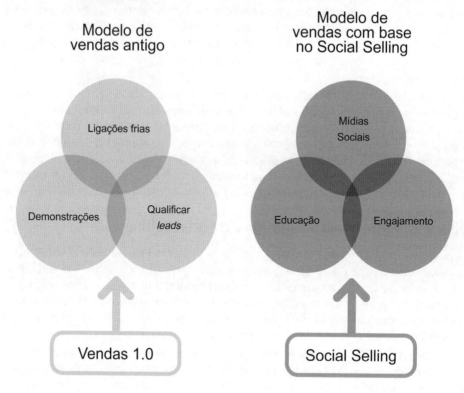

Fonte: adaptação e tradução próprias, baseada em MACDONALD, Steven. Social selling: ultimate guide. *SuperOffice*, 2023.

Ao mergulharmos em uma análise mais cuidadosa, as diferenças entre os métodos tradicionais de venda e o Social Selling tornam-se evidentes, especialmente no contexto do Novo Mindset de Vendas e Vendas CXCS. No método tradicional, a prospecção se caracteriza por uma abordagem em massa, na qual os representantes de vendas frequentemente competem entre si. Esse modelo foca mais na quantidade do que na qualidade das interações, o que muitas vezes resulta em uma experiência descoordenada para o cliente.

Em contraste, o Social Selling adota uma estratégia qualitativa, fundamentada nos valores e identidade da marca, para atrair e engajar clientes potenciais de maneira mais alinhada aos princípios de Vendas CXCS. Essa abordagem fortalece a coesão entre os membros da equipe de Vendas e gera taxas de conversão mais altas, pois a prioridade é oferecer valor real. O Social Selling transforma o papel do vendedor, que passa a ser um consultor de confiança, oferecendo uma experiência centrada no cliente.

No modelo de Vendas CXCS, a personalização e a humanização dos contatos são elementos essenciais, por isso, o Social Selling é indicado para suprir essa expectativa. Esse método permite tratar cada cliente como único, reconhecendo suas necessidades individuais e apresentando soluções que realmente ressoam com seus desafios e objetivos.

Os vendedores presenciais e *on-line*, integrados às estratégias de marketing e orientados por Vendas CXCS, posicionam-se como consultores que realmente entendem e atendem às necessidades de cada cliente. Esse modelo de interação ajuda a consolidar o relacionamento a longo prazo, essencial para o sucesso do **Cliente-Propulsor**.

A seguir, apresentarei diversas práticas para a Força de Vendas intensificar o Social Selling.

20 práticas para a Força de Vendas fazer acontecer o Social Selling

As interações *on-line*, para muitas pessoas, são tão importantes quanto as presenciais, por isso o Social Selling é uma ferramenta poderosa para profissionais de vendas. Não se trata apenas de estar presente nas redes sociais, mas de construir relacionamentos autênticos, nutrir *leads* e gerar valor contínuo para clientes potenciais. A era do vendedor tradicional, focado apenas em fechar negócios, deu lugar ao vendedor "figital", que entende a importância de educar, engajar e criar conexões genuínas com seu público-alvo, seja presencialmente, seja *on-line*.

Essa mudança não só transformou a maneira como as equipes de vendas trabalham, mas também colocou o cliente no centro de tudo, fortalecendo o vínculo com as marcas e facilitando decisões de compra mais informadas. O Social Selling permite que o vendedor acompanhe as tendências de mercado, se antecipe às necessidades dos clientes e ofereça soluções no momento certo, criando uma jornada de compra mais fluida e personalizada.

Com as redes sociais em constante evolução, a prática do Social Selling vai além da simples presença *on-line*. É uma estratégia que envolve não apenas vender, mas construir uma presença digital sólida, compartilhar conhecimento de valor, e se posicionar como uma autoridade no setor.

A seguir, irei apresentar 20 práticas que você pode aplicar para transformar suas interações nas redes sociais em oportunidades reais de vendas.

1. Atualize e otimize seu perfil social

Mantenha seu perfil completo no LinkedIn ou outras redes sociais, com uma foto profissional, um título claro que explique seu papel e um resumo envolvente que destaque suas realizações. Adicione palavras-chave relacionadas ao setor para que seu perfil apareça em buscas relevantes. Inclua conquistas recentes, prêmios, *cases* de sucesso e qualificações que mostrem sua experiência.

2. Publique conteúdo relevante regularmente

Compartilhe artigos, vídeos ou postagens com *insights* sobre tendências do setor, estudos de caso e soluções para desafios que seus clientes possam enfrentar. Utilize plataformas como o LinkedIn para escrever artigos sobre temas relevantes e lembre-se de incluir *call to actions*, como "comente sua opinião" ou "compartilhe com sua rede".

3. Engaje-se ativamente com a rede

Comente nas postagens dos seus *prospects*, fornecendo feedbacks ou complementando o conteúdo deles com suas próprias ideias. Curta e compartilhe postagens que estejam alinhadas com o seu setor, criando uma interação que demonstre interesse genuíno.

CAPÍTULO 3

4. Participe de grupos e comunidades específicas

Encontre e entre em grupos relacionados ao seu setor no LinkedIn ou no Facebook. Participe de discussões, responda perguntas e compartilhe *insights*. Procure contribuir de forma útil e educativa, não apenas promovendo produtos ou serviços, mas também resolvendo problemas comuns do grupo.

5. Monitore menções à sua marca

Use ferramentas como Google Alerts, Hootsuite ou Mention para monitorar o que estão dizendo sobre sua empresa ou sobre temas importantes do seu setor. Configure alertas para palavras-chave específicas e monitore o feedback em tempo real. Isso permite que você responda rapidamente a menções, tanto positivas quanto negativas, mantendo o engajamento e a reputação da marca.

6. Crie listas de clientes e *prospects* nas redes sociais

Crie listas de clientes e *leads* em plataformas como LinkedIn ou X (antigo Twitter) para acompanhar suas atualizações e interagir com eles de maneira estratégica. Divida as listas por categoria, como "*leads* quentes" ou "clientes atuais", e use essa segmentação para manter contato regular e compartilhar conteúdo direcionado a cada grupo.

7. Utilize pesquisas avançadas no LinkedIn

Use a pesquisa avançada do LinkedIn para encontrar *leads* qualificados por setor, local, cargo ou empresa. Filtre os resultados para focar em profissionais de decisão e personalize suas abordagens com base no histórico e interesses dos *prospects*. Ao enviar pedidos de conexão, inclua mensagens personalizadas destacando pontos em comum e como você pode ajudar.

8. Compartilhe *cases* de sucesso e depoimentos

Publique histórias de clientes satisfeitos mostrando como seus produtos ou serviços ajudaram a resolver seus problemas. Isso pode ser feito na forma de postagens, vídeos ou artigos, sempre destacando resultados mensuráveis.

9. Personalize as conexões e interações

Ao enviar um pedido de conexão, evite as mensagens automáticas. Personalize a abordagem mencionando algo específico que você tenha em comum com o *prospect*, como uma conexão compartilhada, um artigo que ele postou ou um evento de que vocês dois participaram.

10. Acompanhe eventos e *webinars* virtuais

Participe de *webinars* e eventos *on-line* que sejam relevantes para sua indústria. Durante o evento, participe dos *chats* ao vivo, faça perguntas e interaja com outros participantes. Após o evento, entre em contato com pessoas interessantes que você conheceu, mencionando algo que aprendeu durante o evento para iniciar a conversa.

11. Ofereça conteúdo educativo diretamente aos *prospects*

Identifique os principais desafios dos seus *prospects* e ofereça soluções na forma de artigos, *e-books* ou *webinars*. Personalize o conteúdo para que ele seja diretamente relevante às necessidades deles. Envie uma mensagem direta acompanhada de um *link* para o material, destacando como isso pode ajudar a resolver seus problemas.

12. Monitore as atividades de *leads* e clientes

Acompanhe as postagens e interações dos seus *leads* e clientes nas redes sociais para identificar o momento certo de entrar em contato. Por exemplo, se um *prospect* compartilha um *post* sobre um desafio que enfrenta, aproveite essa oportunidade para oferecer uma solução personalizada. Isso demonstra proatividade e relevância.

13. Promova *webinars* ou eventos *on-line*

Organize seus próprios *webinars* para educar seus *prospects* sobre soluções do setor ou os desafios que sua empresa pode resolver. Use as redes sociais para promover esses eventos e interagir com os participantes durante e após o evento. Esse tipo de evento posiciona você como especialista no setor e cria oportunidades para engajar-se diretamente com *leads* qualificados.

14. Crie uma rotina de interações diárias

Defina metas diárias para suas interações nas redes sociais. Por exemplo, decida que irá conectar-se com 10 novos *leads* por dia, comentar em 5 postagens e compartilhar 2 artigos relevantes. Manter uma rotina consistente garante que você esteja sempre presente e engajado com sua rede.

15. Utilize ferramentas de automação para facilitar o contato

Ferramentas como LinkedIn Sales Navigator permitem que você rastreie os *prospects* mais importantes, configure alertas para suas atividades e automatize o envio de mensagens de acompanhamento. Use essas ferramentas para economizar tempo e aumentar sua eficiência sem perder a personalização.

16. Estabeleça relacionamento antes de vender

Evite entrar em contato com um *lead* logo de cara com uma oferta de venda. Construa o relacionamento, primeiro, interagindo de maneira genuína e oferecendo valor. Somente após estabelecer confiança e mostrar que você entende as necessidades do cliente, faça a proposta de venda.

17. Faça curadoria de conteúdo relevante

Além de criar seu próprio conteúdo, compartilhe artigos, *posts* e estudos de outras fontes respeitáveis que sejam úteis para seu público-alvo. Isso demonstra que você está atualizado com as tendências do setor e engajado em fornecer valor, independentemente de estar promovendo sua própria empresa.

CAPÍTULO 3

18. Use dados sociais para personalizar sua abordagem

Estude as interações e comportamentos dos *prospects* nas redes sociais para adaptar suas mensagens. Se um *prospect* compartilha interesse em determinado tópico, use essa informação para personalizar sua abordagem e enviar conteúdo que esteja alinhado com seus interesses, demonstrando um interesse genuíno.

19. Construa sua autoridade compartilhando conteúdo especializado

Publique regularmente artigos e *insights* baseados em sua experiência e conhecimento do setor. Isso pode incluir posts no LinkedIn, vídeos curtos ou apresentações em eventos *on-line*. Tornar-se uma referência confiável ajuda a atrair *leads* qualificados que buscam orientação de especialistas.

20. Mantenha o contato pós-venda nas redes sociais

Após a conclusão de uma venda, é fundamental manter o engajamento com o cliente. Continuar acompanhando sua jornada, interagindo com suas publicações ou oferecendo suporte adicional conforme necessário fortalece o relacionamento e demonstra comprometimento. Essa prática também cria oportunidades para estratégias de *upsell* e *cross-sell*.

Ao aplicar essas táticas regularmente, os vendedores conseguem melhorar sua visibilidade *on-line*, gerar mais *leads* qualificados e fortalecer o relacionamento com seus clientes ao longo de toda a jornada de compra. O Social Selling, quando executado de modo eficaz, atua no Novo Mindset de Vendas.

Neste capítulo, vimos como a integração entre Vendas e Marketing é um alicerce indispensável para implementar o Novo Mindset de Vendas. Essa sinergia não apenas otimiza recursos e melhora a conversão de *leads*, mas também transforma a experiência do cliente em algo coeso, relevante e memorável.

Exploramos práticas que estão revolucionando o mercado, como o RevOps, Growth Marketing, Sales Enablement, Smarketing, Revenue Marketing, Estratégia Omnichannel e Social Selling, evidenciando que alinhar objetivos e compartilhar dados não é apenas um diferencial, mas um pré-requisito para o sucesso no Novo Mindset de Vendas. Essas abordagens promovem uma visão integrada que rompe silos organizacionais, otimiza recursos e melhora a experiência do cliente de ponta a ponta.

No entanto, integrar vendas e marketing é apenas parte da equação para alcançar a excelência no Novo Mindset de Vendas. No próximo capítulo, mergulharemos em um dos componentes mais transformadores dessa jornada: as tecnologias emergentes, com destaque para a Inteligência Artificial. Descubra como ferramentas inovadoras estão redefinindo não só o relacionamento com os clientes, mas também a eficiência interna, possibilitando personalização em larga escala e previsões que impulsionam resultados.

Mas fica aqui um alerta importante: investir em tecnologia sem uma metodologia sólida de gestão é como navegar sem bússola – as empresas podem não apenas deixar de colher os frutos do investimento, mas também comprometerem vendas e oportunidades futuras.

CAPÍTULO 4

Inteligência Artificial, Tecnologias e Metodologias para Vender Mais

A transformação digital está remodelando a forma e o conteúdo de vender para clientes de maneira acelerada, exigindo que as empresas adaptem suas estratégias com rapidez e inteligência. Neste capítulo, mostrarei como a convergência entre Inteligência Artificial, tecnologias emergentes e metodologias avançadas está redefinindo não apenas o que vendemos, mas também como vendemos, transformando a experiência tanto para as equipes comerciais quanto para os clientes.

Mergulharemos nas 8 tecnologias que estão moldando o futuro das vendas presenciais e *on-line*, destacando ferramentas como *chatbots* avançados, plataformas *omnichannel* e CRM inteligente, que permitem às equipes alcançar resultados ainda maiores. Com base em 20 aplicações práticas de Inteligência Artificial, apresentarei exemplos concretos de como a IA pode ser usada para automatizar tarefas repetitivas, personalizar interações e prever tendências de mercado com precisão cirúrgica.

Entretanto, tecnologia sozinha não resolve os desafios mais complexos. O verdadeiro impacto vem da sinergia entre inovação tecnológica e metodologias de gestão bem estruturadas. Por isso, este capítulo também faz um alerta importante: investir em tecnologia sem uma abordagem de gestão robusta pode elevar custos sem gerar os resultados esperados com os clientes. Esse é um erro comum que afeta mais de 50% das empresas que implementam tecnologias avançadas para o relacionamento com clientes.

Como resposta a esse desafio, apresentarei o percurso do IFCX ao CXMMI, uma metodologia surgida no Brasil, adotada por muitas empresas e recentemente validada internacionalmente. O IFCX mede a maturidade das organizações em termos da gestão de Customer Experience e oferece *insights* práticos para impulsionar os negócios e, consequentemente, as vendas. Além disso, iremos conversar sobre 10

CAPÍTULO 4

técnicas de vendas inovadoras, como a venda baseada em valor, *storytelling*, hiper-personalização e o uso de gatilhos mentais, que conectam os aspectos emocionais e racionais da jornada do cliente, gerando confiança e maiores resultados para as equipes comerciais.

Ainda neste capítulo, veremos como a combinação estratégica entre tecnologia, dados, metodologias e práticas avançadas sustenta o **Novo Mindset de Vendas** e promove **Vendas CXCS**. Essa abordagem transforma o cliente no protagonista do crescimento das empresas.

Vamos em frente!

8 tecnologias que estão redefinindo a forma e o conteúdo de vender

A função de Vendas ao redor do mundo está sendo transformada pela convergência de tecnologias emergentes. Cada uma dessas inovações oferece oportunidades inéditas para revolucionar processos, ampliar resultados e melhorar a experiência do cliente. No entanto, a velocidade com que as empresas conseguem adaptar suas operações e integrar essas tecnologias em suas estratégias será um fator decisivo para sua relevância e sobrevivência no mercado.

Empresas líderes, ao implantarem essas tecnologias em seus setores, têm demonstrado como é possível redefinir a forma de fazer negócios na era digital. Essas práticas não apenas aumentam a competitividade, mas também fortalecem o Novo Modelo de Vendas. Ao liderarem a adoção dessas inovações, as organizações aceleram a implementação de um modelo comercial mais integrado, eficiente e centrado no cliente.

A seguir, apresento as 8 principais tecnologias que podem impulsionar exponencialmente os resultados em vendas presenciais e *on-line*:

1. Inteligência Artificial (IA).
2. *Chatbots* Avançados.
3. Análise Comportamental e Vendas Orientadas por Dados.
4. Vendas Baseadas em Voz.
5. Internet das Coisas (IoT).
6. Omnichannel Sales.
7. Automatização da Venda.
8. CRM Inteligentes Turbinados por IA.

1. Inteligência Artificial

A era digital trouxe a promessa de implementação rápida de **IA**, transformando radicalmente os processos de vendas. Essas tecnologias estão fazendo mais do que apenas simplificar processos; elas estão redefinindo a forma como interagimos com os clientes, tornando cada experiência mais personalizada.

Tenho algumas dicas importantes para as equipes comerciais sobre a aplicação de IA na rotina de vendas. Tudo pode começar com o uso de ferramentas para automatizar tarefas manuais e segmentar *leads* de forma rápida. Líderes devem incentivar os vendedores a consultarem os *insights* fornecidos pela IA antes de abordarem os clientes, utilizando esses dados para personalizar o discurso e identificar o momento ideal para o contato. Vendedores que atuam presencialmente podem usar esses dados para chegar a uma reunião já preparados com informações relevantes, por exemplo, do segmento econômico da empresa. Enquanto isso, vendedores *on-line* podem adaptar suas interações em tempo real com base no comportamento de compra do cliente.

Mais à frente neste capítulo, irei apresentar 20 aplicações práticas de Inteligência Artificial em Vendas e Marketing.

2. *Chatbots* avançados

A inclusão de **Chatbots avançados** nas estratégias de vendas representa um salto significativo em direção a interações mais eficientes com os clientes. Estes *chatbots*, alimentados por inteligência artificial sofisticada, estão capacitados para entender e responder às consultas dos clientes em tempo real, oferecendo uma experiência de atendimento e vendas mais realística.

Transferindo esse recurso para o Novo Mindset de Vendas, *chatbots* avançados podem guiar os clientes ao longo de suas jornadas de compra, desde a descoberta de produtos até a resolução de dúvidas durante 24 horas por dia, 7 dias por semana.

Como dicas práticas, a equipe comercial deve enxergar os *chatbots* como aliados que complementam o trabalho humano, assumindo tarefas iniciais, como responder dúvidas simples e qualificar *leads*. Os gerentes de vendas podem configurar o *chatbot* para direcionar os *leads* mais quentes diretamente aos vendedores. Já os vendedores podem usar as informações coletadas pelo *chatbot*, como dúvidas recorrentes e interesses do cliente, para fazer *cross-sell*. Para vendas presenciais, os vendedores podem até utilizar os dados capturados pelos *chatbots* para entenderem melhor as expectativas do cliente antes de uma reunião ou negociação.

3. Análise comportamental e vendas orientadas por dados

A combinação de análise comportamental avançada e vendas orientadas por dados (*data-driven selling*) está transformando a maneira como empresas entendem e interagem com seus clientes. Essas abordagens permitem não apenas identificar preferências, mas também antecipar necessidades futuras, personalizar interações e tomar decisões mais informadas e estratégicas.

Um exemplo prático é a Netflix, que utiliza algoritmos para analisar o comportamento dos usuários, como o tempo de permanência em conteúdos, estilo preferido e horários de maior acesso. Com base nesses dados, a plataforma personaliza recomendações e define estratégias de retenção e engajamento. Da mesma maneira, empresas podem aplicar a análise comportamental para criar campanhas direcionadas e otimizar seus processos de vendas.

Líderes comerciais podem usar ferramentas de análise para identificar padrões em diferentes perfis de clientes, segmentar públicos de maneira mais precisa e ajustar suas estratégias. Já os vendedores podem consultar *dashboards* e relatórios detalhados para personalizar abordagens, seja no *on-line*, com mensagens altamente específicas, ou no presencial, utilizando históricos de compra e comportamento para adaptar propostas e discursos.

Essa combinação poderosa de dados e comportamento humano reduz esforços, aumenta as taxas de conversão e fortalece a fidelização dos clientes, sendo um componente essencial do Novo Mindset de Vendas.

> *A análise comportamental e as vendas orientadas por dados são capazes de utilizar mais de 20 KPIs de acompanhamento de cada cliente, podendo reduzir em mais de 50% o esforço dele e dobrar as chances de renovação de assinatura.*

Ampliando as dicas, as equipes comerciais podem aproveitar análises comportamentais para segmentar melhor seus clientes e personalizar ofertas. Outra dica prática é revisar os relatórios de comportamento antes de reuniões ou interações *on-line* para tornar as abordagens dos vendedores mais precisas. Enquanto isso, os gerentes comerciais podem usar essas análises para identificar padrões de comportamento em diferentes perfis de clientes e criar campanhas direcionadas.

4. Vendas baseadas em voz

A ascensão das **vendas baseadas em voz** marca uma mudança na maneira como os consumidores interagem com a tecnologia e fazem compras. Essa tecnologia reduz o esforço do cliente, bem como o tempo de fechamento de uma venda. Essa tendência afetará quase todos os produtos que você conhece e utiliza regularmente, contudo sem sentir.

Como dicas práticas, as equipes de vendas podem incluir assistentes de voz para automatizar respostas a perguntas frequentes ou guiar clientes em interações iniciais. Gerentes de vendas podem investir em treinamentos para que seus vendedores aprendam a integrar tecnologias de voz em suas abordagens, como criar comandos personalizados para consultas rápidas sobre produtos e preços. Vendedores podem usar assistentes de voz em apresentações presenciais, controlando *slides* ou exibindo informações relevantes sem perder o foco na conversa com o cliente.

5. Internet das Coisas (IoT)

A Internet das Coisas está redefinindo a conectividade, transformando objetos cotidianos em fontes de *insights* sobre o comportamento dos consumidores. Essa conectividade vem permitindo que empresas entendam e atendam às necessidades dos clientes de maneiras inovadoras.

Um exemplo prático é a Fitbit, que utiliza dispositivos IoT para monitorar atividades físicas e padrões de sono. Com base nos dados coletados, a empresa oferece *insights* personalizados que ajudam os usuários a alcançar metas de saúde e bem-estar. A Tesla usa IoT em seus carros para monitorar o desempenho do veículo em tempo real, enviar atualizações automáticas de *software* e alertar os proprietários sobre necessidades de manutenção preventiva. A Nike está incorporando Internet das Coisas em suas lojas, permitindo que clientes experimentem calçados conectados que fornecem feedback sobre ajustes e preferências diretamente no *app* da marca.

Em qualquer segmento, a IoT pode ser aplicada para transformar dados em possibilidades de vendas. Líderes comerciais podem implementar dispositivos IoT para coletar informações em tempo real sobre o comportamento do cliente, como frequência de visitas, padrões de uso de produtos ou preferências específicas. Esses dados possibilitam prever comportamentos e identificar oportunidades de vendas ou melhorias no serviço.

6. Omnichannel Sales

Omnichannel Sales é uma estratégia que reconhece a multiplicidade de canais pelos quais os clientes interagem, integrando-os para oferecer uma experiência fluida e consistente. Essa abordagem é fundamental para a implementação de Vendas CXCS, pois coloca o cliente no centro de cada interação, independentemente do ponto de contato: seja no digital, no presencial ou em um modelo híbrido. A proposta não é apenas disponibilizar múltiplos canais, mas também garantir que eles funcionem de forma orquestrada.

Para que a estratégia *omnichannel* seja eficaz, é essencial que gerentes de vendas assegurem que as equipes *on-line* e *off-line* estejam alinhadas e treinadas para oferecer uma experiência uniforme. Por exemplo, no dia a dia, vendedores podem aproveitar as informações coletadas nos canais digitais, como interações em *e-commerce* ou redes sociais, para personalizar o atendimento presencial. Ao identificar que um cliente visualizou um produto específico *on-line*, o vendedor pode oferecer recomendações complementares ou esclarecer dúvidas diretamente na loja física. Da mesma maneira, no digital, *chatbots* podem fornecer suporte em tempo real, enquanto *e-mails* segmentados ajudam a manter o engajamento do cliente com base em seu comportamento.

Outro exemplo prático ocorre quando um cliente inicia sua jornada de compra navegando no *site* de uma marca específica. Durante essa interação inicial, ele pesquisa produtos ou adiciona itens ao carrinho sem finalizar a compra. Posteriormente, esse mesmo cliente é impactado por um anúncio personalizado em redes sociais, reforçando o interesse no produto visualizado. Logo em seguida, ele recebe um *e-mail* com recomendações baseadas em sua navegação anterior, como acessórios ou complementos para o item pesquisado.

7. Automatização da venda

A evolução da **automatização da venda** está transformando não apenas a eficiência dos processos de vendas, mas também a natureza do engajamento com o cliente. Esta inovação permite uma abordagem mais produtiva, pela qual as equipes podem dedicar mais tempo e recursos para entender e atender às necessidades específicas dos clientes.

Gerentes comerciais devem mapear o funil de vendas e identificar tarefas repetitivas que podem ser automatizadas, como envio de *e-mails* de acompanhamento ou lembretes de reuniões. Já os vendedores podem usar a automação para monitorar automaticamente as fases dos *leads*, recebendo notificações quando é hora de agir. No presencial, a automação pode incluir agendamentos automáticos para visitas ou demonstrações de produtos, enquanto, no *on-line*, pode automatizar ofertas de descontos ou mensagens personalizadas após o contato inicial.

8. CRM inteligentes turbinados por IA

Em 2014, quando lancei meu primeiro livro, *Guia de Implementação de Marketing de Relacionamento e CRM*, um dos pioneiros no Brasil a apresentar uma metodologia

CAPÍTULO 4

prática para implementar essas competências e ferramentas, fiz dezenas de previsões sobre as novas tecnologias. Hoje, é fascinante ver como muitas delas se concretizaram! Entre essas transformações, destaca-se a evolução dos CRMs, que agora estão "turbinados".

As novas funcionalidades e integrações baseadas em IA estão impulsionando a atuação comercial. Agora, os CRMs não apenas organizam informações, mas oferecem *insights* estratégicos baseados em dados para decisões mais informadas. Esses avanços possibilitam às empresas prever necessidades futuras, identificar oportunidades e personalizar interações de forma escalável e eficiente.

Os líderes de vendas devem incentivar suas equipes a alimentar o CRM com informações detalhadas de cada interação com o cliente. Essa prática cria uma visão integrada que pode ser usada para priorizar *leads*, prever demandas e identificar oportunidades de *upsell* e *cross-sell*. Para os vendedores, aprofundar funcionalidades como lembretes automáticos e relatórios de desempenho ajuda a organizar o dia a dia e elevar resultados. Em interações presenciais, o CRM pode registrar feedbacks em tempo real após reuniões; no *on-line*, ele acompanha a jornada completa do cliente até a conversão.

A integração com IA tem levado essas ferramentas a um novo patamar. Um exemplo é o Salesforce Einstein GPT, que combina modelos de IA próprios da Salesforce, IA generativa de parceiros e dados em tempo real do Data Cloud. Essa tecnologia permite que equipes de vendas criem *e-mails* altamente personalizados, aumentando taxas de conversão e engajamento. No atendimento ao cliente, respostas automáticas geradas pela IA tornam a resolução de problemas mais ágil e assertiva.

Outro caso é a ferramenta da Gainsight, que utiliza IA para analisar padrões de uso e prever potenciais cancelamentos. Ao identificar que um cliente está utilizando apenas parte dos recursos de uma solução, por exemplo, a Gainsight permite que equipes de Customer Success intervenham com estratégias de retenção, como tutoriais personalizados ou reuniões para elevar o valor percebido pela solução.

A revolução dos CRMs e sua integração com IA não são apenas avanços tecnológicos; elas representam um pilar essencial do Novo Mindset de Vendas. Essas inovações estão exponencializando os resultados comerciais. Por isso, nos tópicos a seguir, apresentarei como a IA pode se expandir no campo das vendas e também dicas práticas de aplicação.

A expansão da Inteligência Artificial em vendas

A Inteligência Artificial está promovendo uma verdadeira revolução no setor de vendas, transformando profundamente o modo como as equipes comerciais operam e interagem com os clientes. Hoje, a IA não apenas facilita processos tradicionais, mas também permite uma personalização em escala, com recomendações e previsões moldadas para as preferências individuais de cada consumidor. Isso se torna possível graças a tecnologias avançadas como aprendizado de máquina, que analisa o comportamento dos clientes em tempo real para sugerir produtos, prever demandas e identificar padrões de comportamento. Assim, a IA acelera a automação de processos repetitivos e administrativos, liberando as equipes de vendas para focarem em interações estratégicas e consultivas que realmente agreguem valor.

Além disso, os sistemas de recomendação personalizados aumentam as taxas de conversão e ajudam a construir uma relação mais próxima com os consumidores, que percebem as empresas como mais atentas e responsivas às suas necessidades. Assistentes virtuais, por exemplo, já podem se adaptar ao tom e às preferências do cliente durante a interação, elevando a experiência de compra e criando uma jornada de consumo mais fluida. Por meio de análise de dados em tempo real, a IA ajuda as equipes a ajustar rapidamente campanhas e a responder de maneira ágil às mudanças do mercado, integrando *insights* acionáveis que fortalecem o planejamento estratégico e o alinhamento com o cliente.

Essa expansão tecnológica é mais do que uma resposta às tendências atuais; é uma maneira de moldar ativamente o futuro das vendas, aumentando o potencial de atingir e superar as expectativas dos clientes. Em um cenário onde o Novo Modelo de Vendas CXCS e o mindset do **Cliente-Propulsor** guiam a inovação, a IA surge como uma aliada essencial, proporcionando não apenas eficiência, mas também uma nova camada de inteligência no relacionamento com o consumidor.

> *A IA não está apenas mudando o processo de vendas; ela turbina as equipes comerciais. Mas, para decolar com esse foguete, é preciso que os times sejam capacitados para utilizar a IA com uma visão integrada de CX e CS.*

A IA não está mudando apenas o que vendemos, mas também como vendemos. Ela está transformando o dia a dia das equipes de vendas, reduzindo tarefas repetitivas, permitindo monitorar abordagens de vendas e transcrevendo conversas em tempo real para facilitar o registro e o acompanhamento. Essa tecnologia também ajuda a monitorar sinais e detalhes que os vendedores podem não captar, como mudanças sutis no tom de voz do cliente.

Um estudo atribuído ao Gartner intitulado *Using AI in B2B Sales* mostra o valor da IA em diferentes aspectos das vendas B2B, utilizando uma matriz que avalia **Valor Comercial e Viabilidade** de diferentes aplicações de IA em vendas. A matriz destaca áreas nas quais a IA oferece grande potencial, como pontuação de *leads*, previsão de vendas e personalização de conteúdo de vendas. Essa análise ajuda empresas a escolher as melhores áreas para investir em soluções de IA, focando em atividades com o maior impacto comercial. Veja a Figura 4.1.

Esse infográfico destaca aplicações de IA de alto valor que estão prontas para transformar operações em Vendas, CX e CS, especialmente ao considerarmos as lições do artigo "How Generative AI Will Change Sales" publicado na *Harvard Business Review*. Os pesquisadores demonstram como a IA generativa está remodelando o setor ao automatizar tarefas administrativas e, principalmente, ao personalizar interações com os clientes de maneira mais profunda. Ferramentas avançadas como o Viva Sales da Microsoft e o Einstein GPT da Salesforce ilustram a capacidade de automatizar o envio de *e-mails* personalizados, organizar notas e atualizar CRMs em tempo real, permitindo que as equipes se concentrem em atividades estratégicas e de alto valor.

CAPÍTULO 4

Figura 4.1 Diferentes aplicações de IA em vendas B2B, conforme matriz de valor para o negócio *versus* viabilidade.

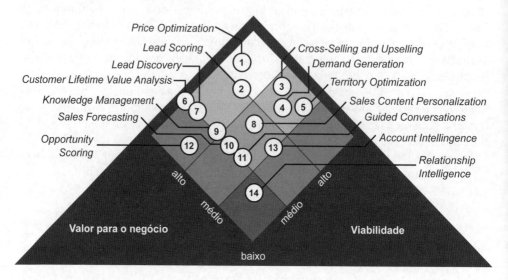

Fonte: adaptada e traduzida livremente pelo autor de FUTURE UP. The AI in pricing paradox: an opportunity for first movers. Disponível em: https://www.futureup.io/post/the-ai-in-pricing-paradox-an-opportunity-for-first-movers. Acesso em: 13 mar. 2025.

A seguir, apresento 20 aplicações práticas de IA em vendas que demonstram como essa tecnologia pode ser implementada para transformar resultados de negócios e, assim, exponencializar as vendas.

20 aplicações práticas de Inteligência Artificial em vendas

Em nosso **laboratório de inovação em CX, Vendas e CS**, estamos desenvolvendo a aplicação da Inteligência Artificial em quatro grupos de processos para otimizar os resultados comerciais e criar uma experiência diferenciada para os clientes. Vou compartilhar com você dicas práticas e exemplos que podem guiar o seu time de vendas e marketing na adoção dessas soluções. Acredito que cada uma dessas 20 aplicações da IA, divididas em grupos específicos, pode transformar a maneira como a sua empresa interage com clientes, toma decisões estratégicas e automatiza tarefas de negócios.

Ao longo da minha experiência, percebo que, embora seja desafiador encontrar uma única plataforma que reúna todas as funcionalidades de IA, é possível combinar ferramentas específicas para suprir essas demandas e elevar os resultados. Soluções como ChatGPT, Copilot e Salesforce Einstein GPT são apenas algumas das opções que já demonstram grande impacto em vendas, marketing e atendimento ao cliente.

Além dessas ferramentas, a Inteligência Artificial da HubSpot otimiza processos, aumenta a produtividade dos times comerciais e personaliza interações com os clientes. Essas soluções permitem a automação de tarefas, como a criação de *e-mails* e *posts* de *blog*, gestão de dados enriquecidos para segmentação, análise preditiva para decisões estratégicas e automatização de fluxos de trabalho em marketing e vendas.

A seguir, apresento 20 aplicações práticas de IA, organizadas por grupos para guiar as estratégias de vendas.

Conexão e personalização da experiência do cliente

O primeiro grupo se concentra em potencializar a interação direta com o cliente. Essas soluções de IA tornam a comunicação mais ágil, personalizada e envolvente, fortalecendo a experiência do cliente em cada ponto de contato.

1. *Chatbots* e assistentes virtuais: devemos implantá-los para tirar dúvidas e atender rapidamente o cliente, oferecendo suporte contínuo e proativo, especialmente nas interações iniciais.

2. Personalização de ofertas: aqui, a IA permite customizar ofertas com base no histórico e perfil do cliente, o que torna cada proposta mais assertiva.

3. Recomendação de produtos: a inteligência artificial pode identificar os produtos que mais têm a ver com as preferências do cliente, tornando as vendas cruzadas muito mais naturais.

4. Análise de sentimentos: essa tecnologia permite entender as emoções do cliente em tempo real e ajustar o tom da conversa para melhor atendê-lo.

5. Segmentação de clientes baseada em IA: com a IA, você consegue agrupar os clientes com precisão, direcionando campanhas e mensagens específicas para cada perfil.

Análise, previsão e decisões estratégicas

A IA aplicada à análise e previsão traz uma visão ampla das tendências e comportamentos, permitindo que o time comercial antecipe demandas e ajuste suas estratégias.

6. Análise preditiva de vendas: com esse recurso, podemos prever oportunidades futuras com base no comportamento de compra passado.

7. *Forecasting* de vendas com IA: as previsões de demanda se tornam mais precisas, o que ajuda na alocação de recursos de forma inteligente.

8. Reconhecimento de padrões de compra: com IA, identificamos tendências que ajudam a equipe a se antecipar ao que o cliente precisa.

9. Análise de concorrência em tempo real: com IA, monitoramos os concorrentes e conseguimos adaptar rapidamente nossas estratégias.

10. Qualificação de *leads*: a IA avalia e qualifica os *leads*, ajudando o time de vendas a focar nos contatos mais promissores.

CAPÍTULO 4

Automação de processos, eficiência e produtividade

Automatizar tarefas repetitivas em vendas é essencial para que a equipe se dedique ao que realmente importa: o relacionamento e o sucesso do cliente.

11. Automação de tarefas internas de vendas: automatizar tarefas manuais libera tempo da equipe, tornando-a mais eficiente.

12. Automação de campanhas de *e-mail* marketing: a IA cria, executa e ajusta campanhas conforme o comportamento do cliente.

13. Automação de propostas comerciais: com IA, a criação e o envio de propostas se tornam ágeis, acelerando o fechamento de vendas.

14. Integração de IA com o CRM: com o CRM turbinado pela IA, as vendas podem ser mais assertivas.

15. Gestão de inventário: a IA, nesse caso aplicada, ajuda a prever e ajustar o estoque de modo a atender às demandas sem faltar ou sobrar, o que facilita as vendas.

Otimização da estratégia e competitividade em vendas

Esse grupo de dicas práticas visa aprimorar a competitividade de vendas e permitir que a equipe reaja mais rapidamente ao mercado.

16. Preços dinâmicos: a IA ajusta os preços conforme a demanda, mantendo a competitividade da venda, contudo, dentro de uma coerência e sem exageros para respeitar os consumidores.

17. Otimização de rotas de vendas: a IA define as melhores rotas para representantes de vendas, economizando tempo e custos.

18. Monitoramento de redes sociais para *insights* de vendas: aqui, usamos a IA para monitorar as interações e identificar tendências de mercado.

19. Integração de IA com plataformas de *e-commerce*: uma experiência mais fluida de compra é proporcionada quando a IA ajusta as recomendações e otimiza o processo.

20. Treinamento e capacitação de equipes comerciais: a IA identifica as áreas onde a equipe precisa melhorar e recomenda treinamentos específicos.

Acredito que, com essas dicas práticas, fique ainda mais evidente que a IA representa muito mais do que uma simples inovação tecnológica; ela se tornou um diferencial que impulsiona o Novo Modelo de Vendas CXCS.

A seguir, apresento um exemplo prático de como as plataformas de atendimento ao cliente, comunicação e colaboração estão redefinindo a experiência do cliente e aumentando os resultados de vendas.

Plataformas de atendimento ao cliente, comunicação e colaboração impulsionando Vendas CXCS

As plataformas de atendimento ao cliente, comunicação e colaboração desempenham um papel adicional na transformação da experiência do cliente e no impulsionamento das vendas. Projetadas para melhorar a eficiência e a eficácia das interações, essas soluções utilizam Inteligência Artificial, automação e integração *omnichannel* para otimizar os processos de vendas e suporte, alinhando-se perfeitamente com a metodologia de Vendas CXCS.

Diferentes plataformas oferecem funcionalidades específicas que otimizam a comunicação e melhoram a experiência dos clientes. A Cisco Webex Connect, por exemplo, é uma plataforma robusta de Comunicação como Serviço (CPaaS) que gerencia interações em múltiplos canais, como SMS, WhatsApp e Facebook Messenger, impactando positivamente tanto as vendas quanto a experiência dos consumidores. Já o Genesys, com sua funcionalidade Genesys Assist, utiliza inteligência artificial para automatizar tarefas e fornecer suporte em tempo real aos agentes, promovendo interações personalizadas e eficientes. O Five9 Agent Assist destaca-se por oferecer transcrições em tempo real e orientações durante as chamadas, permitindo que os agentes mantenham o foco nas necessidades dos clientes enquanto aumentam a assertividade no atendimento. A Takeblip, por sua vez, é especializada na comunicação via WhatsApp e outros canais, facilitando interações fluidas entre vendas e suporte, o que promove maior engajamento e eficiência. Por fim, a Twilio permite a construção de soluções personalizadas de atendimento ao cliente, integrando comunicação em diversos canais para atender às necessidades específicas de cada negócio.

Essas ferramentas não apenas aprimoram a experiência do cliente, mas também aumentam a produtividade das equipes comerciais e de marketing, proporcionando resultados significativos para o negócio. Contudo, quando a implementação é feita com foco exclusivo na tecnologia e sem o envolvimento de especialistas em vendas, CX e CS, o resultado pode ser desastroso: respostas ineficazes, irritação dos clientes, perda de vendas e aumento no *churn*.

Por isso, no Quadro 4.1 apresento uma abordagem diferente, na qual as empresas de TI colaboram com consultorias especializadas em CX, Vendas e CS para alinhar as funcionalidades das plataformas com as estratégias e processos das empresas. A integração de tecnologia com conhecimento especializado é essencial para garantir que cada interação entregue valor real aos clientes e gere resultados concretos para o negócio.

> *Tecnologias de atendimento, comunicação e colaboração, integradas a estratégias de vendas, CX e CS, aumentam em 50% a precisão das respostas, reduzem rechamadas em 40% e elevam a produtividade dos agentes em 30%.*

Esses resultados são possíveis somente quando as empresas se conscientizam de que a tecnologia, sozinha, não basta; é necessária a combinação com uma consultoria estratégica com forte *skill* em vendas, CX e CS. Por isso, na terceira coluna do Quadro 4.1, destaco exemplos de entregas reais realizadas pelo meu time, demonstrando como essa integração potencializa benefícios diretos para as empresas e fortalece o contexto de Vendas CXCS.

CAPÍTULO 4

Quadro 4.1 Funcionalidades das plataformas de atendimento ao cliente, comunicação e colaboração integradas com IA, exemplos de entregas feitas por consultorias e benefícios gerados para as empresas

Funcionalidade da plataforma integrada com IA	O que a plataforma pode fazer para as Vendas CXCS	Exemplos de entregas feitas por especialistas em Vendas CXCS	Benefícios gerados para a empresa
Transcrição em tempo real	Converte a fala ou texto das interações em texto para análise e processamento em tempo real.	Curadoria de experiência do cliente, criando uma biblioteca de conhecimento que mapeia a jornada do cliente.	
Identificação de palavras-chave	A IA detecta palavras ou frases importantes nas conversas para identificar a intenção do cliente e sugerir respostas adequadas.	Desenvolvimento de uma biblioteca personalizada, categorizada por intenção do cliente, tornando as respostas mais assertivas.	• Aumento de 50% na entrega de respostas mais precisas aos clientes.
Sugestões automáticas	Sugere respostas automáticas, FAQs ou artigos relevantes, com base nas palavras-chave e nas interações transcritas.	Criação de roteiros e fraseologias, utilizando PNL para refinar a sintaxe e melhorar a precisão das respostas.	• Redução de mais de 40% de rechamadas. • Aumento de cerca de 30% na produtividade dos agentes.
Feedback e aprendizado	Ajusta as sugestões com base no feedback dos analistas, melhorando a qualidade das respostas ao longo do tempo.	Implementação de um processo contínuo de curadoria, otimizando as sugestões com base no feedback dos agentes e clientes.	• Aumento de 10 a 20% de *cross-sell*.
Capacitação e mentoria do time de analistas	Fornece respostas em tempo real diretamente na interface do analista, facilitando o uso de respostas durante as interações.	Treinamento focado em experiência do cliente, ajudando os analistas a se conectarem melhor com a metodologia.	

Fonte: desenvolvido pelo autor.

Apenas implantar tecnologias de ponta, como as descritas no Quadro 4.1, não é suficiente para garantir resultados significativos no contexto de Vendas CXCS. A verdadeira transformação ocorre quando essas ferramentas são integradas a processos bem desenhados, alinhados às necessidades específicas do cliente e operados por equipes capacitadas. É aqui que a consultoria especializada se torna indispensável.

Na terceira coluna do quadro, apresento exemplos de entregas, que mostram a aplicação prática das tecnologias em projetos reais. Essas entregas vão desde a curadoria de bibliotecas de conhecimento até o desenvolvimento de processos contínuos de curadoria e capacitação, criando um ecossistema de evolução constante. Esse suporte consultivo é essencial para extrair o máximo potencial das plataformas de IA e alinhar a tecnologia às estratégias de negócios, assegurando que cada interação agregue valor e impulsione os resultados esperados.

Contudo, ao se usarem essas plataformas sem os times comerciais engajados no Novo Mindset de Vendas, as análises de IA perdem muito de seu valor e precisão, comprometendo a efetividade das estratégias e *insights*. Inclusive, temos que administrar com muito cuidado para que os times não as rejeitem.

Sincronizando o Novo Mindset de Vendas com a revolução tecnológica

Com o aumento exponencial do uso de tecnologia para favorecer o processo de vendas, é essencial olharmos com atenção para a Força de Vendas, seja ela *on-line*, *off-line* ou em contato direto com clientes, como nas centrais de atendimento e lojas físicas. Este é um momento delicado e transformador. As equipes de vendas precisam acompanhar essas novas tecnologias e metodologias para utilizá-las estrategicamente, conquistando novos clientes e fidelizando os atuais.

Essa transformação da cultura de vendas é urgente por duas razões. Primeiro, porque a IA e os *bots* de texto e voz estão realizando bons atendimentos e vendas mais simples, deixando para a equipe a responsabilidade de gerenciar as interações mais complexas, que exigem habilidades mais aprofundadas. Em segundo lugar, essa evolução oferece à equipe uma oportunidade de aumentar as vendas, desde que saiba usar as novas ferramentas e metodologias de forma estratégica e consultiva.

No meu curso de IA para CX, CS e Vendas, muitos participantes relatam que, após poucos dias de prática, experimentam um aumento significativo de produtividade, com alguns economizando mais de 50% do seu tempo ao utilizarem as ferramentas adequadas. Contudo, mais do que isso, é preciso desenvolver novas competências que realmente capacitem o time a usar essas ferramentas com foco no cliente. Como sempre digo, a equação para o aumento das vendas passa pelo tripé:

Aumento de vendas = Equipe com novas competências + uso intensivo de tecnologia + foco na experiência e no sucesso do cliente

CAPÍTULO 4

Essa revolução tecnológica está profundamente conectada ao Novo Mindset de Vendas. Esse novo momento para a relação empresa-cliente pede que a tecnologia vá além de apenas facilitar o trabalho; ela deve transformar a jornada de compra, oferecendo ao cliente uma experiência única e personalizada em cada ponto de contato.

Em Vendas CXCS, a tecnologia permite que o atendimento e a venda sejam mais estratégicos e consultivos. Com as demandas mais simples sendo tratadas pela IA, o vendedor pode se concentrar em oferecer um atendimento que gere impacto e valor na experiência do cliente.

Por fim, a relação com o **Cliente-Propulsor** – aquele que vai além de recomendar a marca – é fortalecida quando o cliente percebe que a empresa utiliza a tecnologia de maneira eficiente e orientada para sua satisfação. Ao sentir que seu tempo é respeitado e que sua experiência é pensada com cuidado, o cliente conquista o engajamento, tornando-se um defensor natural da marca.

Dentro do Novo Mindset de Vendas, você já deve ter percebido que não basta apenas combinar tecnologia com a força de vontade das pessoas. É necessário recorrer à ciência, criar metodologias robustas e, com isso, elevar a qualidade dos entregáveis. Para mim, isso significa "aumentar a régua", trazer consistência e excelência às práticas de Vendas CXCS.

O mundo das redes sociais trouxe avanços significativos, mas, ao mesmo tempo, banalizou muitas ações estratégicas, diluindo o valor que deveria ser gerado. Por isso, precisamos resgatar o rigor e o compromisso com o impacto real. É aí que entra a paixão pelo método científico e pela criação de metodologias que aceleram resultados. É o que apresentarei no próximo tópico.

A paixão pelo método científico e pela criação de metodologias e entregáveis para acelerar Vendas CXCS

Muitas implantações de tecnologia falham nas empresas por um motivo que vai além de questões técnicas: a ausência de metodologias robustas e de modelos de gestão sólidos. No mundo dos negócios, especialmente em vendas, a metodologia é a base que permite transformar ferramentas e conhecimentos em resultados tangíveis e replicáveis. É a diferença entre uma estratégia que simplesmente está nos livros e uma que realmente entrega valor e transformação.

A palavra "metodologia" me fascina, e isso não é por acaso. Minha formação científica, desde a graduação até o doutorado, cultivou em mim o apreço por processos estruturados, capazes de transformar ideias em ações e ações em impacto real. Posso assegurar a você, leitor, que todo esse esforço valeu a pena. Sabe por quê? Porque o mercado está inundado de soluções e profissionais superficiais, que prometem resultados rápidos, mas sem a base necessária para sustentar transformações reais e duradouras.

Enquanto muitos optam por atalhos fáceis, eu escolhi o caminho da consistência, que exige método, dedicação e a entrega de valor verdadeiro, sempre com agilidade, é claro! Essa abordagem é o alicerce para construir resultados. Por isso, acredito profundamente na criação de metodologias estruturadas, capazes de alinhar tecnologia, estratégia e pessoas em direção a objetivos claros.

Foi com esse propósito que desenvolvi a metodologia de Vendas CXCS. Ela representa a integração de cada etapa do processo de vendas em uma experiência fluida, estratégica e voltada para o cliente. Mais do que gerar resultados, essa metodologia é projetada para surpreender o cliente em cada interação e impulsionar os resultados comerciais de forma escalável.

Em minha atuação nos campos de Vendas, Customer Experience, Customer Success e Employee Experience, o método científico desempenha um papel essencial. Ele me orienta a investigar com mais técnicas os problemas de cada área, a realizar diagnósticos e a traduzir as descobertas em metodologias práticas, ágeis e replicáveis. Essas metodologias se tornaram verdadeiras ferramentas de transformação dentro das empresas, gerando resultados concretos, mensuráveis e, acima de tudo, alinhados com os objetivos de negócio.

> *O método científico me ensinou a estudar inovações, realizar diagnósticos estruturados e transformar descobertas em metodologias ágeis e aplicáveis e, consequentemente, em resultados nas empresas.*

Esse compromisso com a metodologia me permitiu contribuir para o desenvolvimento de modelos de CX, CS, Vendas e EX reconhecidos no Brasil, ajudando empresas a transformarem suas relações com clientes e colaboradores. Ao longo dos anos, vi como abordagens fundamentadas na ciência podem gerar impacto real. Exemplos disso são o Framework para Implementação de Customer Experience, amplamente adotado no Brasil desde 2018, e o Índice de Foco no Customer Experience (IFCX), ambos apresentados no meu livro *Gestão do Relacionamento e Customer Experience*.

O IFCX tem servido como um termômetro de maturidade para o mercado brasileiro, sendo aplicado em mais de 300 empresas até o momento. É uma ferramenta que reflete o progresso das organizações em sua jornada para colocar o cliente no centro de suas estratégias. A seguir, mostrarei como esses modelos podem ser aplicados para gerarem resultados significativos e sustentáveis.

Do IFCX ao CXMMI: validação e evolução de um Modelo de Maturidade na gestão de CX

Ao longo dos anos, percebi que as empresas enfrentam um grande desafio para quantificar suas práticas e a gestão de CX. A partir dessa observação, iniciei uma série de estudos para desenvolver o **Índice de Foco no Customer Experience** (IFCX), uma metodologia que aplica indicadores precisos para medir a maturidade das práticas de CX em uma empresa. Essa metodologia não apenas aponta áreas de melhoria, mas também fornece um caminho para a evolução do relacionamento com o cliente, o que resulta em mais retenção, lealdade e, consequentemente, crescimento para a empresa.

CAPÍTULO 4

Uma ótima notícia!

Recentemente, validei o IFCX em uma pesquisa internacional, consolidando-o como um dos modelos mais completos para medir a maturidade de Customer Experience no mercado global, agora sob o título *From IFCX to CXMMI: Validation and Evolution of a Customer Experience Management Maturity Model*. Veja a Figura 4.2.

Figura 4.2 O primeiro índice brasileiro de maturidade em Customer Experience, o IFCX, agora validado internacionalmente e estabelecendo um padrão global de avaliação de CX.

RESEARCH ARTICLE

From IFCX to CXMMI: Validation and Evolution of a Customer Experience Management Maturity Model

ROBERTO P. MADRUGA[1], **ÉDISON RENATO SILVA**[1], **JOSÉ FRANCISCO MOREIRA PESSANHA**[2], **HUMBERTO HENRIQUES DE ARRUDA**[1], **AND ASSED NAKED HADDAD**[3]

[1]Department of Production Engineering, COPPE, Federal University of Rio de Janeiro (UFRJ), Rio de Janeiro 21941-909, Brazil
[2]Department of Statistics, State University of Rio de Janeiro (UERJ), Rio de Janeiro 20950-000, Brazil
[3]Department of Civil Engineering, COPPE, Federal University of Rio de Janeiro (UFRJ), Rio de Janeiro 21941-909, Brazil

Corresponding author: Roberto P. Madruga (roberto.madruga@poli.ufrj.br)

This work was supported in part by the Conselho Nacional de Desenvolvimento Científico e Tecnológico (CNPq) and in part by the Fundação Carlos Chagas Filho de Amparo à Pesquisa do Estado do Rio de Janeiro (FAPERJ).

ABSTRACT This study presents the evolution of the IFCX model into the Customer Experience Management Maturity Index (CXMMI), a comprehensive framework for assessing and benchmarking the maturity of customer experience management in organizations, by focusing on employee perceptions. Utilizing a rigorous methodology that includes comprehensive literature analysis, database access for questionnaire validation, scale construction, and sector comparison, data from 611 participants in Brazilian manufacturing, service, and technology sectors were collected using a 41-question survey covering six dimensions. High internal consistency reliability was demonstrated by Cronbach's Alpha, and advanced statistical techniques such as MCA, PCA, LOESS, and Cluster Analysis were used to develop the maturity scale. The results demonstrate the effectiveness of the CXMMI in evaluating critical dimensions of customer experience management like journey, culture, governance, processes and communication, indicators and technology, and segmentation and differentiation. The practical application of the CXMMI provides companies with a valuable tool for internal assessment and benchmarking, enabling continuous improvements in customer experience management practices. The originality of this study lies in the comparison, for the first time in academia, of academic and managerial models of customer experience measurement, culminating in the evolution to the CXMMI.

Fonte: MADRUGA, Roberto P.; SILVA, Édison Renato; PESSANHA, José Francisco Moreira; ARRUDA, Humberto Henriques de; HADDAD, Assed Naked. From IFCX to CXMMI: validation and evolution of a customer experience management maturity model. *IEEE Access*, v. 12, p. 119350-119370, 2024.

Tenha acesso gratuito à versão completa do artigo por meio do QR Code a seguir:

uqr.to/1z6dh

Nosso projeto científico deu um passo além na evolução do modelo IFCX, culminando no desenvolvimento do Índice de Maturidade de Gestão da Experiência do Cliente – *Customer Experience Management Maturity Index* (CXMMI). Este *framework* foi cuidadosamente projetado para avaliar e comparar a maturidade da gestão da experiência do cliente nas organizações, com um olhar importante sobre as percepções dos funcionários e sua contribuição para essa experiência.

A metodologia aplicada foi rigorosa, envolvendo análise estatística avançada, validação de questionários, construção de escalas e comparações setoriais. Como resultado, foram coletados dados de mais de 600 participantes de setores como manufatura, serviços e tecnologia no Brasil, permitindo *insights* robustos e aplicáveis.

Os resultados demonstram a eficácia do CXMMI na avaliação de dimensões críticas da gestão da experiência do cliente, como jornada do cliente, cultura organizacional, governança, processos e comunicação, indicadores e tecnologia, além de segmentação e diferenciação.

Na prática, o CXMMI funciona também como uma ferramenta de *benchmarking*, permitindo que empresas identifiquem pontos de melhoria e promovam avanços contínuos em suas práticas de gestão da experiência do cliente.

Essa validação, que já ultrapassa fronteiras nacionais, é apenas o começo. Metodologias como o CXMMI têm o potencial de revolucionar empresas porque são projetadas para serem aplicáveis, mensuráveis e focadas em resultados. Elas não se limitam ao campo das ideias; são ferramentas práticas que orientam equipes de vendas, marketing e CX enquanto promovem uma cultura organizacional alinhada. Com essa abordagem, cada departamento entende seu papel e contribui estrategicamente para uma experiência do cliente consistente e impactante.

Essa jornada não seria possível sem dedicação e inovação ininterruptas. Centenas e horas de estudo sobre as tendências internacionais mais recentes, combinadas com descobertas científicas do setor, se unem a milhares de horas de implementação prática em empresas e treinamento de alunos. É o ponto de encontro entre a ciência e a realidade do mercado: uma ponte desafiadora, mas essencial para criar metodologias capazes de acelerar vendas e transformar, de forma duradoura, a relação das empresas com seus clientes.

Confesso que todo esse esforço valeu – e continua valendo – a pena. Este livro, que você está lendo agora, é uma dessas entregas, fruto de anos de aprendizado, prática e paixão pela inovação.

Portanto, a metodologia de Vendas CXCS, quando aplicada com consistência nas empresas, torna-se um divisor de águas. Ao combinar rigor metodológico com implementação prática, transforma ideias em soluções reais, validadas e adaptáveis a qualquer mercado. É essa paixão pela metodologia, aliada à aplicação prática, que gera resultados concretos para os clientes, inspira salas de aula e transforma a vida de milhões de clientes.

Pensando em colocar a mão na massa, irei apresentar diversas técnicas e aplicação das mesmas que estão aumentando os resultados comerciais.

10 técnicas e exemplos de aplicação que estão multiplicando as vendas

No universo da alta *performance* em vendas, não são apenas as tecnologias emergentes que estão revolucionando a forma como empresas se conectam com seus clientes e oferecem soluções. Hoje, tanto as equipes de vendas a distância quanto

CAPÍTULO 4

as presenciais enfrentam um desafio comum: superar as antigas abordagens que apenas levantam superficialmente as necessidades do cliente.

O novo ambiente de vendas exige estratégias mais sofisticadas e personalizadas, capazes de engajar, surpreender e converter. A seguir, apresento as 10 técnicas que estão fazendo a diferença, com exemplos práticos para aplicação em vendas *on-line* e presenciais.

1. Técnica de vendas e atendimento EDiRC.
2. Venda baseada em conteúdo.
3. Venda baseada na empatia.
4. Venda baseada em valor (*value-based selling*).
5. Venda baseada no valor do cliente.
6. *Account-based marketing* (ABM).
7. Venda por meio da *storytelling*.
8. Venda por meio da hiperpersonalização.
9. Uso de gatilhos mentais.
10. Vendas *inbound* inteligentes.

A **Técnica de vendas e atendimento EDiRC**, apresentada no livro *Gestão do Relacionamento e Customer Experience*, destaca-se por sua abordagem em quatro etapas: **Empatizar**, **Diagnosticar**, **Resolver** e **Conquistar**. Um vendedor de eletrodomésticos pode aplicar a etapa "Empatizar" perguntando ao cliente sobre o tamanho da família e hábitos de uso ao recomendar uma TV adequada a essa situação, demonstrando genuíno interesse. *On-line*, isso pode ser feito com formulários interativos que perguntam preferências antes de recomendar produtos personalizados. A etapa "Conquistar" se destaca com *follow-ups*, como um *e-mail* agradecendo pela compra e oferecendo suporte adicional.

A **Venda baseada em conteúdo** utiliza materiais educativos para atrair e engajar clientes. Exemplo claro *on-line* seria uma loja de bicicletas criar um vídeo com dicas sobre como escolher o modelo ideal para diferentes terrenos e públicos. No presencial, o vendedor pode usar um catálogo ilustrado no *tablet* para demonstrar as opções e, ao mesmo tempo, compartilhar informações práticas, como cuidados com a manutenção.

A **Venda baseada na empatia** foca em criar um vínculo emocional genuíno. Imagine um vendedor de móveis identificando que o cliente procura um sofá confortável para receber amigos em casa. Ele pode se conectar, primeiramente, com a cena do cliente recebendo essas pessoas para, então, oferecer opções que façam sentido. *On-line*, isso pode ser replicado com *chatbots* mais eficientes que sugiram produtos com base nas respostas iniciais do cliente, como "Você prefere algo moderno ou clássico?".

A **Venda baseada em valor (*value-based selling*)** destaca como um produto pode impactar positivamente o cliente. Um vendedor de *softwares* para pequenas empresas, por exemplo, pode mostrar como a ferramenta economiza horas de trabalho administrativo, permitindo que o cliente foque em expandir seu negócio. *On-line*, uma calculadora no *site* pode estimar quanto o cliente economizaria em custos com o *software*, incentivando a compra.

Na **Venda baseada no valor do cliente**, o vendedor avalia se o cliente é mais analítico ou ágil, focado no *design* ou na funcionalidade. Em uma concessionária, o vendedor pode perguntar ao cliente se ele valoriza mais o consumo de combustível ou o estilo do carro, direcionando a conversa para o que é mais relevante ao perfil. *On-line*, um *quiz* no *site* pode ajudar a classificar o cliente em perfis, como "Aventureiro" ou "Econômico", personalizando as recomendações.

O *Account-based marketing* (**ABM**) personaliza a experiência para contas B2B de alto valor. Exemplo presencial seria um fornecedor de equipamentos médicos organizar uma reunião exclusiva para um hospital, detalhando como seus produtos atendem às regulamentações específicas. *On-line*, isso pode ser feito com uma página personalizada para um grande cliente corporativo, mostrando depoimentos de outros hospitais que adotaram a solução.

A **Venda por meio da** *storytelling* utiliza histórias para criar uma conexão emocional. Um vendedor de imóveis pode contar como uma família transformou sua vida ao se mudar para um bairro seguro e tranquilo, ajudando o cliente a visualizar o benefício. *On-line*, isso pode ser feito com vídeos mostrando depoimentos reais de compradores satisfeitos e como suas vidas melhoraram após a compra.

A **Hiperpersonalização** usa dados para criar interações sob medida. Um vendedor de roupas pode usar o histórico de compras do cliente para sugerir combinações que complementem peças adquiridas anteriormente. *On-line*, a loja pode enviar um *e-mail* com recomendações automáticas baseadas em tamanho e estilo favoritos do cliente, aumentando as chances de conversão.

Os **Gatilhos mentais** influenciam decisões ao aprofundarem aspectos como escassez e urgência. Um vendedor de relógios de luxo pode destacar que o modelo procurado pelo cliente é de edição limitada e que restam poucas unidades. *On-line*, isso pode ser reforçado com um contador regressivo para promoções, incentivando o cliente a agir rapidamente para se cadastrar em um evento.

Por fim, as **Vendas** *inbound* **inteligentes** atraem clientes com conteúdos que resolvem dúvidas e criam autoridade. Exemplo *on-line* seria uma empresa de consultoria em CX oferecer um *e-book* gratuito sobre como implementar corretamente a revisão da jornada do cliente, gerando *leads* qualificados. No presencial, o vendedor pode usar esses *insights* para começar a conversa focando nas preocupações identificadas previamente.

No próximo tópico, apresentarei a metodologia de vendas e atendimento EDiRC, que é capaz de atuar no aumento das vendas e respectivas dicas práticas para treinar as equipes.

As etapas da técnica de vendas EDiRC com aplicações práticas para equipes

Nos desafios atuais de vender mais e ao mesmo tempo cultivar a experiência do cliente, atuar de forma estruturada e estratégica não é mais uma opção, mas uma necessidade. A técnica de vendas EDiRC é um modelo robusto e ao mesmo tempo simples para transformar cada interação, presencial ou remota, em uma oportunidade de criar valor real para o cliente. Dividida em quatro etapas – Empatizar, Diagnosticar, Resolver e Conquistar –, essa abordagem permite que

CAPÍTULO 4

equipes de vendas e atendimento ofereçam experiências personalizadas, gerem confiança e fidelizem clientes. A seguir, detalho cada etapa, acompanhada de aplicações práticas que podem ser transmitidas para as equipes comerciais.

1. Empatizar genuinamente: criando conexões autênticas

O objetivo desta etapa é quebrar barreiras iniciais, gerar confiança e criar um ambiente acolhedor para o cliente. Esse primeiro momento define o tom da interação e é essencial para construir um vínculo verdadeiro. Empatia genuína é a palavra mágica que move essa etapa. Veja exemplos práticos de abordagem ao cliente, tanto do ponto de vista da venda presencial quanto *on-line*:

Presencial

Em uma loja de moda, o atendente pode perguntar: "Você está procurando algo específico ou gostaria de conhecer novas tendências da moda?". Essa pergunta demonstra interesse genuíno sem pressionar.

Em uma concessionária, o vendedor pode perguntar: "Você costuma dirigir mais na cidade ou viajar longas distâncias?". Essa abordagem permite que o cliente sinta que suas necessidades estão no centro da conversa.

On-line

Implementar *chatbots* com linguagem humanizada, iniciando conversas com frases do tipo: "Como podemos ajudar você hoje?".

Usar formulários interativos para coletar informações iniciais de forma leve, como: "Qual é o seu estilo preferido?" ou "Você já tem algo em mente?".

2. Diagnosticar: identificando necessidades ocultas e explícitas

Nesta etapa, o foco é descobrir o que o cliente realmente precisa, indo além das necessidades explícitas para identificar aquelas que, muitas vezes, estão ocultas. Para isso, é essencial usar perguntas poderosas e técnicas que criem um diagnóstico preciso e aprofundado.

Presencial

Em uma farmácia, o atendente pode perguntar: "Qual é o motivo principal para buscar esse produto?". Essa pergunta ajuda a entender o contexto do cliente.

Durante uma reunião B2B, o vendedor pode utilizar perguntas como: "Quais são os maiores desafios que sua empresa enfrenta atualmente?".

On-line

Com o CRM integrado a IA, é possível identificar padrões de comportamento e sugerir produtos com base em compras anteriores ou interações do cliente.

Com *quizzes* interativos, podem-se criar oportunidades no *site* ou em redes sociais, como: "Descubra o melhor produto para o seu estilo de vida", segmentando os clientes em perfis claros para personalizar as recomendações.

3. Resolver: oferecendo soluções reais e personalizadas

Com o diagnóstico ágil já realizado, é hora de propor soluções que se alinhem perfeitamente às necessidades ocultas e explicitas. A comunicação aqui deve ser clara, objetiva e persuasiva, reforçando os benefícios da solução apresentada.

Presencial

Um consultor financeiro pode usar as informações coletadas para recomendar um portfólio de investimentos equilibrado entre segurança e rentabilidade, adaptado às metas do cliente.

Em uma loja de tecnologia, o vendedor pode dizer: "Com base no que você mencionou sobre trabalhar remotamente desenvolvendo *design*, este *notebook* oferece as especificações que atendem exatamente às suas necessidades".

On-line

Plataformas de *e-commerce* podem sugerir produtos com base nos interesses captados na navegação do cliente, no que chamamos recomendações automatizadas.

Em *sites* de seguros ou investimentos, ferramentas interativas podem estimar os benefícios da solução proposta, tornando o valor mais tangível para o cliente, na funcionalidade denominada calculadora personalizada.

4. Conquistar: fechando a venda e conquistando o cliente

O momento da conquista vai além do fechamento de uma venda ou atendimento; é o ponto em que a relação com o cliente é consolidada e o terreno para futuros negócios é preparado. Essa etapa é crucial para fidelizar e transformar clientes em defensores da marca.

Presencial

Após uma compra em uma loja de cosméticos, o vendedor pode recomendar produtos complementares com uma frase personalizada: "Com base no que você gostou, este hidratante combina perfeitamente com o *kit* que escolheu".

Após uma negociação B2B, enviar mensagens de agradecimento como: "Agradecemos a confiança em nossa empresa e aproveitamos a oportunidade para uma ótima notícia. Iremos antecipar a entrega em cinco dias de forma a facilitar que a sua empresa antecipe as vendas para seus clientes".

On-line

E-mails automáticos de agradecimento permitem a personalização de mensagens de *follow-up*, incluindo tutoriais ou recomendações adicionais relacionadas com a compra.

Oriente a equipe a identificar, de forma *on-line*, oportunidades de *cross-sell* e *upsell*. Por exemplo, ao sugerir produtos complementares, ofereça um desconto exclusivo para compras futuras, incentivando a recorrência.

CAPÍTULO 4

Depois de apresentar a Metodologia de Vendas EDiRC, que prioriza a abordagem estruturada e a proatividade no relacionamento com o cliente, é hora de direcionar o foco para o aperfeiçoamento da venda *inbound*. Embora, à primeira vista, essa estratégia possa parecer passiva, na realidade ela exige uma estrutura ativa e bem planejada para atrair, engajar e converter clientes de maneira eficaz.

As vendas *inbound* inteligentes precisam ser mais bem compreendidas pelas equipes

A venda *inbound* transcende a ideia de apenas esperar que o cliente venha até a empresa; ela exige estratégias ativas e intencionais, como a criação de conteúdos relevantes, a personalização de interações e a nutrição de *leads* em cada etapa da jornada de compra. Quando bem estruturada, essa abordagem não apenas complementa a técnica EDiRC, mas também potencializa o surgimento de Clientes-Propulsores, aqueles que, pela satisfação e pela lealdade, promovem espontaneamente a marca.

As vendas *inbound* inteligente evoluíram para um método abrangente e estratégico, que incorpora diversas técnicas e tecnologias com o objetivo de atrair, engajar e converter clientes de maneira eficaz e personalizada. Esse novo paradigma de vendas *inbound* distancia-se da ideia simplista de que o processo é apenas sobre enviar mensagens e esperar um retorno.

Contudo, as vendas *inbound* inteligentes precisam ser mais bem compreendidas pela equipe comercial que atua como *hunter*. A inovação nesse método está na utilização integrada de ferramentas como conteúdo personalizado, inteligência artificial e interações em tempo real. Esse arsenal tecnológico não apenas atrai visitantes, mas também constrói uma jornada contínua e envolvente para o cliente. Plataformas como a Shopify exemplificam essa abordagem ao utilizarem dados de comportamento do usuário para personalizar a experiência de compra *on-line*, recomendando produtos e conteúdos que correspondam aos interesses únicos de cada cliente, o que potencializa a relevância e o impacto do engajamento e aumenta as taxas de conversão.

Para alinhar o processo de vendas *inbound* com o Novo Mindset de Vendas, é essencial compreender que a abordagem *inbound* deve ir além da adoção de tecnologias isoladas; ela exige uma transformação cultural, em que o cliente é visto como parceiro estratégico e fundamental para o sucesso. No Novo Mindset de Vendas, as equipes comerciais não são mais apenas executoras de processos; elas se tornam estrategistas ativos, capazes de antecipar e guiar o cliente de maneira fluida e interativa ao longo de sua jornada.

As vendas *inbound* estão se beneficiando enormemente da integração de sistemas de gestão de relacionamento com o cliente, que permitem capturar e analisar dados em todos os pontos de contato. Ferramentas como o Salesforce possibilitam o acompanhamento detalhado da jornada do cliente – desde o primeiro contato até a conversão e além. Essa visão ampliada fornece uma compreensão precisa das necessidades e comportamentos do consumidor, fortalecendo a intencionalidade de cada interação e potencializando o sucesso da estratégia *inbound*. Dentro desse *mindset* renovado, os vendedores veem o cliente não apenas como um destino final, mas como um ativo fundamental, cujo relacionamento contínuo se converte em fidelidade e potencializa o efeito do **Cliente-Propulsor**.

Além disso, o uso de conteúdos interativos e experiências imersivas está elevando o engajamento dos clientes a novos patamares. Empresas inovadoras estão investindo em *webinars* interativos, vídeos envolventes e até realidade aumentada para capturar a atenção dos clientes de uma maneira que o conteúdo tradicional não alcança. Essas experiências não apenas informam, entretêm e criam uma conexão emocional com o público, como também aceleram o percurso do cliente pelo funil de vendas. Esse nível de personalização e integração é o que diferencia uma venda eficaz de uma experiência de cliente marcante, na qual o cliente não apenas retorna, mas também promove a marca.

Outro avanço relevante nas vendas *inbound* é o fortalecimento de comunidades e o incentivo ao engajamento contínuo, mesmo após a conversão. Plataformas como o LinkedIn são aliadas para promover grupos e fóruns nos quais clientes potenciais e existentes podem interagir, compartilhar conhecimento e discutir desafios comuns. Esse *mindset* do **Cliente-Propulsor** torna o cliente parte ativa do processo de vendas, gerando um ciclo contínuo de engajamento e recomendação espontânea.

No tópico a seguir, irei mostrar como a coleta, a gestão e a atualização de dados são fundamentais para que os times comerciais possam aplicar as técnicas apresentadas aqui.

Dados e a conformidade com a LGPD para impulsionar vendas

Os dados dos clientes são uma mina de ouro para empresas que desejam fortalecer o relacionamento com seu público e oferecer experiências personalizadas. No entanto, o uso responsável e transparente desses dados vai além de um diferencial competitivo: é uma exigência do mercado e, muitas vezes, o fator decisivo para conquistar a fidelidade do cliente. Quando a empresa é clara sobre como e quando utilizará as informações, ela constrói uma relação de confiança, essencial para que o cliente se sinta seguro ao compartilhar dados pessoais como telefone, endereço e informações bancárias.

O alinhamento com a Lei Geral de Proteção de Dados Pessoais (LGPD) reforça esse compromisso, garantindo que o uso das informações esteja em conformidade com os direitos dos consumidores. Adotar práticas de proteção e explicitar a política de uso de dados não só assegura o cumprimento das obrigações legais, mas também posiciona a marca como ética e confiável.

Sancionada em 2018 no Brasil, a LGPD foi amplamente inspirada no Regulamento Geral sobre a Proteção de Dados (GDPR) da União Europeia. Ambas as legislações têm como objetivo proteger a privacidade e os dados pessoais dos cidadãos, estabelecendo diretrizes claras sobre coleta, processamento e compartilhamento de informações.

No escopo de vendas e atendimento, a conformidade com a LGPD é essencial para alinhar os processos com as expectativas dos clientes e fortalecer o relacionamento desde o primeiro contato. Por exemplo, oferecer benefícios em troca do cadastro, como descontos ou conteúdos exclusivos, é uma boa forma de captar dados, contudo, desde que isso seja feito com transparência total, informando claramente como os dados do cliente serão utilizados.

Para equipes de vendas nos canais físicos e digitais, é fundamental adotar as seguintes práticas para uma gestão de dados eficaz e alinhada à LGPD:

CAPÍTULO 4

» Obter consentimento explícito e informado para o uso de dados, sempre respeitando as preferências individuais.

» Coletar dados de maneira contínua e criteriosa para identificar novas oportunidades de vendas.

» Aproveitar múltiplos canais, como redes sociais, *sites* e WhatsApp, para captar e interagir com clientes.

» Ser claro sobre as finalidades do uso dos dados, reforçando a confiança.

» Oferecer benefícios tangíveis em troca do compartilhamento de dados, incentivando a colaboração voluntária.

» Usar informações para criar jornadas personalizadas e relevantes para os clientes.

» Revisar periodicamente o mapeamento de dados, assegurando-se de que estejam atualizados e corretamente segmentados.

» Priorizar a segurança e a confidencialidade dos dados como parte central do relacionamento com o cliente.

Neste capítulo, mostrei de forma prática como a Inteligência Artificial, as tecnologias emergentes e as metodologias avançadas estão revolucionando o universo das vendas e o relacionamento com os clientes. Apresentei as 8 tecnologias que estão redefinindo a forma de vender, com destaque para CRM inteligentes turbinados por IA e plataformas *omnichannel*, além de 20 aplicações práticas de IA em vendas, que mostram como a automação e a personalização podem impulsionar resultados.

Também discutimos o papel das plataformas de atendimento ao cliente, comunicação e colaboração, que, combinadas com consultorias especializadas, geram ganhos expressivos para as empresas. Mostrei como sincronizar o Novo Mindset de Vendas com a revolução tecnológica requer não apenas ferramentas, mas uma transformação cultural baseada em metodologias estruturadas.

Apresentei minha paixão pelo método científico, destacando a evolução do IFCX para o CXMMI, uma metodologia que mede a maturidade em Customer Experience e orienta melhorias práticas nas empresas. Finalizei com as 10 técnicas de vendas, como a técnica EDiRC e a venda baseada em valor, que conectam emoção e razão para transformar clientes em Clientes-Propulsores.

Unir tecnologia e metodologias estruturadas é essencial para alcançar resultados exponenciais em vendas. Afinal, o objetivo é claro: transformar cada cliente em um **Cliente-Propulsor** e cada interação em uma oportunidade de gerar valor e resultados.

No próximo capítulo, irei apresentar como liderar, treinar e capacitar equipes de alta *performance*, conectando as inovações tecnológicas com o elemento humano que, em última análise, é o motor mais importante do sucesso em vendas.

Vamos juntos nessa jornada!

CAPÍTULO 5

Gestão de Equipes e Desenvolvimento de Talentos no Novo Mindset de Vendas

Você já refletiu sobre o que é necessário para formar e liderar equipes comerciais que superem os desafios de um mercado em constante transformação? Neste capítulo, vou revelar estratégias e competências que fazem de times comerciais verdadeiros agentes de mudança, capazes de entregar resultados impressionantes enquanto proporcionam experiências memoráveis e sucesso aos clientes – tudo isso alinhado ao Novo Mindset de Vendas.

Abriremos com as 8 competências mais buscadas nos times comerciais, analisando como inteligência emocional, domínio de ferramentas digitais e o foco no sucesso do cliente são pilares indispensáveis. Na sequência, apresentaremos como as empresas estão reorganizando suas estruturas comerciais para atender às exigências de um consumidor cada vez mais conectado, com cargos que integram estratégia, gestão e execução.

Vamos rever o conceito de competências com modelo CHAR (Conhecimento, Habilidade, Atitude e Resultados), aplicado a Vendas CXCS. Além disso, apresentarei as 30 competências técnicas, comportamentais e híbridas de Vendas CXCS, seguidas por trilhas de desenvolvimento exclusivas para capacitar tanto vendedores quanto gestores, desde os iniciantes até os líderes mais experientes.

Neste capítulo, você também entrará em contato com o FeedMentor, o método que idealizei e que já é amplamente adotado por empresas em várias partes do Brasil. Esse modelo transforma a prática de feedback em uma ferramenta poderosa para o desenvolvimento de talentos. Aqui, irei além da sua concepção original e mostrarei como o FeedMentor pode ser aplicado especificamente em Vendas, potencializando o desempenho das equipes comerciais e alinhando o feedback à Vendas CXCS.

CAPÍTULO 5

A ascensão das equipes de vendas e as 8 competências mais buscadas nos times comerciais

Você já ouviu alguém dizer que o papel da equipe comercial está perdendo relevância? Muitos acreditam nisso, mas a realidade é bem diferente. Apesar do crescimento exponencial da tecnologia, a valorização do ser humano que domina tanto a técnica quanto a arte de vender está em ascensão. O diferencial humano continua sendo a chave para transformar conexões em parcerias e dúvidas em decisões de compra.

Recentemente, em conversas com diversos *Chief Sales Officers* (CSOs), conhecidos no Brasil como Diretores Executivos de Vendas, ficou evidente para mim que a maioria está planejando ampliar suas equipes comerciais nos próximos anos. Essa tendência reflete a crescente percepção de que, mesmo em um mercado cada vez mais impulsionado pela automação, o papel do vendedor *on-line* e *off-line* permanece prioritário e indispensável.

A pesquisa da *Harvard Business Review* "Why Salespeople Struggle at Leading" reforça essa tendência. O texto evidencia que, em meio à transformação digital e às tecnologias avançadas, a função de vendas não apenas continua essencial, mas também se tornou um ativo estratégico para empresas que desejam se destacar. Dados e investimentos comprovam que as equipes comerciais são fundamentais para enfrentar os desafios de um mercado cada vez mais competitivo e exigente. Em outras palavras, enquanto a tecnologia reconfigura o mercado, o talento humano permanece como o coração das vendas. Os vendedores e times que são suporte a vendas não estão sendo substituídos; estão se tornando mais estratégicos, mais consultivos e mais valiosos do que nunca.

Agora, quero compartilhar um segredo com você, meu leitor. Por estar frequentemente "dentro" de projetos de Vendas, CX, CS e EX em diversos segmentos de empresas, consigo identificar com clareza as competências que estão em alta no perfil dos vendedores. Já foi o tempo em que o perfil principal do vendedor era ser "comunicativo" e "corajoso". As principais competências das equipes necessárias para saltarem para o Novo Mindset de Vendas são:

1. **Inteligência emocional e empatia**: a capacidade de se colocar no lugar do cliente e compreender suas necessidades é uma das habilidades mais desejadas. Isso permite que o vendedor construa conexões reais e seja visto como um parceiro confiável.

    Por exemplo, um vendedor que, ao ouvir as preocupações de um cliente sobre prazos de entrega, sugere soluções alternativas, como uma entrega parcial ou personalizações. Ele demonstra preocupação genuína com os desafios do cliente, em vez de reagir negativamente por estar "fazendo o trabalho da área de logística". Essa atitude fortalece a confiança e a relação com o cliente.

2. **Adaptabilidade ao digital**: com o avanço da Inteligência Artificial, o vendedor moderno precisa dominar não apenas ferramentas básicas, mas também inovadoras. A IA está permitindo que os vendedores tomem decisões mais rápidas, como prever quais produtos têm maior probabilidade de interessar ao cliente com base em seu histórico de compras.

Além disso, a IA pode gerar roteiros personalizados para abordagens comerciais, otimizando o tempo e aumentando a relevância da comunicação. Ser digitalmente adaptável não é mais um diferencial; é um pré-requisito em vendas.

3. **Mentalidade consultiva de verdade**: os vendedores que atuam genuinamente de forma consultiva vão além do simples ato de vender; eles diagnosticam necessidades reais e ocultas dos clientes. Isso exige estudar o mercado do cliente, analisar dados e oferecer soluções personalizadas que agreguem valor.

   Um representante de vendas B2B que, ao analisar o processo de produção do cliente, identifica ineficiências e sugere um produto ou serviço que não apenas resolve o problema, mas também melhora significativamente a produtividade, exemplifica perfeitamente essa abordagem.

4. **Capacidade de análise de dados**: o uso de dados é essencial para prever necessidades e personalizar abordagens. O vendedor precisa saber interpretar relatórios de funil de vendas, entender métricas de engajamento e tomar decisões baseadas em *insights* reais.

   Por exemplo, um vendedor percebe, por meio do CRM, que os clientes de um segmento específico estão aumentando os pedidos em determinada categoria de produto. Ele ajusta sua oferta para esse segmento, priorizando itens de maior demanda e propondo promoções direcionadas, garantindo aumento no *ticket* médio e na fidelização.

5. **Foco em experiência do cliente**: no Novo Mindset de Vendas, a venda não termina no fechamento do contrato. Empresas valorizam vendedores que acompanham o cliente em toda sua jornada, assegurando que ele alcance os resultados esperados.

   Um vendedor que, após a entrega de um produto, faz *follow-up* com o cliente para verificar sua satisfação, oferecer suporte adicional e identificar oportunidades de *upselling* exemplifica essa abordagem. Essa prática torna o vendedor um aliado estratégico e leva as equipes de vendas a um novo nível.

6. **Foco no sucesso do cliente**: um dos grandes desafios da Força de Vendas está no desconhecimento dos objetivos reais dos clientes. Essa lacuna faz com que muitos vendedores ofereçam produtos e serviços que sejam mais convenientes ou vantajosos para eles mesmos, em vez de atenderem às reais necessidades do cliente.

Conhecer a necessidade do cliente é um passo muito básico em vendas, mas conhecer o objetivo do cliente ao adquirir um produto ou serviço e acompanhar a performance dele é um nível acima.

Além de realizarem a venda inicial, os melhores vendedores têm a responsabilidade de acompanhar a *performance* do cliente com o produto ou serviço adquirido. Eles asseguram que o cliente, em primeiro lugar, utilize de forma eficaz aquilo que comprou, evitando um possível cancelamento prematuro.

Mais do que isso, ajudam o cliente a atingir seus objetivos, garantindo satisfação suficiente para que ele recomende a empresa ou continue comprando. Essa estratégia transforma o vendedor em um parceiro estratégico, promovendo fidelização e potencializando resultados para ambas as partes.

7. **Mapeamento da jornada do cliente**: compreender a jornada do cliente do início ao fim é essencial. Isso envolve antecipar pontos críticos e adaptar estratégias para facilitar cada etapa do processo de compra.

    Por exemplo, um vendedor que analisa o comportamento do cliente em diferentes canais e sugere ofertas ou soluções específicas para cada fase da jornada, desde a prospecção até o pós-venda, demonstra o valor dessa competência.

8. **Saber despertar o cliente para se tornar um Vendedor-Propulsor**: transformar o cliente em um promotor ativo da marca, que coopera com a venda a todo instante, é uma competência em alta nas empresas. Pense no cliente como o combustível que impulsiona o "foguete" das vendas.

    Ao proporcionar uma experiência de excelência, o vendedor incentiva o cliente a recomendar espontaneamente a empresa, gerando novos negócios e consolidando a reputação da marca.

Além dessas competências mais buscadas atualmente na Força de Vendas, no próximo tópico apresentarei como as grandes empresas estão reorganizando suas estruturas comerciais, adaptando-se à transformação do papel tradicional dos vendedores. Se você trabalha em uma empresa pequena ou média, este conteúdo é tão estratégico quanto para uma grande corporação. Ele ajudará a diagnosticar as competências essenciais que podem ser concentradas em uma estrutura com menos cargos, mas ainda altamente eficiente e alinhada às demandas do mercado.

A estrutura organizacional de vendas

Um grande equívoco é acreditar que a estrutura organizacional de vendas é composta apenas por diretoria, gerentes e vendedores. Essa visão simplista perpetua uma cultura antiquada de vendas, na qual o time opera de forma limitada. No Novo Mindset de Vendas, reconhecemos que uma estrutura moderna e eficiente deve incluir múltiplos atores, cada um com funções específicas que contribuem para resultados extraordinários.

Apresentarei os cargos essenciais em três níveis: Estratégico, Gestão e Operacional, destacando seus papéis e exemplos práticos de atuação.

Nível Estratégico de Vendas (alta liderança)

No topo da estrutura está a alta liderança, que define as estratégias e integra as operações de vendas aos objetivos gerais da empresa. Apresento, a seguir, os

Gestão de Equipes e Desenvolvimento de Talentos no Novo Mindset de Vendas

cargos que fazem parte do Nível Estratégico de Vendas, suas funções e exemplos de aplicação:

» Diretor Executivo de Vendas (CSO – *Chief Sales Officer*): líder máximo da área, o CSO é responsável por alinhar as estratégias de vendas com Marketing, Customer Experience, Customer Success e Finanças. Por exemplo, em uma empresa de tecnologia, o CSO pode decidir priorizar mercados emergentes e alocar recursos para lançar produtos personalizados nessas regiões, sempre contando com o suporte das áreas integradas que compõem a abordagem Vendas CXCS.

» Vice-presidente de Vendas (*VP of Sales*): traduz as estratégias do CSO em ações comerciais. Um exemplo é VP de Vendas implementando um programa para criar equipes regionais especializadas em atender clientes corporativos em grandes centros urbanos.

» Diretor de Vendas: define e coordena operações gerais, monitora resultados e lidera reuniões estratégicas. Um bom exemplo dessa função é o Diretor de Vendas reunindo gerentes comerciais para ajustar metas trimestrais com base nos indicadores.

» Diretor Regional de Vendas: adapta estratégias globais às realidades locais. Em uma empresa de bens de consumo, ele pode ajustar as campanhas comerciais para concentrar a venda em uma região específica.

» Diretor de Estratégia de Vendas: desenvolve planos com base em dados de mercado. Por exemplo, pode identificar que consumidores estão migrando para compras *on-line* e recomendar uma integração mais forte entre os canais físico e digital.

» Diretor de Crescimento (*Growth Director*): focado em acelerar receitas, ele lidera iniciativas como a criação de novos produtos. Imagine-o liderando uma expansão agressiva em um mercado internacional, criando uma linha específica para consumidores locais.

» Diretor de Operações de Receita (*RevOps*): integra vendas, marketing e CS, usando IA para prever tendências e ajustar campanhas em tempo real. Por exemplo, ele pode implementar *dashboards* que fornecem *insights* de desempenho das equipes *on-line* e *off-line*.

» Diretor de *E-commerce*: lidera a estratégia geral do *e-commerce*. Pense nele supervisionando uma grande campanha sazonal como a Black Friday, coordenando equipes de marketing, atendimento e operações para elevar conversões.

Nível de Gestão de Vendas

Os gestores transformam estratégias em ações reais de vendas, liderando e capacitando equipes para alcançar metas e superar desafios do mercado. Os gestores de venda movem as operações e são os grandes responsáveis por liderar diretamente as equipes operacionais. Apresento, a seguir, os cargos que fazem parte do Nível de Gestão de Vendas, suas funções e exemplos reais que ocorrem nas empresas:

» Gerente Regional de Vendas: lidera equipes locais, ajustando metas conforme as necessidades da região. Ele pode visitar lojas para identificar barreiras nas vendas e propor treinamentos específicos.

CAPÍTULO 5

» Gerente de Vendas: atua diretamente com os vendedores, acompanhando metas e resultados. Imagine um gerente organizando sessões de feedback individuais para ajudar cada vendedor a melhorar sua abordagem com clientes.

» Gerente de Treinamento de Vendas: capacita equipes com programas personalizados. Ele pode conduzir um *workshop* sobre técnicas de negociação para vendedores que lidam com produtos de alto valor. Gerentes de Treinamento de Vendas, na prática, viabilizam a aplicação de capacitações para aumentar os resultados comerciais, como, por exemplo, a aplicação da Técnica de Vendas e Atendimento EDiRC.

» Gerente de Análise de Vendas: converte dados em decisões que favorecem ao time vender mais e melhor. Esse cargo, por exemplo, pode identificar que vendas caem durante a tarde e sugerir promoções nesse período para aumentar o fluxo.

» Gerente de Operações de Vendas (*Sales Ops Manager*): garante que ferramentas e processos estejam otimizados. Ele pode revisar o *pipeline* (funil) de vendas no CRM para identificar gargalos e automatizar tarefas repetitivas. Esse cargo é tão relevante, que dedicarei um tópico exclusivo a ele neste capítulo.

» Gerente de Conteúdo: desenvolve narrativas e materiais persuasivos. Visualize-o criando descrições otimizadas para SEO que aumentem o tráfego do *site* e as conversões no *e-commerce*.

» Gerente de *E-commerce*: cria campanhas digitais que direcionam tráfego. Por exemplo, ele pode liderar uma campanha de Google Ads para atrair visitantes e aumentar o *ticket* médio por cliente.

» Gerente de Mídias Sociais para Vendas: amplia a presença *on-line* da marca. Imagine-o organizando um concurso no Instagram para engajar seguidores e promover um produto recém-lançado, contudo, com a finalidade de venda.

Nível Operacional Vendas (execução e suporte)

No nível operacional, os profissionais estão na linha de frente, executando as estratégias e garantindo que os clientes tenham uma experiência excepcional. Apresento, a seguir, os cargos que fazem parte do Nível Operacional de Vendas, suas funções e exemplos reais de aplicação nas empresas:

» Gerente de Vendas por Canal: gerencia as vendas realizadas por parceiros e revendedores. Ele pode criar programas de incentivo para distribuidores que atinjam metas.

» Executivo de Contas: gerencia clientes estratégicos, negociando contratos personalizados. Enxergue-o visitando um grande cliente para renegociar prazos de entrega e oferecer condições especiais.

» Representante de Vendas Presencial: realiza diretamente a venda de produtos e serviços. Por exemplo, ele pode negociar um novo modelo de automóvel com um cliente, destacando vantagens como eficiência energética e *design*.

Gestão de Equipes e Desenvolvimento de Talentos no Novo Mindset de Vendas

» Representante de Vendas *On-line*: trabalha com ferramentas digitais para vendas mais ágeis que podem ser mediadas a distância. Imagine-o usando videoconferências ou ligações no WhatsApp para demonstrar produtos e responder perguntas em tempo real.

» Desenvolvedor de *E-commerce*: garante que as funcionalidades de vendas estejam ativas no *site*. Ele pode implementar melhorias no sistema para reduzir o tempo de carregamento das páginas e melhorar a experiência do usuário.

» Especialista em SEO: ajusta palavras-chave e estratégias de linkagem para aumentar o tráfego orgânico. Por exemplo, pode criar uma campanha de *blog posts* para melhorar o ranqueamento nos motores de busca.

» Analista de Cobrança: gere e acompanha negociações financeiras com clientes. Ele pode propor planos de pagamento para evitar inadimplência.

» Analista de Retenção: identifica clientes em risco e propõe estratégias de fidelização. Imagine-o criando um programa de recompensas para clientes que renovam contratos.

» Analista de CRM: configura e otimiza sistemas de gestão de clientes. Ele pode programar alertas automáticos para *follow-ups* com *leads* qualificados.

» Especialista em Tecnologia de Vendas: implementa ferramentas de automação para equipes comerciais. Por exemplo, pode configurar sistemas de IA que priorizem *leads* com maior potencial de conversão.

» Analista de Parceria CX/CS: conecta vendas com as áreas de experiência e sucesso do cliente que estão em outros departamentos. Ele pode liderar iniciativas que garantam transições suaves entre vendas e o *onboarding* do cliente.

» Treinador de Vendas: oferece treinamentos regulares para equipes. Pense nele simulando situações de vendas para preparar os representantes a lidar com objeções comuns de clientes exigentes.

Você deve estar se perguntando por que incluí algumas funções de marketing digital, como Especialista em SEO e Desenvolvedor de *E-commerce*, nos cargos do Nível Operacional de Vendas. A resposta é simples: as fronteiras entre Vendas e Marketing estão se dissolvendo. Conforme detalhei e comprovei no Capítulo 3 deste livro, estamos vivendo uma era de sinergia entre essas áreas, na qual as estratégias de engajamento, nutrição e conversão de *leads* demandam uma atuação integrada.

Em sua totalidade, a estrutura organizacional apresentada de vendas nos três níveis – Estratégico, Gestão e Operacional – reflete a complexidade e a colaboração necessárias para operar com eficiência no mercado atual. Cada cargo, em seus diferentes níveis, desempenha um papel estratégico para construir uma operação comercial robusta, alinhada ao Novo Mindset de Vendas. Enquanto a alta liderança define a visão estratégica, os gestores traduzem essas diretrizes em ações práticas, e os profissionais na linha de frente garantem que a execução seja impecável.

É importante destacar que, em empresas menores, essa estrutura poderá ser adaptada, com profissionais acumulando diferentes responsabilidades. Por exemplo, um único gerente pode desempenhar funções de treinamento, análise de vendas e liderança direta da equipe. Essa flexibilidade, quando bem gerida, pode ser uma vantagem competitiva, permitindo maior agilidade na tomada de decisão e na execução.

CAPÍTULO 5

Independentemente do tamanho da organização, o que permanece essencial é o alinhamento estratégico entre as equipes, a clareza nos papéis e a dedicação em oferecer uma experiência consistente e centrada no cliente. Seja em grandes empresas, onde cada cargo desempenha funções específicas, ou em empresas menores, onde as responsabilidades são concentradas em menos pessoas, o foco deve estar sempre na integração entre estratégia e execução.

No próximo tópico, apresentarei em detalhes a função dos times de Vendas *On-line* (*E-commerce*), Vendas *Off-line* e Operações de Vendas (*Sales Ops*), ampliando a compreensão de como cada um contribui com abordagens únicas e complementares para criar uma operação comercial integrada e eficiente.

Sinergias e diferenças de atuação de Vendas *On-line*, Vendas *Off-line* e Operações de Vendas (*Sales Ops*)

Em vendas, o sucesso não depende apenas da habilidade individual dos vendedores na linha de frente. Pelo contrário, é resultado de uma colaboração intensa entre diferentes equipes que se complementam: Vendas *On-line*, Vendas *Off-line* e Operações de Vendas (*Sales Ops*). Cada uma dessas áreas desempenha um papel único e essencial dentro do ecossistema comercial, contudo, precisam estar alinhadas.

Para alcançar o próximo nível de excelência, é fundamental entender como essas equipes se diferenciam em foco, métricas e tendências futuras. Apresento a minha conclusão no Quadro 5.1.

Quadro 5.1 Comparativo entre os desafios das equipes de Vendas *On-line*, Vendas *Off-line* e *Sales Ops* no Novo Mindset de Vendas

Desafios da equipe	Vendas *On-line*	Vendas *Off-line*	*Sales Ops* (Operações de Vendas)
Foco da equipe	Atrair, engajar e converter clientes de forma ágil no ambiente digital, otimizando a jornada de compra.	Compreender as necessidades dos clientes e oferecer soluções personalizadas, que demandam maior negociação.	Suportar estrategicamente as equipes de vendas, otimizando ferramentas e processos, garantindo eficiência.
Principais KPIs	Taxa de conversão, valor médio do pedido, abandono do carrinho, tráfego no *site*, ROI de campanhas.	Volume de vendas, taxa de conversão presencial, tempo médio do ciclo de venda e recorrência.	Eficiência do funil, precisão nas previsões de vendas, desempenho frente às metas, taxa de conversão.
Ferramentas e tecnologias	*E-commerce* integrado com CRM, *chatbots* com IA, plataformas de mídias sociais, SEO otimizado.	*Notebook* e aplicativos para demonstração de produtos e gestão de interações com clientes no ponto de venda.	Integração de IA com CRM, painéis de análise preditiva, automação de processos repetitivos.

(*continua*)

100

Gestão de Equipes e Desenvolvimento de Talentos no Novo Mindset de Vendas

(*continuação*)

Desafios da equipe	Vendas *On-line*	Vendas *Off-line*	*Sales Ops* (Operações de Vendas)
Resultados esperados	Redução do abandono de carrinho e aumento do volume de vendas *on-line*.	Cobertura de mercado de clientes estratégicos, *ticket* médio elevado, venda recorrente e renovação.	Operações mais ágeis, alinhamento estratégico entre áreas e aumento da eficiência geral em vendas.
Tendências futuras	IA para recomendações mais precisas, uso de realidade aumentada e melhorias na logística de entrega.	Integração de tecnologias digitais para apresentações interativas e maior uso de dados em negociações.	Automação avançada, análises preditivas e integração completa entre vendas *on-line* e *off-line*.

Fonte: desenvolvido pelo autor.

A integração entre as equipes de Vendas *On-line*, Vendas *Off-line* e *Sales Ops* não é apenas desejável – é um requisito indispensável para alcançar uma operação comercial de alta *performance*. Essa sinergia se torna ainda mais relevante com o crescimento das equipes híbridas, que atuam tanto *on-line* quanto *off-line*, comercializando produtos e serviços de maneira integrada, independentemente do canal escolhido pelo cliente.

A seguir, apresentarei as principais responsabilidades de cada uma dessas equipes e como elas podem criar impacto no contexto do Novo Mindset de Vendas.

O Time de Vendas *On-line* (*E-commerce*)

No acelerado departamento de *e-commerce*, o sucesso é resultado de uma sinergia entre estratégias bem definidas e profissionais altamente capacitados. O **Gerente de E-commerce** é o responsável por liderar essa operação, definindo a direção estratégica e alinhando equipes de marketing, vendas e operações para alcançar metas ambiciosas, como aumentar o tráfego do *site*, otimizar conversões e fidelizar clientes.

Enquanto o gerente lidera, o **Representante de Vendas *On-line*** desempenha um papel essencial ao conduzir interações diretas com clientes por meio de videoconferências, WhatsApp ou *e-mails* personalizados. Ele combina rapidez com personalização, respondendo dúvidas em tempo real e recomendando produtos com base nas preferências do cliente.

O **Analista de Retenção** complementa esse esforço, identificando clientes em risco de *churn* e desenvolvendo estratégias para reverter essa situação. Por exemplo, ele pode executar campanhas específicas para clientes inativos, oferecendo descontos exclusivos ou benefícios personalizados para incentivá-los a retornar.

Já o **Analista de Parceria CX/CS** atua como um elo vital entre as vendas e as áreas de experiência e sucesso do cliente, assegurando que a transição do cliente para os próximos passos da jornada seja suave e satisfatória. Ele pode liderar iniciativas que alinhem os objetivos de vendas com a entrega de valor no *onboarding* e no suporte ao cliente.

CAPÍTULO 5

Nos bastidores, o **Gerente de Conteúdo** desenvolve narrativas envolventes, otimizando páginas para SEO e criando materiais persuasivos que conectem os benefícios do produto ao estilo de vida do cliente. Um exemplo prático é a criação de conteúdos inspiradores para campanhas sazonais, como a Black Friday, atraindo mais clientes e aumentando o *ticket* médio.

O **Desenvolvedor de *E-commerce*** garante que a plataforma funcione sem falhas, integrando sistemas críticos como CRMs e ERPs para gerenciar dados e estoques. Imagine um cenário em que, após um pico de vendas, o sistema atualiza automaticamente os níveis de inventário, prevenindo erros como vendas de produtos esgotados. Complementando essa estrutura, o **Especialista em SEO** otimiza palavras-chave e estratégias de linkagem para atrair tráfego orgânico constante, enquanto o **Gerente de Mídias Sociais para Vendas** promove engajamento com campanhas criativas. Exemplo é um concurso interativo que conecta o público ao lançamento de um novo produto, gerando engajamento e fortalecendo a marca.

Parte superior do formulário.

O Time de Vendas *Off-line*

No mundo das vendas *off-line* ou, como também chamamos, Venda Presencial, o contato humano continua sendo o maior diferencial. O sucesso comercial depende de uma equipe multifuncional que equilibre estratégia, habilidades interpessoais e foco no cliente. O **Gerente de Vendas** lidera esse time com uma visão clara, estabelecendo metas e inspirando a equipe a entregar excelência em cada interação. Por exemplo, ele pode organizar reuniões semanais para discutir resultados, ajustar estratégias e compartilhar histórias de sucesso que motivem o time.

Na linha de frente, o **Representante de Vendas Presencial** é o "rosto" da empresa, estabelecendo relações diretas com os clientes. Ele entende as necessidades específicas e apresenta soluções que agregam valor real. Imagine um representante em uma loja de móveis, ajudando o cliente a escolher um sofá que combine funcionalidade e estética, ajustando cores e tamanhos com base nas preferências pessoais. O **Analista de Pré-Vendas** complementa esse trabalho, preparando informações detalhadas que ajudam na confecção dos materiais que apoiarão o vendedor.

Quando se trata de grandes contas, o **Gerente de Contas Estratégicas** cultiva parcerias a longo prazo, assegurando que as expectativas sejam superadas e criando oportunidades de expansão. Já o **Gerente de Desenvolvimento de Negócios** é o pioneiro que explora novos mercados e busca oportunidades estratégicas para ampliar o alcance da empresa.

Nos bastidores, o **Analista de Vendas** transforma dados em estratégias, destacando, por exemplo, produtos mais vendidos por região e horários de pico de vendas. O **Especialista em Suporte ao Cliente** cuida da experiência pós-venda, garantindo que qualquer problema seja resolvido rapidamente e que os clientes se sintam valorizados.

O **Treinador de Vendas** desempenha um papel importante ao manter a equipe capacitada para lidar com as necessidades e emoções do cliente. Ele pode contratar empresas de treinamento externas ou conduzir treinamentos internos regularmente, como *workshops* práticos focados em técnicas de negociação ou sessões de *role-playing* que simulam situações reais. Essas práticas permitem que os

Gestão de Equipes e Desenvolvimento de Talentos no Novo Mindset de Vendas

vendedores aprimorem suas habilidades ao lidarem com objeções, apresentem produtos *premium* com confiança e adaptem suas abordagens às necessidades específicas dos clientes.

Operações de vendas – *Sales Operations* (*Sales Ops*)

As operações de vendas, mais conhecidas como **Sales Operations** ou **Sales Ops**, são muito mais do que uma simples função dentro de uma organização. Trata-se do alicerce que impulsiona a eficácia e os resultados das vendas *on-line* e *off-line*. Essa área está em constante evolução, adaptando-se às novas tecnologias emergentes para garantir que as equipes de vendas estejam bem equipadas, focadas e alinhadas com os objetivos estratégicos da empresa.

Gigantes como Salesforce, IBM e Google estabeleceram padrões para práticas eficazes de vendas e continuam a otimizar diariamente seus processos comerciais com base em estratégias de *Sales Ops*. Mais do que melhorar a produtividade, essas empresas mostram como conectar operações de vendas aos pilares do Novo Mindset de Vendas, assegurando uma experiência superior para o cliente e engajando-o de modo que ele se transforme em um **Cliente-Propulsor**.

A seguir, apresento 15 responsabilidades que considero estruturantes para a construção de uma área de *Sales Operations*. Elas não apenas integram pessoas, processos e tecnologia, mas também elevam a experiência do cliente e monitoram o sucesso ao longo de sua jornada de compra, contribuindo para a consolidação de Vendas CXCS:

1. Colaboração interna com os times de CX, CS, Suporte e Marketing.
2. Previsão de vendas.
3. Análise avançada e inteligência de negócios.
4. Otimização do processo de vendas.
5. Desenvolvimento de documentação para apoiar processos.
6. Gestão de dados do CRM.
7. Preparação de apresentações para revisões trimestrais de negócios.
8. Relatórios de vendas e resultados de campanhas.
9. Definição de territórios de vendas.
10. Planos de compensação e incentivos.
11. Suporte à equipe de Vendas.
12. Geração de *leads* e agendamento de compromissos.
13. Treinamento e desenvolvimento da Força de Vendas.
14. Gestão de tecnologias de vendas.
15. Estratégia de canais de vendas e parcerias.

1. Colaboração interna com os times de CX, CS, Suporte e Marketing

A sincronização entre vendas, marketing, produto, suporte, CX e CS é essencial para gerir os esforços e criar uma experiência de cliente coesa e impactante. Essa colaboração funciona como uma equipe de remo, em que todos remam na mesma direção, garantindo que cada interação contribua para uma jornada fluida e uma experiência

CAPÍTULO 5

memorável. O time de *Sales Ops* desempenha um papel estratégico ao integrar processos e informações entre as áreas, eliminando silos e alinhando metas. Isso inclui compartilhamento de dados sobre clientes, acompanhamento de campanhas de marketing e suporte proativo ao cliente, promovendo uma abordagem centrada no cliente.

2. Previsão de vendas

Assim como um meteorologista prevê tempestades e bonanças, a previsão de vendas utiliza dados históricos, tendências de mercado e indicadores econômicos para antecipar resultados futuros. Isso permite ajustes estratégicos proativos, garantindo que a organização esteja sempre um passo à frente.

3. Análise avançada e inteligência de negócios

Empresas líderes sabem que compreender profundamente seus clientes e a concorrência é essencial. A análise avançada com IA extrai *insights* reais de dados de vendas, ajudando a otimizar estratégias e conectar a operação aos pilares do Novo Mindset de Vendas.

4. Otimização do processo de vendas

Eliminando ineficiências e aprimorando cada etapa do ciclo, a otimização do processo de vendas aumenta a produtividade e os resultados. Esta prática se alinha diretamente às Vendas CXCS, garantindo fluidez e foco no cliente.

5. Desenvolvimento de documentação para apoiar processos

Um *playbook* de vendas bem estruturado serve como um guia prático, garantindo consistência e eficiência. Essa documentação conecta a teoria à prática, promovendo excelência em cada interação com o cliente.

6. Gestão de dados do CRM

Manter o CRM atualizado é como ter um mapa detalhado: fornece informações precisas sobre clientes e *prospects*. Isso permite personalizar abordagens e fortalecer a experiência do cliente, convertendo-o em um **Cliente-Propulsor**.

7. Preparação de apresentações para revisões trimestrais de negócios

As revisões trimestrais permitem avaliar desempenho e ajustar estratégias. Com elas, a equipe pode alinhar metas, identificar pontos de melhoria e fortalecer a integração com outras áreas, como marketing e CX.

8. Relatórios de vendas e resultados de campanhas

Relatórios claros e detalhados fornecem *insights* valiosos sobre o desempenho. Eles conectam os resultados às estratégias, garantindo que a equipe esteja alinhada ao objetivo de criar uma experiência coesa e centrada no cliente.

9. Definição de territórios de vendas

A alocação estratégica de recursos maximiza a cobertura de mercado e o impacto. Esse planejamento garante que a equipe esteja bem-posicionada para atender diferentes segmentos de clientes.

10. Planos de compensação e incentivos

Inspirados em grandes resultados, planos de compensação bem elaborados motivam a equipe a alcançar a excelência, premiando o desempenho excepcional e conectando o time à visão a longo prazo.

11. Suporte à equipe de Vendas

Oferecer suporte à equipe de Vendas é como fornecer uma rede de segurança aos trapezistas. Isso garante que os vendedores tenham as ferramentas e o suporte necessários para atuar com confiança e eficiência.

12. Geração de *leads* e agendamento de compromissos

Essas atividades mantêm o funil de vendas cheio e funcional. A eficiência nessa responsabilidade garante oportunidades consistentes e ajuda a equipe a se concentrar no que realmente importa: converter *leads* em clientes.

13. Treinamento e desenvolvimento da Força de Vendas

Empresas que compartilham uma cultura de vendas mais avançada mostram que o desenvolvimento contínuo da equipe é essencial. Programas de capacitação conectam as habilidades dos vendedores às demandas do mercado e às Vendas CXCS.

14. Gestão de tecnologias de vendas

Ferramentas de Inteligência Artificial (IA) podem aumentar significativamente a eficiência em vendas, desde que sejam implementadas e gerenciadas de maneira estratégica. Para isso, o time de *Sales Ops* precisa garantir que as tecnologias escolhidas estejam alinhadas aos objetivos da empresa e sejam integradas aos sistemas existentes.

15. Estratégia de canais de vendas e parcerias

Grande parte da indústria enfrenta desafios com revendedores e parceiros estratégicos, como desalinhamento de diretrizes da marca e inconsistências no atendimento. Para resolver essas dores, o time de *Sales Ops* deve alinhar objetivos, oferecer treinamentos regulares, criar programas de incentivo e estabelecer KPIs claros para monitorar a *performance*.

Como apresentado, a estrutura e as práticas de *Sales Ops* são importantes para que as equipes comerciais operem com eficiência e foco, integrando pessoas, processos e tecnologia. No entanto, mesmo com essas ferramentas à disposição, muitas empresas enfrentam desafios "ocultos" que comprometem o desempenho de suas equipes.

Apelidei esses desafios de **as disfunções do tempo oculto da** Força de Vendas. Elas revelam como uma mentalidade ainda ancorada em práticas antiquadas pode minar os esforços das equipes, desviando-as de seu objetivo principal: entregar valor ao cliente.

No próximo tópico, apresentarei as 7 disfunções em profundidade. Veremos como impactam a produtividade e a experiência do cliente, além de entender por que é indispensável superá-las para alinhar as operações comerciais ao Novo Mindset de Vendas e, assim, transformar desafios em resultados.

CAPÍTULO 5

As 7 disfunções do tempo oculto da Força de Vendas

Nas empresas, as equipes comerciais enfrentam um paradoxo e vivem sob pressão sem precedentes: tecnologias avançadas e práticas inovadoras estão disponíveis para transformar processos e resultados, mas muitas organizações ainda operam com uma mentalidade antiquada. Essa cultura antiga de vendas, marcada por abordagens rígidas, centralização no vendedor e falta de foco em eficiência, dá origem às disfunções do "tempo oculto".

Chamo de "tempo oculto" porque esse problema frequentemente passa despercebido, soterrado pela rotina e pela urgência de vender a qualquer custo. É como se as empresas evitassem confrontar o que realmente está drenando a produtividade e prejudicando os resultados. Essa cegueira intencional inspirou a ideia do "método de vendas potencializado por Customer Experience e Customer Success", mencionada no subtítulo deste livro.

Afinal, o verdadeiro segredo não está apenas em inovar, mas também em reconhecer e superar esses entraves escondidos, transformando desafios ocultos em oportunidades para impulsionar resultados e proporcionar experiências excepcionais aos clientes.

As 7 disfunções do tempo oculto da Força de Vendas corroem a produtividade das equipes, desviam o foco de prioridades estratégicas e prejudicam a experiência do cliente. Não se trata apenas de práticas ineficientes; elas refletem um mindset que ainda não evoluiu para atender às exigências do mercado moderno, no qual eficiência, alinhamento e foco no cliente são essenciais para o sucesso.

Reconhecer essas falhas é essencial para superá-las. É nesse contexto que o Novo Mindset de Vendas se apresenta como a solução indispensável. Ele oferece uma abordagem que coloca o cliente no centro das estratégias, utiliza dados para orientar decisões e aproveita tecnologias para otimizar processos. Essa nova mentalidade transforma não apenas a maneira como o tempo é gerido, mas também o modo como as vendas são conduzidas.

De forma resumida, as 7 disfunções do tempo oculto da Força de Vendas são:

1. **Respostas improdutivas e comunicação desalinhada**: tempo perdido com *e-mails* e mensagens que poderiam ser automatizados ou redirecionados.

2. **Uso de múltiplos sistemas não integrados**: fragmentação de processos ao alternar entre plataformas e telas diferentes.

3. **Tarefas administrativas manuais**: registros e preenchimentos excessivos, que desviam o foco das atividades estratégicas.

4. **Confusão entre prospecção e vendas**: falta de clareza nas etapas, misturando a busca por clientes com o fechamento de negócios.

5. **Vender somente com base no produto**: focar apenas no produto e não na experiência e no sucesso do cliente, sem compreender os valores e os objetivos dele, compromete a conexão emocional e reduz o impacto da venda.

6. **Foco excessivo em clientes de baixo potencial**: investir tempo em *leads* que oferecem baixo retorno, em vez de priorizar oportunidades de maior valor.

7. **Apresentações de vendas mal planejadas**: abordagens genéricas e desconectadas das necessidades do cliente, resultando em baixa conversão.

Superar as disfunções do tempo oculto da Força de Vendas exige mais do que apenas ajustes em processos ou ferramentas; requer uma transformação na forma como as equipes comerciais são estruturadas e lideradas. Assim, compreender as competências certas da equipe de gestão e de operação de vendas se torna essencial.

Rever as competências do time comercial possibilita a transição de uma mentalidade ultrapassada para um Novo Mindset de Vendas, no qual as prioridades estão no cliente, na experiência e nos resultados mútuos.

Ressignificando as competências das equipes para o CHAR

No meu livro *Treinamento e Desenvolvimento com Foco em Educação Corporativa*, exponho como o desenvolvimento de competências das equipes está evoluindo do modelo tradicional de CHA (Conhecimento, Habilidade e Atitude) para o modelo ampliado do **CHAR**, que introduz o crucial "R" de Resultados. Essa transformação é especialmente relevante para as equipes comerciais, as quais devem focar nos resultados mútuos: gerar valor tanto para a empresa quanto para o cliente.

O CHAR conecta diretamente as competências dos profissionais de vendas aos objetivos estratégicos da organização, alinhando esforços individuais e coletivos com o propósito maior de crescimento sustentável e excelência. Não basta apenas saber ou fazer; é preciso garantir que o impacto dessas ações contribua para resultados concretos, como aumento de vendas, fidelização de clientes e expansão de mercado.

Essa abordagem está completamente alinhada ao Novo Mindset de Vendas, que coloca o cliente no centro de todas as estratégias e desafia os profissionais a integrarem tecnologia, dados e empatia em suas práticas diárias. O CHAR potencializa essa mentalidade, reforçando que, além de possuírem conhecimentos e habilidades técnicas, os profissionais devem ser capazes de conectar suas ações ao sucesso do cliente e, consequentemente, ao sucesso da empresa.

Imagine um vendedor que aprecia o sistema de CRM (Conhecimento), sabe como utilizá-lo de forma eficiente (Habilidade) e tem proatividade para usá-lo diariamente (Atitude), mas também utiliza esses três elementos para criar abordagens personalizadas, aumentar as conversões e fidelizar clientes (Resultados). É essa convergência que define o Novo Mindset de Vendas na prática. Veja essa evolução ilustrada na Figura 5.1, que demonstra a transição do CHA para o CHAR. O modelo CHAR mostra como o vendedor deve progredir desde o aprendizado teórico até a geração de impactos tangíveis para a empresa e o cliente. A construção começa com Conhecimentos, que fornecem a base teórica necessária sobre produtos, processos e clientes. Em seguida, transforma-se em Habilidades, que aplicam esses conhecimentos com eficácia no dia a dia das vendas. A Atitude aparece como o motor que direciona o comportamento proativo, resiliente e focado em soluções. Por fim, o modelo consolida-se em Resultados, ao alinhar todas essas dimensões para alcançar metas de vendas, criar valor para o cliente e fidelizá-lo, simbolizando o foco da metodologia Vendas CXCS.

CAPÍTULO 5

Figura 5.1 Evolução do significado de competência do CHA para o CHAR.

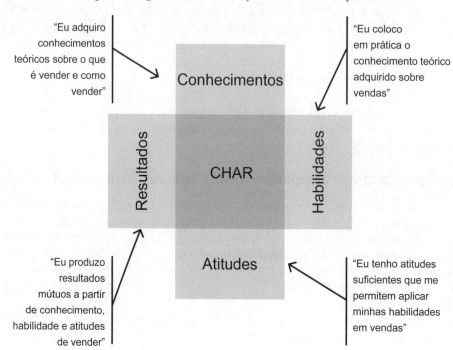

Fonte: MADRUGA, Roberto. *Treinamento e desenvolvimento com foco em educação corporativa.* São Paulo: Saraiva, 2018.

O modelo CHAR é mais do que uma evolução teórica; é um divisor de águas que transforma a maneira como competências são compreendidas e aplicadas no universo das vendas. Ao incorporar o "R" de Resultados, esse modelo amplia o horizonte das equipes comerciais, conectando cada ação, habilidade e decisão diretamente aos objetivos estratégicos da empresa e ao sucesso do cliente.

30 Competências técnicas, comportamentais e híbridas alinhadas às Vendas CXCS

Como apresentei no tópico anterior, expandi o conceito de competência com a adição de uma nova dimensão: a capacidade de produzir resultados tangíveis e positivos para as empresas e clientes – um reflexo do CHAR. Esse modelo reforça a importância de integrar conhecimento, habilidade, atitude e resultados em um só direcionamento, com foco no sucesso mútuo e alinhado à metodologia Vendas CXCS.

Quando falo no desenvolvimento de competências técnicas nos times, estou me referindo ao domínio de ferramentas, métodos e processos que impulsionam a eficiência operacional em vendas. Essas competências são indispensáveis para assegurar uma execução precisa e eficaz das atividades. No entanto, ao tratar de Vendas CXCS, o foco precisa ir além do convencional. É necessário adotar uma visão criteriosa, priorizando competências que realmente gerem valor tanto para o cliente quanto para a empresa.

As competências técnicas, comportamentais e híbridas diferenciam-se pelo foco e pela forma como são aplicadas em Vendas CXCS. Enquanto as competências técnicas envolvem o domínio de ferramentas, processos e conhecimentos específicos – como o uso de CRMs, análise de dados e personalização de produtos –, as comportamentais se concentram em habilidades interpessoais, como empatia, comunicação eficaz e resiliência, essenciais para criar conexões genuínas com os clientes. Já as competências híbridas são mais complexas e unem essas duas dimensões.

Após anos de pesquisa e ampla experiência na implementação de práticas em dezenas de empresas, desenvolvi uma lista das **10 competências técnicas de Vendas CXCS**. Essas competências são essenciais para as equipes de vendas que desejam alcançar excelência operacional, enquanto proporcionam experiências memoráveis e garantem o sucesso do cliente.

1. Mapeamento da jornada do cliente.
2. Uso de dados e métricas para antecipar tendências.
3. Contorno de objeções com foco em CX.
4. Uso avançado do CRM para personalização e *insights*.
5. *Follow-up* estratégico de propostas de vendas.
6. *Expertise* no portfólio de produtos e serviços para oferecer soluções completas.
7. Reativação de oportunidades de vendas perdidas com abordagem consultiva.
8. Conformidade e eficiência nos procedimentos internos.
9. Capacidade de integrar tecnologias de vendas ao fluxo de trabalho.
10. Aplicação de técnicas de venda consultiva alinhadas à CX.

As 10 competências técnicas de Vendas CXCS não apenas fortalecem a capacidade da Força de Vendas, mas também promovem uma conexão direta com as necessidades do cliente, elevando o impacto das interações comerciais.

As limitações de se concentrar exclusivamente nas competências técnicas ficam evidentes quando confrontadas com problemas complexos que requerem pensamento crítico e inovador, além de uma atitude orientada para resultados. É aqui que o CHAR se destaca, pois enfatiza que o sucesso não é medido apenas pela execução competente das tarefas, mas também pelo impacto real e mensurável dessas ações.

Por outro lado, capacitar os times em competências comportamentais é indispensável para o sucesso em Vendas CXCS. O foco está em cultivar atributos que vão além do conhecimento técnico, como empatia, trabalho em equipe e inteligência emocional. Essas competências permitem que os profissionais alcancem outro nível no Novo Mindset de Vendas.

Dessa maneira, apresento as **10 das competências comportamentais de Vendas CXCS** mais importantes para serem desenvolvidas nas equipes na atualidade:

1. Inteligência emocional aplicada ao relacionamento com o cliente.
2. Empatia para compreender as necessidades e expectativas do cliente.
3. Capacidade de construir confiança e credibilidade.
4. Comunicação clara e persuasiva com foco no cliente.
5. Proatividade para solucionar problemas antes que escalem.
6. Resiliência para lidar com rejeições e superar desafios.

CAPÍTULO 5

7. Escuta ativa para captar *insights* relevantes do cliente.
8. Adaptação a diferentes perfis e comportamentos de clientes.
9. Colaboração para criar soluções em equipe com foco no cliente.
10. Orientação para resultados mútuos (empresa e cliente).

Essas competências representam a base para equipes que vão além de atender, encantando e fidelizando clientes, e que refletem os princípios de Vendas CXCS. O domínio delas transforma os profissionais de vendas em verdadeiros embaixadores da marca, capazes de criar soluções personalizadas e experiências memoráveis que promovam lealdade e impulsionem os clientes a se tornarem Clientes-Propulsores.

A integração de competências técnicas e comportamentais, que denominamos competências híbridas, forma uma força de trabalho multifacetada, pronta para enfrentar desafios complexos enquanto aproveita oportunidades emergentes. Essa combinação é fundamental para alinhar eficiência operacional, excelência no atendimento e o mindset orientado ao cliente.

Para uma abordagem efetiva, as **10 competências híbridas de Vendas CXCS** são as seguintes:

1. Negociação estratégica orientada para resultados mútuos.
2. Vendas consultivas com foco na experiência e no sucesso do cliente.
3. Comunicação assertiva e centrada no cliente.
4. Construção e manutenção de relacionamentos interpessoais sólidos.
5. *Storytelling* baseado na jornada do cliente.
6. Capacidade de diagnosticar e solucionar problemas colaborativamente.
7. Adaptação dinâmica às necessidades do cliente.
8. Gerenciamento do ciclo de vendas com visão 360°.
9. Uso estratégico de tecnologia com empatia.
10. Foco na fidelização e transformação do cliente em **Cliente-Propulsor**.

O desenvolvimento de competências não é apenas uma estratégia, mas uma necessidade para empresas que desejam se destacar em um mercado competitivo e centrado no cliente. A tríade Novo Mindset de Vendas, Vendas CXCS e **Cliente-Propulsor** guia essa transformação.

As competências técnicas fornecem a base operacional necessária para a execução precisa das tarefas, enquanto as comportamentais ampliam a capacidade de conexão humana, garantindo experiências marcantes e fidelização. Por sua vez, as competências híbridas unem o melhor desses dois mundos, criando profissionais versáteis e capazes de navegar com excelência nos desafios modernos do mercado.

Com uma Força de Vendas equipada com essas competências, alinhadas ao CHAR e integradas à metodologia Vendas CXCS, as organizações se tornam mais do que provedoras de produtos ou serviços. Elas se transformam em parceiras estratégicas de seus clientes, promovendo experiências que não só atendem, mas encantam e fidelizam.

O próximo passo é alinhar essas competências dos gestores de vendas, que desempenham o papel na construção e retenção de equipes de alta *performance*. É o que apresentarei a seguir, na Figura 5.2.

Figura 5.2 As 30 competências técnicas, comportamentais e híbridas de Vendas CXCS.

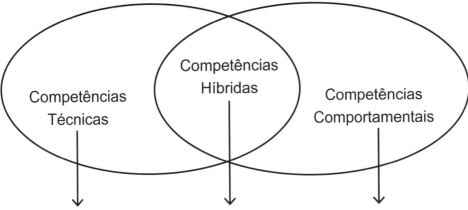

1. Mapeamento da jornada do cliente
2. Uso de dados e métricas para antecipar tendências
3. Contorno de objeções com foco em CX
4. Uso avançado do CRM para personalização e *insights*
5. *Follow-up* estratégico de propostas de vendas
6. *Expertise* no portfólio de produtos e serviços para oferecer soluções completas
7. Reativação de oportunidades de vendas perdidas com abordagem consultiva
8. Conformidade e eficiência nos procedimentos internos
9. Capacidade de integrar tecnologias de vendas ao fluxo de trabalho
10. Aplicação de técnicas de venda consultiva alinhadas à experiência do cliente (CX)

1. Negociação estratégica orientada para resultados mútuos
2. Vendas consultivas com foco na experiência e no sucesso do cliente
3. Comunicação assertiva e centrada no cliente
4. Construção e manutenção de relacionamentos interpessoais sólidos
5. Oratória inspiradora
6. Capacidade de diagnosticar e solucionar problemas de forma colaborativa
7. Adaptação dinâmica às necessidades do cliente
8. Gerenciamento do ciclo de vendas com visão 360°
9. Uso estratégico de tecnologia com empatia
10. Foco na fidelização e transformação do cliente em Cliente-Propulsor

1. Inteligência emocional aplicada ao relacionamento com o cliente
2. Empatia para compreender as necessidades e expectativas do cliente
3. Capacidade de construir confiança e credibilidade
4. Comunicação clara e persuasiva com foco no cliente
5. Proatividade para solucionar problemas antes que escalem
6. Resiliência para lidar com rejeições e superar desafios
7. Escuta ativa para captar *insights* relevantes do cliente
8. Adaptação a diferentes perfis e comportamentos de clientes
9. Colaboração para criar soluções em equipe com foco no cliente
10. Orientação para resultados mútuos (empresa e cliente)

Fonte: Desenvolvida pelo autor.

CAPÍTULO 5

As competências dos gestores de vendas

Os líderes que conduzem equipes de vendas – sejam gerentes, supervisores ou diretores – enfrentam desafios que vão além dos enfrentados pelos vendedores individuais. Embora muitos gestores tenham começado suas carreiras como vendedores, acumulando competências operacionais, o papel de liderança exige um conjunto de habilidades muito mais amplo e estratégico. Além de liderarem pelo exemplo técnico, eles precisam desenvolver, incentivar e alinhar suas equipes às metas organizacionais, enquanto promovem uma cultura centrada no cliente e na excelência de resultados.

O **Modelo de Competência em Vendas de Classe Mundial**, desenvolvido pela Association for Talent Development (ATD), sediada nos EUA, serve como um guia para esses líderes. Esse modelo categoriza as competências essenciais para a gestão eficaz de equipes de vendas em mercados cada vez mais competitivos. Ele aborda desde áreas de *expertise* específicas, como estratégia e planejamento, até competências fundamentais voltadas para liderar e habilitar times de alta *performance*. Conforme detalhado na Figura 5.3, o modelo oferece uma visão clara das características da Força de Vendas e do *Sales Enablement*, servindo como um manual estratégico para impulsionar os resultados por meio de uma liderança transformadora.

No círculo à esquerda, intitulado "Força de Vendas", o modelo ressalta as interações diretas entre colaboradores e clientes, que, embora consumam uma parcela

Figura 5.3   O Modelo de Competência em Vendas de Classe Mundial da Association for Talent Development (ATD).

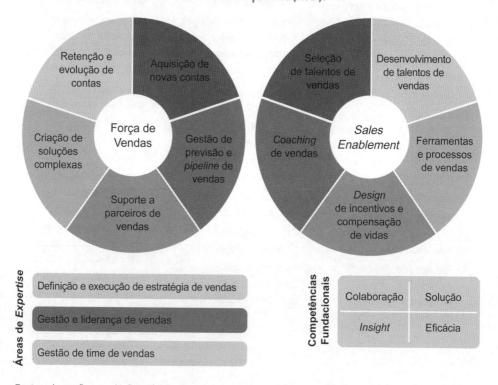

Fonte: adaptação e tradução próprias, baseada em ATD. *World-Class Sales Competency Model*: sales talent development redefined to create a competitive advantage. Association for Talent Development, [20--].

significativa do tempo, oferecem oportunidades de aprimorar continuamente o modelo de negócios. Esse segmento do modelo destaca competências práticas indispensáveis, como a aquisição de novas contas e a gestão eficaz do *pipeline* e das previsões de Vendas. Além disso, ele inclui habilidades como o desenvolvimento de soluções complexas para atender às necessidades específicas dos clientes, a retenção e expansão de contas existentes e o suporte estratégico a parceiros comerciais. Essas competências são fundamentais para assegurar a execução consistente das funções diárias de Vendas e manter o desempenho sustentável.

Já o círculo à direita, "*Sales Enablement*", foca em um suporte mais interno e multifuncional às operações de Vendas, envolvendo áreas como Marketing, TI, Finanças e RH. Ele abrange atividades estratégicas para otimizar os processos de Vendas, incluindo a seleção e o desenvolvimento contínuo de talentos, o fornecimento de ferramentas e processos inovadores e a implementação de tecnologias avançadas. O "*Sales Enablement*", por ser extremamente importante, foi citado no Capítulo 3 deste livro. Esse grupamento de competências também enfatiza a necessidade de sistemas de incentivo e compensação alinhados às metas organizacionais, de forma a estimular um desempenho de alto nível e manter os profissionais motivados para superar desafios.

No núcleo do modelo, as "Áreas de *Expertise*" concentram-se na criação e na execução de estratégias de vendas que enfrentem os desafios do mercado contemporâneo, além de liderança e gestão eficaz das equipes comerciais. A liderança em vendas requer não apenas um profundo conhecimento sobre produtos e mercados, mas também habilidades interpessoais e de gestão para inspirar e orientar as equipes em direção ao sucesso.

Por fim, as "Competências Fundacionais" representam a base para o desempenho eficiente e inovador em Vendas. Colaboração em equipes multifuncionais, compreensão dos padrões de comportamento do consumidor, desenvolvimento de soluções criativas e execução assertiva são algumas das capacidades que sustentam o sucesso no ambiente competitivo de hoje. Essas competências incluem a construção de relacionamentos de confiança, tomada de decisões éticas, planejamento estratégico, comunicação eficaz, resolução de problemas complexos e alinhamento de esforços com as metas organizacionais.

O Modelo de Competência em Vendas de Classe Mundial da ATD fornece uma estrutura bem interessante para que organizações desenvolvam equipes comerciais resilientes e adaptáveis. Alinhando essas competências às necessidades do mercado e às expectativas dos clientes, as empresas podem garantir que suas equipes estejam preparadas não apenas para atender, mas para saltar um nível rumo ao Novo Mindset de Vendas.

Treinamento e desenvolvimento dos times de vendas

Em minha carreira, já tive a honra de treinar milhares de vendedores presenciais e *on-line*, bem como gerentes. Com base nos maiores resultados que alcançamos juntos e na evolução para o Novo Mindset de Vendas, que diferencia as estratégias tradicionais das práticas modernas centradas na experiência e no sucesso do cliente, apresento aqui uma trilha de desenvolvimento dos times comerciais.

A trilha de desenvolvimento foi projetada para evoluir conforme a maturidade dos profissionais dentro da organização. Essa trilha é dividida em duas grandes frentes: uma voltada aos vendedores operacionais, sejam eles *on-line* ou *off-line*, e outra dedicada aos gerentes de vendas, que lideram, inspiram e orientam seus times rumo ao sucesso.

CAPÍTULO 5

Ambas as trilhas são baseadas nas **30 Competências Técnicas, Comportamentais e Híbridas de Vendas CXCS**, bem como nas **competências dos gestores de vendas**, amplamente discutidos neste Capítulo. O objetivo é garantir que os profissionais desenvolvam o CHAR para alcançar resultados excepcionais.

Trilha de Treinamento e Desenvolvimento para os Vendedores

Esta trilha é organizada em três níveis de maturidade profissional: iniciante, intermediário e avançado. Ela foi projetada para capacitar os vendedores em competências que vão desde a operação até a entrega de valor ao cliente, garantindo uma jornada de aprendizado contínuo.

1. Nível iniciante: construção das bases

O foco está em preparar o profissional para atuar com eficiência nas atividades básicas de vendas. Aqui, as competências desenvolvidas garantem um desempenho sólido desde os primeiros dias na organização.

» Mapeamento da jornada do cliente.

» Uso de dados e métricas para identificar oportunidades.

» Contorno de objeções com foco em CX.

» Uso avançado do CRM para organização e personalização.

2. Nível intermediário: fortalecimento das habilidades

Neste nível, os vendedores consolidam suas capacidades técnicas e comportamentais, passando a atuar de forma mais estratégica no relacionamento com os clientes.

» *Follow-up* estratégico para aumentar a conversão.

» *Expertise* no portfólio de produtos e serviços, garantindo que sejam entregues soluções completas.

» Reativação de oportunidades de vendas perdidas com abordagem consultiva.

» Conformidade e eficiência nos processos internos, assegurando qualidade em cada etapa.

3. Nível avançado: excelência e resultados

Os vendedores atingem a maturidade técnica e estratégica, contribuindo diretamente para a fidelização de clientes e o alcance de resultados superiores.

» Aplicação da Técnica de Vendas EDiRC alinhada à CX.

» Integração de IA ao fluxo de trabalho de vendas.

» Desenvolvimento de soluções personalizadas para criar Clientes-Propulsores.

» Integração entre vendas, marketing e suporte, promovendo uma experiência coesa.

Trilha de Treinamento e Desenvolvimento para os Gerentes de Vendas

Os gerentes de vendas têm um papel crítico no sucesso comercial da organização. Além de precisarem dominar as competências operacionais de seus times, eles atuam como líderes estratégicos, responsáveis por alinhar a equipe com os objetivos organizacionais. Por isso, a trilha de treinamento para gerentes é focada no desenvolvimento de habilidades de gestão, liderança e visão estratégica, igualmente estruturada em três níveis de maturidade:

1. Nível iniciante: fundamentos da liderança em vendas

Este nível capacita os gerentes recém-promovidos ou recém-contratados a liderar equipes de vendas com eficiência, organizando processos e garantindo o alinhamento inicial.

- » Planejamento de vendas e definição de metas.
- » Gestão do *pipeline* e previsões de vendas.
- » Mentoria em vendas para orientação individual.
- » Criação de rotinas produtivas para a equipe.

2. Nível intermediário: liderança estratégica em vendas

No nível intermediário, o foco está no fortalecimento da liderança e na execução de estratégias para aumentar o desempenho da equipe e os resultados organizacionais.

- » Desenvolvimento de talentos na equipe comercial.
- » *Design* e aplicação de incentivos para elevar a motivação.
- » Análise de indicadores-chave (KPIs) e ajustes no processo de vendas.
- » Negociação avançada para liderar a equipe em negociações de maior impacto.

3. Nível avançado: liderança transformadora em vendas

No nível avançado, os gerentes de vendas são transformados em líderes visionários, capazes de inspirar sua equipe e promover uma cultura de inovação e excelência.

- » Customer Experience e Customer Success para impacto positivo nas vendas.
- » Estratégias de retenção e evolução de contas de alto valor.
- » Criação de parcerias estratégicas com *stakeholders* internos e externos.
- » Liderança inspiradora para formar equipes resilientes e de alta *performance*.

As trilhas para vendedores e gerentes de vendas estão interligadas, formando uma base para a construção de equipes comerciais completas, alinhadas ao Novo Mindset de Vendas. Elas asseguram que cada profissional, desde o vendedor em início de carreira até o gerente mais experiente, seja capaz de atuar de forma integrada, contribuindo para a fidelização dos clientes e o crescimento sustentável da empresa.

A seguir, apresentarei o FeedMentor, que traz em seu nome o compromisso de sermos mentores das pessoas que precisam enxergar algo a ser melhorado e dar o máximo de si para essa superação. O FeedMentor 20 Minutos vem substituindo a passos largos o processo tradicional de feedback nas empresas.

FeedMentor: o modelo de feedback transformador em 20 minutos

A prática de feedback, embora essencial para o desenvolvimento profissional, tem enfrentado críticas crescentes por sua ineficácia, especialmente quando se baseia em modelos ultrapassados, como o feedback "sanduíche". Este método desatualizado, amplamente difundido no passado, muitas vezes resulta em confusão para quem o recebe, especialmente nas novas gerações, que exigem transparência e clareza das organizações.

CAPÍTULO 5

O modelo "sanduíche" segue um padrão confuso: começa com um elogio, insere uma crítica no "recheio" e finaliza com outra mensagem positiva. Embora a intenção seja tornar a crítica mais palatável, na prática, essa abordagem é ineficaz. Ela frequentemente deixa a pessoa desorientada, sem compreender claramente o que precisa ser melhorado. Em vendas, área na qual a clareza e o foco são fundamentais, esse tipo de feedback pode ter consequências ainda mais graves, chegando a reduzir a produtividade de toda uma equipe.

Ao gerar mensagens contraditórias e pouco objetivas, esse modelo pode criar desconfiança entre líderes e colaboradores, prejudicando o alinhamento necessário para atingir metas e resultados. Para equipes de vendas, que operam em ambientes de alta pressão e demandam orientações diretas, esse tipo de feedback não só falha em desenvolver os profissionais, como também pode comprometer o desempenho coletivo.

Depois de muitas pesquisas e implantação em várias empresas e pensando em superar essas limitações, criei o FeedMentor, um método prático e objetivo que transforma o feedback em uma oportunidade real de aprendizado e desenvolvimento, tudo em até 20 minutos.

Este modelo já é amplamente utilizado por empresas no Brasil e baseia-se em princípios como objetividade, transparência e foco no desenvolvimento do profissional. O FeedMentor foi concebido para alinhar os objetivos do feedback às necessidades de quem o recebe, eliminando bajulações e fórmulas genéricas.

O FeedMentor é particularmente poderoso quando aplicado em vendas, onde o foco em resultados e a melhoria contínua são indispensáveis. Apresento aqui o passo a passo da aplicação do método e um exemplo prático de como um gerente de vendas pode utilizá-lo com um vendedor para resolver desafios reais e fortalecer a *performance*. Observe a Figura 5.4.

Figura 5.4 O passo a passo do método FeedMentor: como fornecer feedback em 20 minutos com simplicidade e impacto.

Fonte: Desenvolvida pelo autor. Disponível em: www.conquist.com.br – Roberto Madruga.

A seguir, apresento o passo a passo do FeedMentor.

1. *Rapport* e expectativas (1 minuto)

Estabeleça uma conexão rápida em cerca de 1 minuto com o colaborador do time comercial que está recebendo o FeedMentor, criando um ambiente confortável e livre de distrações. Agradeça pela disponibilidade e explique que o objetivo é o desenvolvimento profissional, destacando que a conversa será breve, objetiva e focada em soluções. Não faça *rapport* em excesso.

Exemplo de aplicação: "Obrigado por estarmos aqui. Quero que esta conversa seja uma forma de desenvolver você e que, juntos, possamos alinhar pontos que nos ajudarão a atingir melhores resultados."

2. Fatos, dados e consequências (1 minuto)

Apresente rapidamente a questão central de forma clara e objetiva em 1 minuto apenas, baseando-se em fatos e ilustrando, principalmente, as consequências diretas do comportamento ou ação. Essa é uma grande estratégia do FeedMentor: em vez de realçar a crítica, realce as consequências do ato.

Exemplo: "Ontem, durante a reunião com o cliente, você mencionou informações incorretas sobre prazos de entrega para facilitar a venda. Isso gerou incômodo na equipe e deixou o cliente preocupado, o que pode impactar a confiança na nossa solução."

3. Pergunta poderosa (1 minuto)

Faça uma pergunta que incentive o colaborador a refletir e propor soluções, em vez de dar a "receita", promovendo empoderamento e comprometimento.

Exemplo: "O que você sugere para garantir que, em futuras reuniões, as informações apresentadas sejam precisas e alinhadas com o cliente?"

4. Ouvir a resposta atentamente (5 minutos)

Dê espaço para o colaborador responder sem interrupções. Escute de forma ativa, com empatia e expressão acolhedora, incentivando-o a apresentar soluções e demonstrar comprometimento.

Exemplo: o vendedor pode responder: "Preciso revisar os dados antes de qualquer reunião e pedir a confirmação do time de operações sobre os prazos. Vou criar um *checklist* para isso."

5. Pactuação para o presente e futuro (12 minutos)

Finalize o feedback estabelecendo ações claras e específicas que evitem a repetição do problema e elevem o desempenho. O momento de pactuação deve criar um compromisso mútuo, no qual você, como mentor, demonstra total apoio ao colaborador na implementação das soluções. Essa abordagem reforça a parceria e o engajamento, alinhando esforços para corrigir erros e potencializar os resultados comerciais.

A estratégia do "pacto" é particularmente eficaz porque transforma o feedback em uma experiência colaborativa e motivadora. Diferentemente do tradicional plano

CAPÍTULO 5

de ação – muitas vezes extenso e, por isso, negligenciado pelas equipes –, o pacto foca na objetividade e no impacto. Ele garante que ambas as partes estejam verdadeiramente comprometidas com o sucesso, promovendo alinhamento e ações práticas que geram resultados reais.

Exemplo: "Concordo com o *checklist*. Podemos implementá-lo juntos e revisá-lo antes das próximas reuniões. Vou disponibilizar o modelo que uso para garantir mais eficiência. Vamos marcar uma reunião daqui a duas semanas para avaliar o impacto dessa mudança?"

Concluindo, o **FeedMentor 20 Minutos** é mais do que uma ferramenta de feedback; é um poderoso instrumento alinhado ao Novo Mindset de Vendas. Ele eleva a prática de conversas difíceis a um novo patamar, promovendo clareza, engajamento e resultados comprovados. Ao substituir modelos ultrapassados, como o feedback "sanduíche", o FeedMentor enfatiza a transparência, a objetividade e a colaboração, valores essenciais em uma abordagem moderna de gestão comercial.

No contexto do Novo Mindset de Vendas, o FeedMentor transforma feedback em uma alavanca estratégica para melhorar o desempenho comercial, aumentar a produtividade das equipes e, acima de tudo, criar experiências memoráveis para clientes e colaboradores.

Encerramos o Capítulo 5 com uma imersão nas competências e trilhas de desenvolvimento necessárias para transformar times comerciais em verdadeiros agentes de resultados e experiência, alinhados ao Novo Mindset de Vendas. Construímos aqui os alicerces que sustentam uma Força de Vendas preparada para encantar e fidelizar clientes, alavancando resultados e promovendo o sucesso mútuo entre empresa e consumidor.

No entanto, a jornada do cliente não se baseia apenas em processos e competências. Há um elemento invisível, mas extremamente poderoso, que permeia todas as interações: a emoção. Conduzir essa jornada emocional é o que separa boas experiências de vendas de experiências memoráveis e transformadoras.

No Capítulo 6, irei apresentar como as emoções do cliente podem ser identificadas e entendidas de forma estratégica pelas equipes comerciais para criar conexões genuínas com base em CX. Veremos como as Vendas CXCS exigem uma abordagem emocionalmente inteligente, capaz de guiar o cliente desde o primeiro contato até a conversão, e, além disso, transformá-lo em um verdadeiro **Cliente-Propulsor**.

CAPÍTULO 6

Conduzindo a Jornada Emocional do Cliente no Novo Mindset de Vendas

Neste capítulo, nos aprofundaremos no fascinante universo da jornada emocional do cliente, desvendando como as emoções podem ser uma poderosa ferramenta para transformar consumidores em verdadeiros embaixadores da marca. Não se trata apenas de oferecer produtos ou serviços, mas de criar experiências memoráveis que encantam, fidelizam e geram impacto duradouro nas relações comerciais. Lembrando que tornar algo memorável positivamente é um dos maiores estímulos que existem para o cliente voltar a comprar!

Vamos desbravar a ciência por trás da experiência emocional, compreendendo como as emoções moldam decisões de compra e como utilizá-las estrategicamente para fortalecer conexões e impulsionar resultados.

Irei apresentar o mapeamento da jornada do cliente, em inglês *Customer Journey Mapping* (CJM), com um guia prático em 7 passos. Essa metodologia ajuda a identificar e aprimorar pontos de contato críticos, proporcionando *insights* para superar desafios comuns, como a falta de empatia e a fragmentação de canais. Além disso, aprofundaremos como alinhar cada interação às expectativas do cliente, gerando mais vendas.

O *onboarding* ganha destaque como uma etapa estratégica, mais do que uma simples introdução ao cliente. Ele será apresentado como uma ferramenta poderosa não apenas para reduzir o *churn*, mas também para criar oportunidades de *upsell* e *cross-sell*. Vamos mostrar como o alinhamento entre Vendas, Customer Experience e Customer Success pode transformar o *onboarding* em um momento decisivo de construção de valor, estabelecendo as bases para um relacionamento duradouro.

Por fim, conectaremos todos esses pontos ao Novo Mindset de Vendas, demonstrando como a integração de emoções, empatia e inovação pode levar sua estratégia de vendas a um novo patamar. Preparei este capítulo para aportar ferramentas e estratégias necessárias para transformar clientes B2B ou B2C em Clientes-Propulsores,

CAPÍTULO 6

criando uma jornada emocional que vai além das expectativas e posiciona a sua empresa como referência no mercado. Assim, a venda se entrelaça à jornada emocional do cliente, de forma natural!

O que a Força de Vendas de uma empresa tem a ver com o mapeamento da jornada do cliente?

Essa pergunta parece provocativa, e confesso que é mesmo. A questão é que, normalmente, a liderança pelo mapeamento constante da jornada do cliente fica entre as áreas de CX, CS e Marketing. Aliás, é comum o time comercial nem ser convidado para sessões de mapeamento, o que é um grande equívoco.

Apresento 7 motivos pelos quais o time de vendas precisa estar constantemente mapeando a jornada do cliente:

1. Quando o time comercial entende a jornada completa do cliente, tende a agir com mais empatia durante a venda.

2. Vendedores conseguem captar os gatilhos que influenciam a decisão do cliente, como benefícios específicos do produto.

3. Antes mesmo de o suporte ser acionado, os vendedores ouvem as queixas dos clientes.

4. Problemas como burocracia e processos lentos são percebidos diretamente pelo time comercial.

5. Vendedores identificam se o cliente compreende a proposta de valor, permitindo ajustes na comunicação.

6. O time de vendas vive os momentos críticos da jornada, como objeções e fechamento.

7. Durante a interação, os vendedores frequentemente identificam oportunidades de *upsell* e *cross-sell*.

Com esses motivos, torna-se evidente que o time comercial exerce um papel estratégico no mapeamento da jornada do cliente. Ele está na linha de frente, vivenciando de perto os desafios, dúvidas e necessidades dos clientes, e trazendo verdades que frequentemente passam despercebidas por outras áreas.

Espero ter demonstrado o quanto é indispensável que o mapeamento da jornada seja liderado por um **time multifuncional**, que combine as perspectivas de áreas como CX, CS, Produtos, Marketing, Logística, Suporte, TI e, claro, o próprio time comercial. Essa integração permite que o mapeamento seja mais completo e realista, refletindo a experiência do cliente em toda a sua complexidade.

Além disso, a participação de **consultores externos** pode trazer uma visão estratégica e imparcial, ajudando a identificar pontos cegos e a alinhar o mapeamento às melhores práticas de mercado.

A seguir, apresento como revisar e mapear a jornada do cliente.

Revisando a jornada do cliente para torná-la transformadora

Revisar a jornada do cliente é muito mais do que ajustar processos internos; é cultivar a transformação cultural do antigo mindset para o Novo Mindset de Vendas,

Conduzindo a Jornada Emocional do Cliente no Novo Mindset de Vendas

alinhando a conquista de novos clientes com a necessidade de retenção dos já existentes. O grande desafio, como já demonstrei nos capítulos anteriores, é que muitas empresas se declaram centradas no cliente, mas, na realidade, falham em alinhar essas estratégias com ações concretas.

Essa incoerência se reflete em processos desalinhados, promessas não cumpridas e, muitas vezes, na negligência das necessidades e emoções dos consumidores. É comum encontrar empresas que implementam iniciativas favoráveis à experiência e ao sucesso do cliente, contudo, apenas como respostas superficiais a tendências do mercado, sem de fato promoverem mudanças estruturais e culturais. O resultado? Clientes frustrados, colaboradores desengajados e marcas que não conseguem transformar consumidores em defensores leais.

Este livro é uma espécie de antídoto para esse problema. Ele oferece um caminho prático e estratégico para alinhar o discurso das empresas às suas ações, criando o Novo Mindset de Vendas.

Para começo de conversa, uma das estratégias mais eficazes para alavancar resultados e melhorar a experiência do cliente é integrar diferentes áreas da empresa – como Vendas, Suporte, TI, Produtos, CX, CS e Logística – por meio de sessões colaborativas de mapeamento da jornada do cliente. A sessões promovem uma análise conjunta de cada etapa da jornada, desde o primeiro contato até o *cross-sell*.

Quando realizadas com equipes multidisciplinares, essas sessões proporcionam enormes benefícios comerciais. Os vendedores, por exemplo, ganham uma visão mais ampla de como suas interações impactam toda a jornada do cliente. Eles começam a perceber que trazer novas vendas "a qualquer custo" pode ser prejudicial, resultando em *churn*. Isso os leva a adotar uma abordagem mais estratégica, alinhada ao sucesso do cliente.

Além disso, essas sessões desempenham um papel crucial na melhoria da comunicação interna. Ao quebrarem os silos organizacionais, elas criam um fluxo de informações consistente entre as áreas, transformando departamentos isolados em partes de um sistema coeso e interconectado. Essa integração amplifica o impacto das ações de cada equipe na experiência do cliente.

O grande vencedor desse esforço é, sem dúvida, o cliente. Quando processos e estratégias estão alinhados, a jornada torna-se consistente e fluida. O cliente sente que suas necessidades são prioritárias, criando confiança, além de aumentar significativamente as chances de recompra e recomendação.

Portanto, investir em sessões de mapeamento da jornada do cliente não é somente uma iniciativa de Design Thinking isolada. É uma transformação cultural que coloca o cliente no centro, ao mesmo tempo em que gera resultados comerciais sólidos. É uma ferramenta que favorece a Venda CXCS.

Como mapear a jornada do cliente em 7 passos

O mapeamento da jornada do cliente é uma técnica poderosa que permite às empresas compreenderem os pontos de contato, necessidades e emoções dos clientes ao longo da experiência deles com a marca. Além de proporcionar *insights* imediatos, essa abordagem é especialmente útil para fortalecer o desempenho dos times comerciais no contexto de Vendas CXCS, contribuindo para a construção de uma nova cultura de vendas, o que venho chamando neste livro de O Novo Mindset de Vendas.

CAPÍTULO 6

O CJM não é apenas uma ferramenta, é uma prática que venho implementando há anos em empresas de diferentes setores e portes, sempre com resultados muito motivadores. Essa combinação de técnica e prática é essencial para que o processo seja eficiente e gere impacto real na experiência do cliente e, naturalmente, nas vendas. Seja na conquista de novos clientes, seja na renovação e retenção dos atuais.

Há alguns anos, no meu livro *Gestão do Relacionamento e Customer Experience*, apresentei a **Metodologia dos 7 passos e 6 camadas do CJM** como uma abordagem prática para mapear a jornada do cliente. Essa metodologia tem ajudado empresas a transformarem suas relações com os clientes, identificando oportunidades de melhoria, resolvendo problemas críticos e desenvolvendo soluções inovadoras.

Agora, trago para você um guia prático e adaptado para implementar essa metodologia de modo a vender mais e melhor.

Um ponto que destaco neste livro é sobre o papel da equipe de Vendas nesse processo. Como um dos times que mais interagem diretamente com os clientes, os profissionais de vendas presenciais e *on-line* possuem *insights* reais que precisam ser incorporados nas sessões de CJM. Por isso, esses times devem ser estimulados a contribuir com sua visão única sobre a jornada.

A metodologia dos 7 passos do CJM que apresento aqui foi customizada para atender a um objetivo duplo: aumentar as vendas e fortalecer o engajamento do cliente. Quando aplicada corretamente, essa abordagem tem o potencial de transformar o cliente em um verdadeiro **Cliente-Propulsor** – aquele defensor ativo da marca que, além de ampliar o alcance da Força de Vendas, torna-se um "vendedor" adicional. Esse cliente engajado não apenas compra repetidamente, mas também promove a marca de maneira espontânea.

A transformação de cliente engajado em um Cliente-Propulsor não é um resultado acidental e somente será possível se o mapeamento da jornada tiver foco tanto na retenção quanto na venda.

A transformação do cliente em **Cliente-Propulsor** não é um resultado acidental, mas o fruto de um trabalho estruturado, no qual o mapeamento da jornada desempenha um papel mais importante do que parece. Contudo, para que essa transformação ocorra, é essencial que o foco do mapeamento não se limite apenas à retenção, mas também inclua estratégias voltadas para a venda.

A seguir, irei apresentar os 7 passos do Customer Journey Mapping, combinando dois objetivos simultaneamente: o aumento de vendas e a retenção de clientes.

Mapeando a jornada com foco em vender e reter clientes

A abordagem que apresento aqui vai além do mapeamento tradicional da jornada do cliente. Trata-se de uma visão que identifica não apenas os pontos de contato nos quais a retenção pode ser fortalecida, mas também os momentos ideais para gerar novas oportunidades comerciais. Com isso, é possível criar um fluxo que amplifica *cross-sell* e *upsell*, além de alavancar vendas novas por meio das indicações espontâneas de clientes engajados.

Aqui estão os 7 passos:

Passo 1: Planeje estrategicamente o *workshop*

A preparação cuidadosa é a base para um mapeamento bem-sucedido.

» **Defina o escopo e os participantes**: estabeleça os objetivos específicos do CJM e inclua obrigatoriamente pessoas que influenciem direta ou indiretamente a venda, como representantes de vendas, CX e CS. A diversidade de perfis enriquece a visão, especialmente ao identificar oportunidades comerciais.

» **Organize os materiais necessários**: utilize *post-its*, *flipcharts* e ferramentas visuais para mapear cada camada do CJM. No caso de sessões *on-line*, adote plataformas que facilitem a interação em grupos de até 6 pessoas.

» **Prepare um conteúdo introdutório relevante**: apresente até três *slides* que expliquem a metodologia, destacando como o CJM impulsiona vendas e melhora a experiência do cliente, tornando o processo envolvente e objetivo.

Passo 2: Crie um impacto inicial poderoso

O início do *workshop* é o momento certo para engajar os participantes e demonstrar o valor do CJM.

» **Explique o impacto de CJM no aumento de vendas**: destaque como o mapeamento da jornada pode identificar pontos ideais para ofertas personalizadas, aumentando a conversão e abrindo portas para *cross-sell* e *upsell*.

» **Inspire com resultados de sucesso de vendas**: apresente *cases* de empresas que usaram CJM para criar experiências memoráveis e aumentar as vendas. Relate histórias reais que conectem a jornada do cliente à geração de receita.

» **Promova integração e colaboração**: incentive que os participantes compartilhem suas percepções e expectativas. Isso fortalece o engajamento e cria um ambiente colaborativo e construtivo desde o início.

Passo 3: Sensibilize os participantes

A sensibilização prévia cria consciência sobre a importância do mapeamento e seu impacto direto nos resultados.

» **Use histórias reais**: compartilhe exemplos de como falhas no atendimento prejudicaram vendas e como o CJM transformou esses cenários. Apresente também casos de sucesso que destaquem o papel do mapeamento no fechamento de negócios estratégicos.

» **Compartilhe dados e estatísticas**: mostre números que comprovem o impacto financeiro de uma boa jornada, como aumento de vendas por meio de recomendações ou a redução do *churn*.

» **Explique os conceitos-chave**: ensine os participantes a diferenciar estímulos, emoções e sentimentos, ajudando-os a entender como cada elemento afeta a decisão de compra e as oportunidades de *cross-sell* e *upsell*.

CAPÍTULO 6

Passo 4: Capacite os participantes na metodologia

Antes de iniciar o mapeamento, forneça as ferramentas e o conhecimento necessários para que todos contribuam ativamente.

» **Crie uma *persona* relevante para vendas**: desenvolva um perfil com base em dados reais de clientes, identificando necessidades, motivações e comportamentos. Essa *persona* será o ponto de partida para criar oportunidades de vendas.

» **Apresente as camadas do CJM**: explique como mapear comportamentos, interações com as equipes e o suporte oferecido em cada etapa, sempre conectando esses pontos às emoções e dores do cliente.

» **Defina critérios claros**: ensine os participantes a identificar lacunas na jornada, como falta de suporte ou oportunidades de vendas perdidas.

Passo 5: Construa a narrativa visual

Este é o momento de mapear a jornada de forma prática e colaborativa.

» **Trabalhe de forma dinâmica**: peça aos participantes que fiquem em pé e utilizem painéis visuais para criar o mapa, promovendo criatividade e engajamento. No *on-line*, incentive a interação por meio de ferramentas digitais.

» **Desenvolva as camadas do CJM**: inclua *insights* sobre onde podem ocorrer vendas adicionais, como *cross-sell* e *upsell*. Por exemplo, identifique o momento em que o cliente já está satisfeito com uma solução e pode considerar *upgrades*.

» **Explore *insights***: Incentive o grupo a desafiar a si mesmo, propondo soluções criativas para problemas identificados, sempre conectando os aprendizados a estratégias de vendas e fidelização.

Passo 6: Desafie os grupos em uma plenária

A plenária promove alinhamento, valida *insights* e fortalece a colaboração entre as áreas.

» **Apresente os resultados**: cada grupo deve destacar as principais oportunidades comerciais identificadas e como elas podem ser aproveitadas para aumentar vendas ou melhorar a retenção.

» **Estimule a colaboração**: o mediador deve conectar as ideias apresentadas às metas de vendas, incentivando discussões que priorizem soluções práticas e impactantes.

» **Consolide os *insights***: organize as descobertas em um quadro que gere valor para o cliente e oportunidades comerciais para a empresa.

Passo 7: Registre e compartilhe os resultados

Formalize os aprendizados e crie um plano concreto para aplicar os *insights* obtidos.

» **Documente o mapeamento**: utilize ferramentas específicas para registro da jornada, como o UXPRESSIA, amplamente reconhecido por sua praticidade e visual intuitivo. Essa plataforma permite organizar as informações coletadas em um formato claro e funcional, facilitando a análise e a colaboração entre equipes. Caso não tenha acesso a ferramentas digitais, uma alternativa simples é fotografar os painéis criados durante as sessões e organizá-los posteriormente em um relatório estruturado.

» **Compartilhe com os participantes**: envie o material para todos os envolvidos em até uma semana, garantindo o engajamento e a implementação das ideias.

» **Acompanhe os resultados**: transforme o relatório em um plano de ação, com métricas para acompanhar o impacto das mudanças na retenção, no *cross-sell* e no *upsell*, além de novas vendas originadas por recomendações de clientes satisfeitos.

A metodologia dos 7 passos permite ir além da identificação de problemas, promovendo soluções que geram vendas.

Imagine a força de uma equipe de Vendas que entende não apenas os desejos explícitos, mas também as emoções e motivações implícitas de seus clientes. Essa visão ampla não apenas potencializa a experiência do consumidor, mas também amplia as chances de conversão e fidelização. Além disso, durante as seções de CJM, podem aumentar tremendamente a empatia!

Ser competente na jornada do cliente aumenta as vendas e, no mínimo, ajuda a força comercial a não perder negócios.

Veja a seguir quais são as 12 armadilhas que levam o vendedor a perder negócios, sendo que uma delas é o desconhecimento da jornada do cliente.

12 erros fatais que arruínam vendas e afastam clientes

Metade das vendas potenciais perdidas não é culpa do cliente, tampouco falta de capacidade da empresa. São vendas que poderiam ter sido bem-sucedidas, mas se perdem devido a armadilhas criadas pela própria Força de Vendas. Esses erros fatais, muitas vezes invisíveis para os próprios vendedores, transformam oportunidades promissoras em perda de negócios.

Metade das vendas potenciais perdidas está nas mãos do cliente, mas os outros 50% escapam pelas armadilhas criadas pela própria equipe comercial, no que chamamos de erros fatais em vendas.

Quando a equipe comercial não reconhece o impacto de comportamentos desalinhados ou estratégias equivocadas, o prejuízo vai além da perda da venda: afeta a relação com o cliente e a reputação da empresa.

Com base em minhas observações ao longo de anos no mercado, acompanhando de perto tanto os melhores vendedores das empresas quanto aqueles que ainda lutam para alcançar esse posto, identifiquei padrões claros no comportamento que diferencia o sucesso do fracasso em vendas.

CAPÍTULO 6

Essas experiências me levaram a mapear os 12 erros fatais mais comuns que não apenas arruínam vendas, mas também afastam clientes de maneira irreversível:

1. Desconhecer a real jornada do cliente

Ignorar a trajetória que o cliente percorre antes, durante e após a compra é um erro grave. Imagine um consumidor que já pesquisou o produto *on-line* e está a um passo de fechar negócio. Essa é uma armadilha muito comum entre a Força de Vendas, que, muitas vezes, é extremamente competente em conhecer a jornada de compra, mas desconhece detalhes do restante da jornada do cliente.

2. Por inibição, clientes tímidos ficam em pânico com vendedores excessivamente sagazes

Clientes introvertidos precisam de abordagens mais sutis e acolhedoras. Em uma concessionária, por exemplo, um comprador potencial que demonstra hesitação pode se sentir intimidado por um vendedor que insiste em fechar a compra imediatamente. O excesso de agressividade faz com que ele se afaste, reforçando sua insegurança.

3. Falta de empatia das equipes

Vendas sem empatia geram desconexão. Um vendedor que não se importa com as dificuldades ou expectativas do cliente acaba reforçando a percepção de que está apenas "empurrando" um produto. Por exemplo, ao oferecer um plano de academia para uma pessoa com limitações físicas, sem perguntar sobre suas necessidades, o atendente demonstra total despreparo. Por isso, é um erro fatal recorrente.

4. Tentar pressionar o cliente implorando para ele comprar

O clássico "é o último estoque" é um exemplo de pressão que gera ansiedade para comprar logo, mas cada vez mais está criando aversão nos clientes. Em uma loja de móveis, um cliente que busca tempo para pensar sobre uma compra importante pode acabar desistindo devido à insistência.

5. Oferecer o produto certo para a necessidade errada

Um vendedor de tecnologia pode oferecer um *notebook* potente e caro para um estudante que só precisa de um aparelho básico para estudos. Embora o produto seja bom, ele está superestimado.

6. Encher a cabeça do cliente de informações desnecessárias

Uma abordagem que sobrecarrega o cliente com detalhes técnicos ou informações irrelevantes pode ser um dos erros mais comuns – e prejudiciais – em uma venda. O excesso de informações, principalmente quando descontextualizadas, não só confunde como também pode gerar desinteresse. Esse erro é ainda mais crítico em vendas *on-line*, nas quais a paciência do cliente é limitada.

7. Não fazer *follow-ups* com base na experiência do cliente

Depois de uma venda, a falta de acompanhamento é um dos erros mais comuns. Um cliente que compra um serviço de assinatura, mas não recebe suporte inicial, pode abandonar o produto e não renovar.

8. Argumentar somente baseado em preço e não em valor

Quando o foco está apenas no preço, o cliente sente que está comprando algo sem diferencial. Em uma loja de roupas, por exemplo, dizer que um casaco está "barato" não é tão eficaz quanto mostrar como ele se adapta ao estilo de vida do cliente. Esse erro fatal também ocorre com frequência na venda de serviços.

9. Desconhecer qual sucesso pessoal o cliente espera com o uso do produto ou serviço

Nem sempre o cliente está comprando um produto ou serviço; ele está comprando uma experiência ou algo que torne sua vida bem-sucedida. Por exemplo, um gerente que investe em *software* de gestão busca aumentar a eficiência da equipe, e não apenas adquirir tecnologia. Desconhecer os princípios do Customer Success é um erro fatal em vendas.

10. Vender produtos e serviços quando o cliente quer comprar experiência

Clientes não querem apenas produtos e serviços; eles buscam experiências memoráveis, isto é, que fiquem durante muitos anos em suas mentes e corações. Um exemplo clássico é a venda de uma viagem. O cliente não está comprando passagens, mas sim momentos memoráveis. Nesse caso, o erro fatal foi desconhecer os princípios do Customer Experience.

11. Falar sem parar, congestionando o canal auditivo do cliente

Quando um vendedor monopoliza a conversa, perde a chance de entender o cliente e oferecer o que ele realmente precisa. O excesso de informações, sem espaço para ouvir, transforma a interação em um monólogo exaustivo, afastando o consumidor. Esse erro fatal é mais comum do que parece.

12. Vender para a pessoa errada sem levantar o poder de decisão dela

Muitas vendas são desperdiçadas ao se direcionar a alguém sem autonomia para decidir. Em negociações B2B, é comum apresentar propostas a intermediários, enquanto o desconhecido decisor é quem realmente pode autorizar a compra. Essa é uma armadilha muito presente em negociações com elevado ciclo de fechamento de vendas.

Compreender e evitar esses erros fatais é fundamental não apenas para aumentar as vendas, mas também para melhorar a qualidade da relação construída com os clientes. Afinal, uma venda bem-feita não é aquela que apenas atinge metas, mas a que também fideliza e gera valor duradouro.

Aqui vai uma curiosidade: você sabia que muitos vendedores ainda são céticos em relação à importância de se conectar emocionalmente com os clientes?

CAPÍTULO 6

Muitos vendedores preferem investir mais tempo detalhando o produto ou serviço, subestimando a força de uma abordagem mais sutil, perdendo a oportunidade de gerar fortes conexões emocionais.

Esse é um ponto importante que merece reflexão, especialmente porque a conexão emocional pode ser a chave para desbloquear vendas e criar clientes leais. Aliás, esse é um dos princípios do Novo Mindset de Vendas.

No próximo tópico, mergulharemos na jornada emocional do cliente, uma abordagem que transforma a experiência de compra em um vínculo poderoso.

Um marco para todos nós: a nova ciência das emoções validando o poder das conexões emocionais

Você sabe qual foi a pesquisa científica que ajudou a popularizar o entendimento sobre Customer Experience no mundo? Sem dúvida, foi o artigo "The New Science of Customer Emotions", publicado na *Harvard Business Review*. Tive o privilégio de ter acesso a essa pesquisa em 2015, muito antes de o Customer Experience se tornar conhecido no Brasil. O artigo foi uma validação prática e inspiradora para mim, pois confirmou os resultados de implementações de CX que eu e minha equipe vínhamos obtendo em períodos anteriores a esse em empresas de diversos segmentos e tamanhos.

Naquela época, o mercado brasileiro era especialmente resistente à adoção do termo "experiência do cliente". Um amigo *C-level* aconselhou-me na época a retirar o termo "Customer Experience" de um projeto para evitar resistência da alta diretoria de uma empresa cliente. Concordei em omitir o termo para facilitar a aceitação, mas deixei claro que não abriria mão da metodologia: o Customer Experience Management (CXM).

Esse episódio foi um marco, pois provamos que a abordagem com base em CX podia, de fato, transformar a relação empresa-cliente, entregando resultados maiores do que outros projetos.

A pesquisa de Harvard foi um divisor de águas ao apresentar uma abordagem disruptiva que revolucionou o conceito de experiência do cliente. E o estudo demonstrou que clientes emocionalmente conectados compram significativamente mais do que clientes apenas satisfeitos, mas sem um vínculo emocional profundo. Ao identificarem motivadores emocionais como o desejo de se sentir único, seguro, conectado ou bem-sucedido, as empresas conseguem criar experiências muito mais impactantes e memoráveis. Na Figura 6.1 apresento a principal estatística do estudo.

Figura 6.1 A pesquisa revolucionária que apresentou o impacto positivo da conexão emocional no comportamento de compra dos clientes, validando que CX não seria uma "moda".

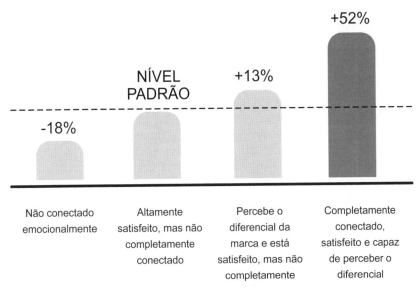

Fonte: desenvolvimento próprio baseado no artigo "The New Science of Customer Emotions". *Harvard Business Review*, Nov. 2015.

A pesquisa evidenciou que investir em criar experiências memoráveis para os clientes não seria uma moda passageira, mas uma estratégia de negócio essencial e sustentável. Os resultados mostraram que clientes não conectados emocionalmente geram um impacto negativo de –18% em termos de receita potencial. Por outro lado, clientes altamente satisfeitos, mas sem conexão emocional, atingem apenas o nível padrão de desempenho. Aqueles que percebem o diferencial da marca, ainda que sem uma conexão completa, contribuem com +13% de valor. O maior destaque está nos clientes totalmente conectados emocionalmente, que aumentam as compras em +52% e percebem de forma clara o diferencial competitivo da marca.

Por isso, compreender o que os clientes sentem em cada momento da jornada é indispensável para a equipe comercial transformar a experiência de compra e fortalecer o elo emocional entre marcas e consumidores.

Empresas que experimentam o Novo Mindset de Vendas compreendem que os sentimentos dos clientes não são meros detalhes. Investir na construção de uma conexão emocional sólida transforma experiências de marca em algo que vai além da transação comercial. Dessa maneira, o cliente deixa de ser um comprador comum para se tornar um Cliente-Propulsor, alguém que não apenas consome, mas promove ativamente a empresa.

Outro ponto de atenção que trago em nosso livro é a segurança que muitos executivos demonstram ao afirmar que conhecem e compreendem seus clientes. Contudo, conhecer verdadeiramente o cliente vai muito além do óbvio, e compreender é um

CAPÍTULO 6

passo além do conhecimento. A compreensão genuína do cliente é o alicerce para um Novo Mindset de Vendas, pois está diretamente relacionada com a criação de conexões emocionais fortes e duradouras.

Você realmente conhece e compreende o seu cliente?

Embora a maioria das equipes de *front office* conheça seus clientes, a grande questão é: será que realmente os compreendem? Esses movimentos são distintos e requerem um esforço contínuo de observação, escuta ativa e análise profunda para transformar interações em experiências significativas. É essa diferença que vou alinhar a seguir.

A compreensão do cliente tornou-se um pilar para as empresas que desejam sair da cultura tradicional de vender a qualquer custo e avançar um nível, isto é, para o Novo Mindset de Vendas. A Disney, com sua abordagem inovadora fundamentada desde os primórdios por Walt Disney, serve como um exemplo emblemático de como mapear o cliente pode elevar uma marca a um *status* de referência global.

Bruce Jones, em "3 Principles Disney Uses to Enhance Customer Experience", sintetiza a abordagem da Disney para proporcionar uma experiência excepcional ao cliente em três princípios fundamentais, sendo um deles a compreensão aprofundada do cliente:

1. Crie um propósito organizacional: identifique e articule claramente o diferencial que sua empresa oferece na vida dos clientes. Esse propósito deve ser o norte que guia todas as decisões e ações dentro da organização, visando sempre despertar emoções positivas e criar conexões significativas com os clientes.

2. Compreenda completamente seus clientes: vá além do óbvio, utilizando dados e modelos preditivos para antecipar necessidades e desejos não expressos. Essa compreensão aprofundada permite personalizar as interações e as ofertas de forma a ressoar verdadeiramente com cada cliente.

3. Veja a excelência como um ativo: encare a busca pela excelência não como um custo, mas como um investimento que multiplica lucros. A excelência na entrega de serviços e produtos garante não apenas a satisfação, mas também a fidelidade do cliente, estendendo o ciclo de vida do cliente e aumentando o valor ao longo do tempo.

William Craig, em seu artigo para a *Forbes* "10 Key Principles For Truly Understanding Your Clients", expande essa visão ao apresentar a forma de entender realmente os clientes e construir uma jornada emocional eficaz:

1. Empatia profunda: coloque-se no lugar do cliente, entenda suas necessidades, escute suas histórias passadas com a empresa e desenvolva uma conexão empática.

2. Feedback em tempo real: solicite feedback durante as interações. Perguntas diretas e específicas tendem a gerar respostas mais honestas e valiosas.

3. Atenção personalizada: acompanhe atentamente tanto os *leads* não convertidos quanto os projetos concluídos. Demonstre que você está realmente ouvindo, reiterando pontos importantes mencionados pelo cliente.

4. Construção de *personas*: utilize dados para criar *personas* detalhadas, prestando atenção especial aos termos emocionais ou relacionados com a maneira como os clientes descrevem suas necessidades e como chegaram até você.

5. Conhecimento do alcance: empregue ferramentas analíticas para entender como os consumidores encontram sua empresa e quais barreiras eles enfrentam, visando melhorar a usabilidade e a experiência do usuário.

6. Identificação de tendências: observe os dados para detectar tendências emergentes, incluindo novos termos de pesquisa que estão se tornando mais relevantes para o seu público.

7. Engajamento autêntico: priorize o engajamento real em vez de meras visualizações. Incentive discussões e interações significativas por meio de seu conteúdo.

8. *Insights* da linha de frente: valorize os *insights* dos colaboradores que interagem diretamente com os clientes. Eles possuem uma compreensão única das necessidades e dos desejos dos consumidores.

9. Presença ativa nas redes sociais: monitore ativamente as redes sociais para ler comentários, avaliações e perguntas feitas sobre sua marca, mesmo em canais não oficiais.

10. Experimentação com teste A/B: implemente testes A/B para avaliar diferentes abordagens de *design* e linguagem, observando qual delas resulta em mais conversão e engajamento do usuário.

Esses princípios reforçam que, no centro de todas as estratégias de negócios bem-sucedidas, está a compreensão genuína e a valorização dos seres humanos que servimos. Seja no contexto B2C ou no B2B, conhecer verdadeiramente o cliente exige mais do que apenas dados ou interações pontuais; demanda compromisso com a empatia, a escuta ativa e a personalização. Como vimos, essa jornada não é simplória. Ela requer que a equipe comercial adote um Novo Mindset de Vendas, focado em construir conexões emocionais autênticas e entregar valor em todas as etapas da relação com o cliente e não apenas no início do processo da venda.

Para alcançar o propósito de compreender verdadeiramente o cliente, é indispensável mobilizar o time por meio de uma abordagem estratégica voltada para o Employee Experience (EX). Afinal, colaboradores engajados e valorizados têm maior capacidade de criar conexões autênticas com os consumidores.

A seguir, veremos como a experiência do colaborador pode se tornar o motor para consolidar a cultura do Novo Mindset de Vendas em toda a organização.

Conectando Employee Experience com Vendas CXCS

O Employee Experience, como apresento no meu livro *Employee Experience, Gestão de Pessoas e Cultura Organizacional*, engloba as experiências e emoções vividas pelos colaboradores ao longo de sua jornada na empresa. Do recrutamento ao encarreiramento, cada micromomento – como *onboarding*, treinamento, avaliação de desempenho e feedback – contribui para moldar a percepção dos

CAPÍTULO 6

colaboradores sobre a organização. Empresas que investem em estratégias de EX eficazes traduzem essas experiências em resultados não apenas para os colaboradores, mas também para o sucesso organizacional.

Quando integramos o EX ao Novo Mindset de Vendas e Vendas CXCS, percebemos que a experiência do cliente não pode ser dissociada da experiência dos profissionais que interagem com ele. Vendedores engajados não apenas impulsionam resultados comerciais, mas também elevam a qualidade das interações com os consumidores, criando conexões mais fortes e experiências mais memoráveis.

Um elemento essencial dessa conexão é o mapeamento da jornada da Força de Vendas, que permite identificar barreiras e oportunidades no dia a dia dos times comerciais. Assim como fazemos na jornada do cliente, entender os pontos de dor e desconexão na experiência dos vendedores é vital para criar sinergia entre EX e a Venda CXCS. Os objetivos do mapeamento da jornada de venda são:

1. Redução de silos e integração interdepartamental

É comum que áreas como vendas, marketing, CX, Customer Success e suporte operem de forma fragmentada, prejudicando tanto a jornada do cliente quanto a dos colaboradores. Ao integrar essas equipes, é possível garantir que vendedores tenham acesso a informações completas e consistentes, facilitando a personalização do atendimento e a resolução de problemas de forma ágil e eficaz.

2. Identificação de dores na jornada dos vendedores

Muitos desafios enfrentados pelos vendedores *on-line* e *off-line* têm relação com problemas na jornada do cliente. Por exemplo, atrasos no suporte ou falhas na entrega impactam diretamente o trabalho da equipe de Vendas, que precisa lidar com reclamações e buscar soluções sem o suporte adequado. Resolver essas dores na experiência do cliente também significa melhorar a jornada do vendedor.

3. Desonerar a Força de Vendas de tarefas não essenciais

Vendedores presenciais e remotos devem dedicar seu tempo à criação de valor no processo comercial, mas muitas vezes são sobrecarregados com tarefas administrativas que não contribuem para a conversão. Automatizar processos e delegar responsabilidades não comerciais a outras áreas são iniciativas que pavimentam a jornada do time comercial, alocando tempo para aquilo que realmente importa: vender e fidelizar clientes.

4. Fornecer ferramentas adequadas para impulsionar as vendas

Outro objetivo poderoso do mapeamento da jornada do colaborador dentro do método de Employee Experience é identificar as lacunas em recursos e tecnologias que possam impactar o desempenho da Força de Vendas. Um vendedor bem equipado é mais eficiente, confiante e capaz de oferecer uma experiência excepcional ao cliente. Desde CRMs integrados, que centralizam informações e facilitam a gestão do relacionamento com os clientes, até plataformas *omnichannel*, conforme demonstrei no Capítulo 4, é essencial garantir que a equipe de Vendas tenha acesso a ferramentas que potencializem sua capacidade de criar conexões genuínas.

3 pilares para conectar Employee Experience com Vendas CXCS

Com base em minha experiência, a conexão entre Employee Experience e Vendas CXCS é essencial para alinhar a experiência dos colaboradores às expectativas dos clientes. Esse alinhamento estratégico garante não apenas maior engajamento interno, mas também a entrega de experiências memoráveis aos consumidores. Para alcançar esse objetivo, identifiquei 3 pilares fundamentais:

1. Empatia organizacional.
2. Reduzir tempos improdutivos da Força de Vendas.
3. Foco em benefícios mútuos.

O primeiro pilar é a **empatia organizacional**, o qual reconhece os desafios enfrentados pelos times de vendas e valoriza o engajamento genuíno. Ouvir as dores e mapear as dificuldades dos colaboradores permite que as empresas desenvolvam soluções que impulsionam sua motivação e desempenho. Um ambiente empático fortalece o senso de pertencimento e contribui para uma força de trabalho mais alinhada com os objetivos organizacionais.

O segundo pilar é a **reduzir tempos improdutivos da Força de Vendas**, pois otimizar a jornada do time comercial é essencial. Isso inclui centralizar dados e *insights* em sistemas integrados, eliminando redundâncias e lacunas operacionais. A sinergia entre Vendas, Marketing, CX, CS e Suporte é fortalecida ao se reduzir o tempo gasto em processos internos improdutivos, permitindo que os vendedores se concentrem no que realmente importa: vender e gerar valor para o cliente.

Finalmente, o **foco em benefícios mútuos** assegura que melhorias na experiência do colaborador devem gerar resultados positivos para todos os envolvidos: clientes, colaboradores e a organização. A redução de fricções internas, o fornecimento de feedback estruturado e o acesso a ferramentas adequadas são estratégias que equipam os vendedores para atender às expectativas do cliente.

Ao conectar EX às Vendas CXCS, criamos um ciclo positivo em que a experiência positiva dos colaboradores reflete diretamente na experiência do cliente. O mapeamento da jornada da Força de Vendas, a redução de silos entre departamentos, o fornecimento de ferramentas adequadas e a atenção às dores dos vendedores são passos essenciais para essa integração.

Mais do que uma estratégia, essa conexão representa um alinhamento de propósito: colaboradores engajados, alinhados com a visão de sucesso do cliente, impulsionam não apenas as vendas, mas também o engajamento dos consumidores. Essa é a essência do Novo Mindset de Vendas conectado ao Employee Experience.

O Employee Experience é base para o Novo Mindset de Vendas

Uma das maiores inspirações que um vendedor pode receber não é apenas um elogio. A Força de Vendas, na sua essência, é composta por profissionais automotivados, movidos tanto pelos resultados financeiros quanto pelo impacto que geram nos clientes. Agora, se você perguntar para essas equipes qual seria o melhor presente de Natal que a empresa poderia oferecer, a resposta de mais de 90% deles seria clara: "Destravem os processos e simplifiquem o meu trabalho para que eu possa dedicar mais tempo ao cliente e, assim, vender mais."

CAPÍTULO 6

Atender a esse pedido é compreender que a experiência do colaborador é tão estratégica quanto entender a jornada do cliente. A analogia das duas lojas de roupas é uma ilustração clara disso. Na primeira loja, colaboradores afetados por um ambiente desordenado comprometem a experiência do cliente. Já na segunda, onde os funcionários estão engajados, o ambiente acolhedor prioriza as necessidades do cliente, resultando em uma experiência marcante. Essa comparação reforça a importância de cultivar o Employee Experience.

A satisfação do cliente é diretamente afetada pelo nível de engajamento dos times internos. O atendimento autêntico ao cliente é um reflexo direto da cultura da empresa. Colaboradores que não se sentem valorizados, inevitavelmente, impactam de maneira negativa a qualidade do serviço. Todos os membros da equipe, independentemente da função, desempenham papéis na entrega de uma experiência excepcional.

Shep Hyken, em "The Secret to Happy Customers", destaca que a desmotivação nas equipes de Vendas geralmente surge de ineficiências operacionais. Por exemplo, a repetição desnecessária de informações sobre o cliente frustra tanto os colaboradores quanto os consumidores. Para que os times comerciais possam resolver os desafios dos clientes de maneira proativa e eficaz, é essencial que se sintam apoiados e valorizados em seu ambiente de trabalho.

Denise Lee Yohn, em "Design Your Employee Experience as Thoughtfully as You Design Your Customer Experience", demonstra que a abordagem de Customer Experience deve ser integrada às práticas de Recursos Humanos. Isso inclui atender às expectativas dos colaboradores em aspectos como oportunidades de crescimento, promoções, bônus e treinamentos. A criação de um mapa específico para cada grupo de colaboradores, acompanhada por avaliações contínuas, permite identificar e preencher lacunas na experiência do colaborador.

Priorizar o Employee Experience com o mesmo rigor dedicado ao Customer Experience é a chave para elevar a satisfação do cliente e criar um ambiente de trabalho harmonioso e produtivo. Times comerciais desonerados de tarefas desnecessárias, equipados com ferramentas adequadas e valorizados em seu trabalho tornam-se mais eficazes ao entregarem o que os clientes realmente esperam.

A jornada emocional do cliente e a jornada dos colaboradores são, de fato, duas faces da mesma moeda. Integrar Employee Experience e Vendas vai além de uma simples estratégia organizacional. É a essência do Novo Mindset de Vendas, em que a cultura corporativa se transforma em um catalisador de engajamento, lealdade e crescimento sustentável.

No próximo capítulo, apresentarei em profundidade como integrar Vendas e Customer Success para alcançar resultados mais sustentáveis, fortalecendo a retenção de clientes, reduzindo o *churn* e impulsionando o aumento de receitas recorrentes. Essa integração vai muito além de uma simples colaboração: é um convite para abandonar a cultura tradicional e antiquada de vendas e adotar o Novo Mindset de Vendas, no qual as áreas trabalham juntas, aprendendo mutuamente e criando sinergias que colocam o cliente no centro de todas as estratégias.

CAPÍTULO 7

Vendas e Customer Success na Estratégia de Retenção e Aumento de Receitas

A integração entre Vendas e Customer Success deixou de ser apenas uma boa prática para se tornar uma estratégia mandatória para empresas que desejam reter clientes, expandir receitas recorrentes e consolidar sua presença no mercado. Quando essas equipes atuam como parceiras estratégicas, elas criam um ciclo de prosperidade, inclusive para elas mesmas, que entrega valor contínuo ao cliente e transforma consumidores em defensores ativos da marca.

Apesar disso, em muitas organizações, essas áreas ainda operam de maneira isolada, comprometendo a experiência do cliente e reduzindo as oportunidades de retenção e expansão. Esse problema é mais comum do que você imagina e tem reflexos diretos nos resultados.

Neste capítulo, trago um conjunto de 24 estratégias práticas para acabar com esses silos e alinhar de forma eficaz as equipes de Vendas e Customer Success. Essas iniciativas, que vão desde ações simples, como garantir a entrega do que foi prometido na venda, até táticas mais avançadas, como personalizar ofertas de *upsell* e *cross-sell* com base em dados de CS, mostram que a integração é um pilar fundamental para fortalecer o relacionamento com o cliente e impulsionar os resultados financeiros.

Também veremos como o *onboarding* estratégico pode ir muito além de uma recepção inicial, tornando-se um motor de confiança e gerador de novas oportunidades comerciais. Além disso, abordarei as competências indispensáveis para que a equipe de Vendas adote o Novo Mindset de Vendas e atue com foco na retenção, expansão e sucesso do cliente.

Gestão de CS, uma função pouco compreendida pelo time comercial

Vamos começar este capítulo com uma provocação para instigar sua reflexão. Afinal, questionamentos nos tiram da zona de conforto, nos levam a reavaliar crenças

CAPÍTULO 7

e, muitas vezes, expandem nossa visão de mundo. Então, aqui vai: as equipes de Vendas e de Customer Success precisam atuar mais como parceiras do que como concorrentes.

É fato que, em muitas organizações, a Força de Vendas encara a área de Customer Success com certa dúvida. Por quê? Há um receio de que os gestores de CS exponham falhas nos processos comerciais ou na abordagem ao cliente. Mas pare e pense: não deveriam ambos os times compartilhar o mesmo propósito de fortalecer a retenção de clientes, reduzir o *churn* e ampliar as receitas recorrentes?

Essa questão não é apenas provocativa, mas essencial para a construção de estratégias integradas que coloquem o cliente no centro. Afinal, uma organização verdadeiramente orientada para o sucesso do cliente não pode permitir que seus departamentos operem como feudos isolados. Em vez disso, deve criar pontes que conectem a inteligência comercial à excelência no pós-venda, garantindo que os clientes tenham uma experiência coesa e contínua.

Alguns gerentes de vendas temem que os gerentes de CS descubram falhas nas equipes comerciais, portanto, muitas vezes deixam de cooperar com o processo de redução de churn.

Quando analisamos mais de perto, percebemos que o time comercial presencial e *on-line*, em muitos casos, não está pronto para incorporar plenamente o novo Mindset de Vendas. Essa cultura exige uma transformação na empresa que integre o sucesso do cliente em cada etapa da jornada comercial. Assim como a Experiência do Cliente, o Customer Success demanda conhecimento profundo, alinhamento estratégico e prática constante em toda a organização.

Conforme mencionei no Capítulo 1, um dos principais objetivos deste livro é elevar tanto os resultados quanto a qualidade das vendas, sejam elas presenciais ou *on-line*. Isso inclui capacitar as lideranças comerciais para adotarem as práticas de Customer Success e Customer Experience, integrando-as ao modelo de Vendas CXCS da empresa. Com essa abordagem, não estamos apenas melhorando processos; estamos promovendo uma evolução completa – em vendedores, clientes e no próprio modelo de negócio.

Ao alinharmos Vendas e Customer Success, criamos um ambiente onde todos saem ganhando. Para os clientes, há uma experiência mais fluida e consistente, que reforça a confiança e a fidelidade. Para os vendedores, existe a oportunidade de trabalhar em um modelo mais estruturado, com dados claros e apoio no pós-venda. E, para a empresa, os resultados financeiros falam por si: aumento na retenção, crescimento das receitas recorrentes e uma base de clientes mais satisfeitos.

Essa abordagem também traz um benefício aparentemente oculto, mas poderoso: uma sinergia genuína entre os times. Quando as áreas de vendas e Customer Success se alinham em objetivos compartilhados e estratégias integradas, o crescimento mútuo não é apenas possível – ele se torna inevitável. É o ciclo virtuoso do sucesso: colaboradores engajados, clientes satisfeitos e uma organização que prospera.

No final das contas, a gestão de CS e o alinhamento com vendas são mais do que boas práticas; são alicerces para o Novo Mindset de Vendas, no qual cada interação é uma oportunidade de entregar valor e conquistar confiança.

O que a ciência vem nos mostrando sobre Customer Success

Durante o percurso do meu doutorado, tive a honra de trabalhar em conjunto com pesquisadores de renome de diversos países. Nosso trabalho culminou na publicação de uma pesquisa pelo prestigiado *Journal of International Marketing* da American Marketing Association, sob o título "The Customer Success Community: An Exploration of Nonfirm Epistemic Communities and Their Influence on a New Sales Practice". Nessa pesquisa, desvendamos como é realizada a gestão do Customer Success (CS Management) em diversos países, cujo foco é garantir que os clientes conquistem seus objetivos almejados ao fazerem uso de produtos ou serviços.

Acesse a íntegra do artigo "The Customer Success Community: An Exploration of Nonfirm Epistemic Communities and Their Influence on a New Sales Practice" no QR Code a seguir:

Outro artigo que produzi junto a pesquisadores reconhecidos foi o "Comparing and Contrasting Customer Success Management and Relationship Marketing". Essa pesquisa internacional foi uma contribuição significativa ao campo do Customer Success, ao examinar as diferenças e semelhanças entre a gestão do sucesso do cliente e o marketing de relacionamento. Nossa análise revelou como essas práticas podem ser combinadas para gerar grandes resultados, destacando a importância de uma abordagem integrativa que fortaleça tanto a retenção de clientes quanto o sucesso dos negócios.

Acesse a íntegra do artigo "Comparing and Contrasting Customer Success Management and Relationship Marketing" no QR Code a seguir:

CAPÍTULO 7

Além do *approach* internacional e da oportunidade de aprendizado, essas e outras pesquisas que trabalhamos comprovam que a ciência deve estar na pauta das decisões que tomamos nas empresas. Projetos estruturados de CX, CS, Vendas e Marketing não podem se basear apenas na intuição ou em soluções rápidas; é fundamental evitar a superficialidade que muitas vezes predomina. O embasamento científico é a chave para promover estratégias robustas, alinhadas às melhores práticas e com maior impacto nos resultados.

Diversos outros pesquisadores estão desbravando as pesquisas de Customer Success pelo mundo afora. No artigo de Andris Zoltners *et al.*, sob o título "What Is a Customer Success Manager?", explora-se o papel crucial dos gestores de Sucesso do Cliente dentro de empresas de tecnologia avançada, um campo onde essa função vem se destacando notavelmente. Esses profissionais são verdadeiros maestros da experiência e do sucesso do cliente, com a missão de garantir que os clientes extraíam o máximo proveito possível dos produtos ou serviços que escolheram. Em "One Approach to Repeat Business: Customer Success Managers", um trabalho de Betsy Gelb e sua equipe, destaca-se a função das equipes de CS no gerenciamento das relações com clientes e na maximização do valor que estes recebem dos produtos ou serviços. De acordo com a Customer Success Association, os profissionais dessa área empregam análises de dados para evidenciarem aos clientes o valor agregado pelo produto ou serviço, além de possuírem um conhecimento aplicado para orientar os clientes na utilização mais eficaz desses produtos ou serviços.

Bryan Hochstein *et al.*, em seu artigo "Proactive Value Co-Creation via Structural Ambidexterity: Customer Success Management and the Modularization of Frontline Roles", definem o gerenciamento de sucesso do cliente como uma estratégia proativa e baseada no relacionamento com os clientes, visando garantir que eles aproveitem plenamente o potencial de valor das ofertas. Essa abordagem envolve esforços proativos e regulares por parte dos vendedores para educar, equipar e engajar os clientes na cocriação de valor, além de demonstrar o valor entregue pela solução e estabelecer um canal de voz dos clientes dentro da empresa.

O Customer Success vai muito além do suporte tradicional. Ele se baseia em um engajamento proativo e relacional, no qual a empresa trabalha continuamente para garantir que o cliente perceba e aproveite ao máximo o valor dos produtos ou serviços adquiridos. Esse processo envolve monitoramento estratégico, antecipação de necessidades e amplificação constante da percepção de valor, criando uma experiência que fortalece a lealdade e impulsiona o crescimento sustentável.

O campo do Customer Success, com suas ramificações em Vendas, Marketing, Customer Experience e suporte, oferece um vasto terreno para inovações e melhorias. E, à medida que continuamos a aprender com a ciência, cabe a cada um de nós o desafio de traduzir essas descobertas em práticas eficazes, elevando a experiência dos clientes e garantindo o sucesso das empresas no mercado competitivo de hoje.

Aliás, algo que me inspira demais é justamente unir a ciência à prática, aplicando conceitos e metodologias em projetos reais dentro de empresas reais, enfrentando e resolvendo problemas concretos. Essa ponte entre método e prática muito me move!

Alinhando Vendas e Customer Success para aumentar resultados

O alinhamento estratégico entre os times de vendas *on-line*, *off-line* e Customer Success é um dos caminhos mais eficazes para garantir mais resultados no Novo

Mindset de Vendas. Enquanto a equipe comercial foca na conquista de clientes, o CS trabalha para assegurar que esses clientes obtenham valor contínuo dos produtos ou serviços adquiridos. Quando essas áreas atuam de forma integrada, criam um ciclo virtuoso que não só aumenta as receitas recorrentes, mas também fortalece a fidelidade e reduz o *churn*.

Aliás, um dos alicerces da Venda CXCS é o fato de que os vendedores sabem aplicar estratégias de Customer Experience e Customer Success não apenas para vender como também para reter clientes e aumentar as receitas recorrentes.

Apesar disso, muitas empresas ainda operam com essas equipes de forma fragmentada, o que pode resultar em falhas na jornada do cliente e no desempenho interno. A solução passa pela construção de uma parceria robusta entre vendas e CS, priorizando uma abordagem centrada no cliente que atenda às suas necessidades de forma completa e contínua. Para isso, é essencial promover a integração de dados, processos e objetivos entre os dois departamentos. Aliás, o objetivo de CS deve estar muito claro para todos.

O objetivo da gestão de Customer Success é alcançar uma taxa de abandono tão baixa que os únicos clientes que partem são aqueles que jamais deveriam ser adquiridos.

Talvez essa frase que criei seja muito forte, mas, em sua essência, a equipe comercial não deveria "trazer o cliente errado" se conhecesse profundamente os objetivos e princípios de CS.

Vendedores presenciais e *on-line* que compreendem e aplicam os princípios de CS ampliam o impacto de suas ações, enquanto o time de CS fortalece a entrega de valor ao cliente, consolidando relações a longo prazo.

A seguir, apresento 24 estratégias para que Vendas e CS colaborem de forma eficiente, fortalecendo a relação com os clientes e impulsionando os resultados financeiros da organização.

24 estratégias para alinhar Vendas com Customer Success e exponencializar resultados

A integração entre Vendas e Customer Success é obrigatória para empresas que desejam crescer de maneira sustentável no Novo Mindset de Vendas. Para facilitar essa conexão, organizei 24 estratégias em uma progressão lógica que parte de ações fundamentais, avança para processos colaborativos e culmina em iniciativas estratégicas a longo prazo. Cada uma delas visa não apenas reduzir o *churn* e aumentar receitas recorrentes, mas também transformar clientes em verdadeiros defensores da marca.

Estratégias para o alinhamento inicial

1. Definição clara do que é sucesso para o cliente: esclarecer os objetivos do cliente e garantir que toda a equipe esteja alinhada com eles desde o início.

CAPÍTULO 7

2. Cumprir promessas feitas durante as vendas: garantir que tudo o que foi prometido ao cliente na etapa comercial seja entregue sem falhas.

3. Apoiar o cliente a utilizar os produtos ou serviços adquiridos: criar guias, tutoriais e sessões de treinamento que facilitem a utilização do que foi comprado.

4. Educação do cliente e *onboarding*: estruturar um processo de integração que prepare o cliente para usar o produto ou serviço com eficácia desde o início.

Estratégias para elevar o valor percebido pelo cliente

5. Ajudar o cliente a extrair valor do que adquiriu: apresentar dados e resultados que demonstrem como o produto ou serviço está gerando benefícios tangíveis.

6. Medição e avaliação contínua: acompanhar os KPIs do cliente para monitorar a entrega de valor.

7. Engajamento proativo: antecipar as necessidades do cliente e agir antes que problemas ocorram.

8. Gestão de expectativas: estabelecer comunicações claras sobre o que o cliente pode esperar em cada etapa da jornada.

Estratégias para otimizar a experiência do cliente

9. Resolução eficiente de problemas: oferecer soluções rápidas e eficazes para quaisquer dificuldades enfrentadas pelo cliente.

10. Redução do esforço do cliente: simplificar os processos de interação para minimizar o trabalho necessário do cliente.

11. Transparência nas comunicações: manter o cliente sempre informado sobre prazos, progressos e possíveis dificuldades.

12. Documentação acessível: disponibilizar informações completas e organizadas para o cliente acessar sempre que necessário.

Estratégias para fortalecer a integração entre equipes

13. Integração entre áreas internas para destravar a jornada: facilitar o fluxo de informações entre Vendas, CS, Marketing, CX e outros departamentos.

14. Colaboração multissetorial: promover reuniões regulares entre equipes para alinhar estratégias e compartilhar *insights*.

15. Ciclo de feedback: criar canais contínuos para receber e compartilhar feedback entre equipes internas e clientes.

16. Capacitação da equipe: realizar treinamentos frequentes para desenvolver habilidades técnicas e comportamentais tanto em Vendas quanto em CS.

Estratégias para crescimento e retenção

17. Foco em reduzir o *churn*: identificar sinais de risco e agir de forma preventiva para evitar cancelamentos.

18. Aumento de receitas recorrentes: implementar iniciativas para retenção e renovação de contratos, garantindo uma base sólida de receitas.

19. *Upsell* e *cross-sell* estratégicos: oferecer produtos ou serviços complementares com base nas necessidades identificadas.

20. Conhecer e acompanhar os objetivos do cliente e da empresa: manter-se atualizado sobre as metas do cliente e alinhar os esforços para ajudá-lo a alcançá-las.

Estratégias a longo prazo para retenção

21. Cultura Novo Mindset de Vendas: incorporar o foco no cliente como um valor central da organização.

22. Participação em comunidades: incentivar clientes a fazerem parte de grupos ou fóruns onde possam compartilhar experiências e aprender com outros usuários.

23. Integração *omnichannel*: oferecer uma experiência consistente em todos os canais de comunicação e interação.

24. Gestão da mudança: preparar clientes e equipes para lidarem com transformações tecnológicas ou de mercado.

Todas essas 24 estratégias que apresento têm como foco central alinhar as equipes de Vendas e Customer Success ao modelo Vendas CXCS.

Quando as equipes comerciais têm suporte de um time de Customer Success que garanta a entrega do valor prometido, a confiança do cliente é fortalecida. Por sua vez, o CS pode usar *insights* das interações de vendas para personalizar ainda mais o suporte ao cliente, criando um ciclo de sucesso mútuo.

O modelo de divisão de tarefas entre Vendas e Customer Success

Definir um modelo eficaz para equilibrar as responsabilidades entre as equipes de Vendas e Customer Success é mandatório para qualquer empresa que busque crescimento sustentável, retenção de clientes e uma experiência superior ao consumidor.

Pensando nisso, elaborei seis modelos para organização dessas funções, incluindo o mais inicial e clássico, no qual Vendas atua exclusivamente na aquisição de novos clientes. Cada empresa deve refletir sobre o melhor para seu estágio no Novo Mindset de Vendas.

Modelo 1: Vendas exclusivas para aquisição de clientes

No modelo mais básico, a equipe de Vendas é responsável apenas pelo fechamento de novos negócios. Todo o trabalho de pós-venda, como *onboarding*, retenção, renovação e expansão, fica exclusivamente a cargo do time de Customer Success ou de outras áreas designadas. Essa separação clara de responsabilidades permite que Vendas foque inteiramente em prospecção e conversão de clientes. Porém, pode gerar desconexões na jornada do cliente se não houver uma transição fluida e bem estruturada para o time de CS.

Modelo 2: Vendas como motor de retenção e expansão

Aqui, Vendas não apenas fecha negócios, mas também se responsabiliza por retenção, renovação e expansão da base de clientes. Essa abordagem cria um vínculo mais próximo entre o vendedor e o cliente, incentivando um envolvimento a longo prazo. Ao mesmo tempo, o Customer Success assume o papel de ampliar o valor entregue aos clientes desde o início, garantindo que eles aproveitem ao máximo os produtos ou serviços adquiridos.

Modelo 3: Customer Success na linha de frente da expansão

Neste modelo, o Customer Success é o principal responsável por identificar e executar estratégias de *upsell* e *cross-sell*, além de liderar iniciativas de retenção e renovação. As equipes de CS utilizam seu profundo conhecimento das necessidades e expectativas dos clientes para impulsionar o crescimento. A equipe de Vendas, por sua vez, foca na aquisição inicial e transfere o cliente ao CS para a continuidade do relacionamento.

Modelo 4: Departamento especializado em renovações

Este modelo introduz um departamento específico para gerenciar renovações contratuais e assegurar a retenção dos clientes. A equipe dedicada concentra-se exclusivamente nesse objetivo, permitindo mais especialização e eficiência nesse processo crítico. Contudo, o sucesso desse modelo depende de uma comunicação impecável entre os times de Vendas, CS e o novo departamento, para que a experiência do cliente permaneça coesa.

Modelo 5: Modelo híbrido

O modelo híbrido combina o melhor dos modelos anteriores, promovendo colaboração integrada entre Vendas e Customer Success ao longo de toda a jornada do cliente. Neste cenário, ambos os times compartilham informações e alinham estratégias para oferecer uma experiência fluida e personalizada. O cliente percebe essa sinergia como cuidado contínuo, desde a aquisição até a retenção e expansão, o que reforça sua confiança na marca.

Modelo 6: Modelo personalizado

O modelo personalizado traz flexibilidade máxima, adaptando-se às necessidades específicas de cada empresa e de seus mercados. Ele permite que as organizações criem combinações únicas de responsabilidades entre Vendas e Customer Success, baseando-se no perfil do cliente e nos objetivos estratégicos da empresa. Embora ofereça liberdade para experimentar práticas inovadoras, também exige constante revisão de processos para garantir sua eficácia.

Escolha dos modelos para Vendas CXCS

Independentemente do modelo escolhido, sua essência deve refletir os princípios de Vendas CXCS, nos quais a jornada do cliente e seu sucesso são prioridades centrais. Em qualquer configuração, é fundamental que Vendas e Customer Success trabalhem de forma alinhada, garantindo que cada interação com o cliente seja uma oportunidade para fortalecer o relacionamento e gerar valor mútuo.

A escolha do modelo mais apropriado deve considerar o estágio de maturidade da empresa, o perfil dos clientes e os objetivos a longo prazo. Mais do que uma divisão de responsabilidades, o que está em jogo é a capacidade de criar sinergia entre equipes, promovendo uma experiência coesa, eficiente e centrada no cliente. No Quadro 7.1, apresento as vantagens e as desvantagens dos 6 modelos de atuação.

Quadro 7.1 Vantagens e desvantagens dos modelos de divisão de tarefas entre Vendas e Customer Success

Modelo	Vantagens	Desvantagens
Modelo 1: Vendas exclusiva para aquisição de clientes	Vendas pode concentrar-se apenas na aquisição de novos clientes; simplifica processos internos.	Falta de continuidade no relacionamento com o cliente; possível desconexão entre Vendas e CS.
Modelo 2: Vendas como motor de retenção e expansão	Reforça o relacionamento a longo prazo com o cliente; Integra aquisição e expansão.	Pode sobrecarregar a equipe de Vendas com múltiplas responsabilidades; risco de negligência no pós-venda.
Modelo 3: CS na linha de frente da expansão	Explora a *expertise* do CS para impulsionar *upsell* e *cross-sell*; melhora o foco na experiência do cliente.	Requer treinamento específico para CS atuar em Vendas; risco de criar dependência excessiva de CS para expansão.
Modelo 4: Departamento especializado em renovações	Proporciona atenção dedicada à retenção; especializa a gestão de contratos e renovações.	Aumenta a necessidade de alinhamento entre equipes; risco de silos prejudicando a experiência do cliente.
Modelo 5: Modelo híbrido	Integra esforços de Vendas e CS, promovendo sinergia; auxilia na personalização ao longo da jornada.	Requer sistemas avançados de gestão e colaboração; pode ser desafiador gerenciar responsabilidades compartilhadas.
Modelo 6: Modelo personalizado	Permite adaptação total às necessidades do cliente e do mercado; favorece inovação e experimentação.	Demanda ajustes contínuos e recursos significativos; pode dificultar a padronização de processos.

Fonte: desenvolvido pelo autor.

Após apresentar os modelos de divisão de responsabilidades entre Vendas e Customer Success, é crucial entendermos como essas equipes podem criar sinergia prática para alcançar resultados superiores. É o que será apresentado a seguir.

CAPÍTULO 7

Quer vender mais, proporcione a sinergia entre Vendas e Customer Success e simplicidade para o cliente

Se você ainda tem dúvidas, saiba que a sinergia entre Vendas e Customer Success vai muito além de apenas integrar equipes distintas ou dois processos diferentes. É uma estratégia poderosa que transforma a retenção de clientes em uma das maiores fontes para atrair e conquistar novos consumidores. Clientes satisfeitos, engajados e bem atendidos tornam-se promotores espontâneos da marca, recomendando seus produtos ou serviços e facilitando a abertura de novas oportunidades de negócios. Essa é uma das marcas do novo Modelo de Vendas CXCS.

Exatamente por esse motivo, a colaboração harmoniosa entre Vendas e Customer Success é sentida por outros mentores como um pilar essencial para retenção e fidelização de clientes. Mitch Macfarlane e Marc Leroy, no artigo "How to Build a Customer Success Culture with Strong Sales Alignment", destacam uma prática que simboliza essa integração: a revisão de contratos pela equipe de Customer Success antes da assinatura do cliente. Essa etapa não só garante que os termos sejam simples, concisos, diretos e transparentes, mas também adiciona valor imediato ao relacionamento. Ao alinhar as expectativas logo no início, evitam-se conflitos futuros e estabelece-se uma base sólida para uma parceria a longo prazo.

Se há algo que os clientes valorizam cada vez mais em sua jornada com as empresas, é a simplicidade. No mundo hiperconectado de hoje, ninguém quer lidar com processos complexos e burocráticos. Os consumidores desejam soluções diretas, intuitivas e eficientes. Eles não estão interessados nos bastidores operacionais, apenas no resultado final: uma experiência sem atritos, que resolva suas necessidades de maneira ágil.

A simplicidade nos leva à clareza. Quando um cliente entende exatamente o que está adquirindo, como será atendido e quais são os próximos passos, ele se sente mais seguro e engajado. A comunicação transparente elimina ruídos e inseguranças, construindo um relacionamento sólido entre empresa e consumidor. A clareza não se limita às palavras; ela deve estar presente na jornada de compra, na usabilidade das plataformas e no suporte oferecido.

E falando em suporte, chegamos ao terceiro pilar indispensável: a segurança. O cliente precisa sentir que a empresa estará ao seu lado sempre que necessário, garantindo que ele tenha suporte contínuo ao longo de sua jornada. O acompanhamento e a prontidão para solucionar problemas criam confiança e fortalecem a fidelidade à marca. Daí a importância da sinergia entre as equipes de Vendas e CS.

Portanto, imagine a potência dessa abordagem quando unimos Vendas e Customer Success em um modelo sinérgico. Quando essas áreas trabalham juntas para mapear cada ponto de contato e eliminar obstáculos, a experiência do cliente se torna fluida e encantadora. Esse alinhamento não só aumenta as taxas de conversão, mas também impulsiona a lealdade a longo prazo.

Ao adotar essa mentalidade, sua equipe de Vendas não apenas fechará negócios, mas criará relações duradouras, convertendo clientes em verdadeiros promotores da marca. Afinal, a venda não termina no fechamento do contrato – ela se estende por toda a jornada, garantindo satisfação, recorrência e recomendações espontâneas.

Na pirâmide de sucesso do cliente, o cliente atual traz novos clientes

David Apple, um renomado Chefe de Customer Success com experiência em empresas inovadoras de tecnologia como Typeform e Notion, demonstra que a expansão da base de novos clientes não deve ocorrer à custa da negligência com os atuais. Pelo contrário, a retenção de clientes existentes é apresentada como a estratégia mais eficaz para o crescimento sustentável da base de novos consumidores. Essa abordagem pode parecer contraintuitiva à primeira vista, mas, em um mundo digital saturado de opções e distrações, capturar e manter a atenção das pessoas se tornou um desafio complexo.

A Typeform é uma plataforma *on-line* de destaque no modelo de *Software* como Serviço (SaaS), especializada na criação de formulários interativos e dinâmicos. Com uma interface intuitiva, a ferramenta permite que empresas e indivíduos desenvolvam questionários, pesquisas de satisfação e formulários de inscrição que ofereçem uma experiência envolvente para os usuários.

Apesar do alto interesse inicial demonstrado pelos usuários, a empresa notou que muitos não retornavam após o cadastro inicial. Esse *insight* levou a uma reorientação estratégica da empresa, do foco em vendas para um compromisso com o Customer Success. A empresa descobriu que, ao assegurar o sucesso de seus clientes, estes se tornam promotores do serviço, expandindo a base de clientes da empresa de maneira orgânica e sustentável. Perceba que esse é um dos princípios norteadores do modelo de Vendas CXCS: **Clientes-Propulsores** trazem novos clientes diariamente!

Com uma equipe enxuta, a Typeform precisou criar uma forma de levar o Customer Success para todos os seus milhões de clientes. Observe a Figura 7.1. A base da pirâmide concentra-se em *Tech Touch* com serviços básicos automatizados como responder *e-mails* de campanhas. O nível intermediário (*Low Touch*) oferece suporte técnico automatizado mediante um centro de ajuda, notificações, tutoriais e *webinars*. No topo da pirâmide, os serviços *High Touch* proativos e personalizados para clientes que exigem mais atenção, como treinamentos e implementações.

Essa estrutura oferece diversos benefícios, como otimização de tempo e recursos, personalização do atendimento e um foco claro no sucesso do cliente. Para que ela funcione de forma eficaz, é fundamental a integração entre as equipes de Vendas e Customer Success. Essa colaboração garante que cada segmento da pirâmide esteja alinhado com as necessidades do cliente, potencializando a retenção e criando oportunidades para *upsell*, *cross-sell* e geração de novas vendas por indicação.

A etapa de *onboarding* é mais estratégica do que pensamos

A etapa de *onboarding* do cliente não é apenas um detalhe na jornada; é uma das fases mais críticas que podem definir o sucesso ou fracasso do relacionamento com o cliente. Em Vendas CXCS, essa etapa é entendida como o momento de transformar promessas em realidade, garantindo que as expectativas criadas durante a Venda sejam atendidas ou até superadas. Diferentemente do puro foco quantitativo que muitas vezes domina o setor de Vendas, essa abordagem enfatiza a qualidade do engajamento com o cliente desde o início, como parte de uma estratégia integrada para retenção e sucesso a longo prazo.

Figura 7.1 A pirâmide segmentada de Customer Success, na qual a retenção de clientes existentes é a estratégia mais eficaz para o crescimento sustentável da base de novos consumidores.

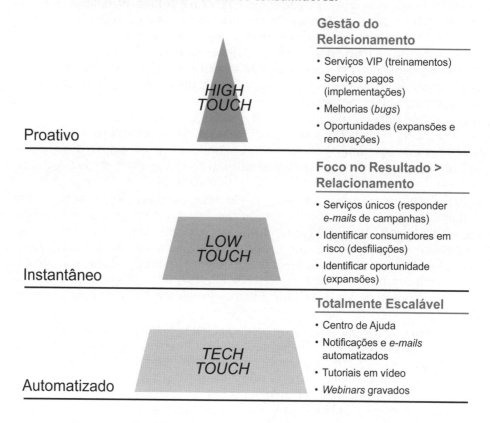

Fonte: adaptação e tradução próprias, baseada em APPLE, David. Insights from typeform: leveraging customer success to scale your business. *Open View Partners*, 11 mar. 2019.

De acordo com o estudo de Amit Kothari "The Biggest Gap Between Sales and Customer Success", da plataforma Tallyfy, 86% dos novos usuários de aplicativos abandonam a ferramenta após o primeiro uso. Esse dado revela uma desconexão comum entre a promessa feita pela empresa e a experiência inicial do cliente. Da mesma maneira, no ambiente de vendas *on-line* e *off-line*, a negligência com o *onboarding* pode ser fatal: empresas podem perder até 90% dos novos clientes se o processo não for bem-sucedido nos primeiros 90 dias. Essa fase crítica funciona como uma ponte entre o momento da compra e a retenção duradoura, assegurando que o cliente não só compreenda, mas também sinta os benefícios de sua decisão. Veja o gráfico da Figura 7.2.

A eficácia do *onboarding* depende de uma abordagem estratégica que abranja clareza de comunicação, personalização e automação. A primeira etapa é comunicar claramente os valores e vantagens oferecidos pela empresa, conectando-os aos objetivos específicos do cliente. Ter uma definição clara do que constitui "sucesso" para o consumidor permite que as empresas criem um fluxograma detalhado que mapeie cada etapa do *onboarding*. Para empresas com portfólios variados e serviços complexos, o processo precisa ser realista e adaptado ao cliente, envolvendo linguagem acessível, conteúdo relevante e ações personalizadas para gerar valor desde o início.

Automação e personalização caminham lado a lado nesse processo. Ferramentas automatizadas podem simplificar tarefas repetitivas e liberar as equipes para focar nos aspectos mais personalizados e consultivos do *onboarding*. Por exemplo, tutoriais automatizados, guias interativos e lembretes personalizados podem garantir que o cliente avance nas etapas iniciais sem frustração, enquanto a equipe de Customer Success se concentra em interações de alto impacto.

A importância de *onboarding*, pré-venda e retenção, mencionada neste contexto, ilustra bem essa dinâmica: o *onboarding* não é apenas uma etapa técnica, mas sim o alicerce para um relacionamento a longo prazo, que conecta a promessa inicial à entrega de valor contínuo. Essa transição bem-sucedida é essencial para incentivar a recomendação da marca e solidificar a lealdade do cliente.

No contexto de Vendas CXCS, o *onboarding* é mais do que um processo interno; é um compromisso estratégico com o cliente. Quando bem executado, ele se traduz em maior retenção, redução do *churn* e clientes engajados que não apenas compram, mas também se tornam promotores da marca. A mensagem é clara: investir em *onboarding* não é apenas garantir um bom começo – é estabelecer as bases para uma parceria de sucesso entre empresa e cliente.

Figura 7.2 Os processos de pré-venda, *onboarding* e retenção que precisam estar mais integrados entre as equipes comerciais e de Customer Success.

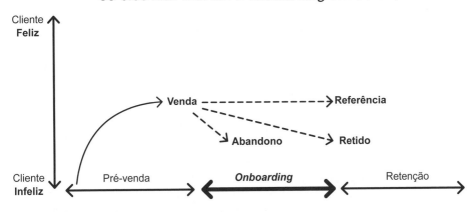

Fonte: Adaptação e tradução próprias, baseada em KOTHARI, Amit. The biggest gap between sales and customer success. *Tallyfy*, [20--].

CAPÍTULO 7

O processo de *onboarding* que impulsiona *upsell* e *cross-sell*

O *onboarding* vai muito além de uma simples "recepção calorosa" ao novo cliente. Quando bem estruturado, ele se torna um catalisador para fortalecer a confiança, promover engajamento e abrir novas oportunidades de negócios, como *upsell* e *cross-sell*. Mais do que reduzir o *churn*, o *onboarding* transforma o início da jornada do cliente em um momento para ampliar as vendas futuramente.

Mais do que uma recepção inicial, o onboarding é a porta de entrada para reter clientes, criar conexões emocionais e transformar cada interação em uma oportunidade de novos negócios.

Para que o *onboarding* tenha esse impacto, é essencial que ele vá além do básico e inclua elementos que demonstrem o potencial completo do portfólio da empresa. Por exemplo, durante as sessões iniciais de integração ou treinamentos, a equipe pode apresentar funcionalidades adicionais, módulos complementares ou serviços avançados que atendam às necessidades futuras ou latentes do cliente. Isso cria uma ponte entre o que foi vendido e o que mais pode ser explorado, sem que o cliente sinta que está sendo "vendido" novamente. Ao contrário, ele percebe valor agregado na experiência e, naturalmente, considera opções adicionais como uma extensão da solução inicial.

Outro cuidado importante é a personalização. Um *onboarding* projetado para atender às necessidades específicas do cliente ajuda a identificar brechas ou oportunidades dentro do seu contexto. Por exemplo, ao compreender o perfil de um cliente que adquiriu um *software* de gestão financeira, a equipe pode sugerir durante o *onboarding* integrações com soluções de automação fiscal ou análises preditivas, com base no comportamento e nos objetivos relatados pelo cliente. Essa personalização não apenas melhora a experiência, mas também cria oportunidades de *upsell* e *cross-sell*.

A automação também desempenha um papel fundamental nesse processo. Com o suporte de IA, é possível monitorar a interação do cliente com o produto ou serviço durante o *onboarding*. Essas ferramentas ajudam a identificar padrões de uso, lacunas e até mesmo funcionalidades que estejam subutilizadas. A partir dessas informações, as equipes podem oferecer sugestões proativas que ampliam o uso do produto ou introduzam soluções adicionais. Essa abordagem não é invasiva; pelo contrário, demonstra que a empresa está atenta às necessidades do cliente e disposta a ajudar na maximização do valor recebido.

No entanto, é crucial que o *onboarding* com foco em *upsell* e *cross-sell* seja conduzido com empatia e cuidado. As oportunidades de expansão não devem parecer forçadas ou prematuras; o *timing* é tudo. O cliente precisa primeiro experimentar um "momento de sucesso", ou seja, sentir que sua primeira interação com o produto ou serviço foi um triunfo. Somente após consolidar essa percepção é que a empresa deve introduzir sugestões adicionais de forma natural, como soluções que complementem o que ele já utiliza.

Essa abordagem estratégica de *onboarding* conecta-se diretamente com as Vendas CXCS. Por exemplo, o Novo Mindset de Vendas destaca que vender não é apenas fechar negócios, mas criar valor contante para o cliente. No *onboarding*, isso significa educar o cliente sobre as possibilidades futuras, enquanto solidifica a entrega inicial. Além disso, o **Cliente-Propulsor** é a consequência natural de um *onboarding* bem executado, no qual o cliente vê valor imediato e contínuo, tornando-se mais receptivo a novas soluções e um defensor da marca.

O *onboarding* que promove *upsell* e *cross-sell* não é apenas uma estratégia de vendas; é uma forma de reforçar o compromisso da empresa com o sucesso do cliente.

Competências CS para o time comercial, no ambiente Vendas CXCS

A dinâmica entre Vendas e Customer Success está passando por uma transformação significativa, marcada pela necessidade de uma parceria estratégica e pela adoção de práticas colaborativas. Neste livro, enfatizo frequentemente que a integração entre essas áreas não é apenas desejável, mas mandatória para gerar impacto real nas vendas, na retenção de clientes e na construção de uma base de consumidores que atue como força propulsora da marca. Para alcançar esse objetivo, a equipe de Vendas não pode se limitar a fechar negócios; ela deve estar profundamente envolvida no sucesso contínuo dos clientes.

Em um ambiente de negócios cada vez mais centrado no cliente, o gestor de CS deixa de ser visto como um simples executor de tarefas pós-venda. Por outro lado, os profissionais de vendas estão "intimados" a incorporar elementos dessa cultura de CS em seus processos comerciais, integrando estratégias que tradicionalmente pertenciam ao pós-venda. Essa mudança de mentalidade aumenta as vendas e reduz o *churn*.

Um dos elementos mais importantes dessa nova dinâmica é a cultura de centralidade do cliente, desde que "saia do papel", amplamente apresentada no Capítulo 2. Enquanto anteriormente a retenção de clientes era vista como uma atribuição exclusiva da equipe de CS, agora os vendedores também devem adotar essa responsabilidade, agindo como parceiros no sucesso do cliente.

Isso não significa que os vendedores devam abdicar de suas metas de prospecção, mas que expandam sua atuação para garantir que o cliente esteja continuamente satisfeito e engajado após a aquisição. Esse alinhamento cria um ciclo positivo no qual o cliente percebe o valor tanto na compra inicial quanto nas interações subsequentes com a empresa.

Adotar práticas inspiradas no Customer Success implica que os profissionais de Vendas precisam se capacitar nas seguintes competências:

- » **Entendimento genuíno das necessidades do cliente**: não basta saber o que o cliente quer comprar; é essencial compreender por que ele quer comprar e como o produto ou serviço pode contribuir para seus objetivos a longo prazo.
- » **Acompanhamento pós-venda**: uma venda bem-sucedida não termina com o fechamento do negócio. Os vendedores devem manter contato com o cliente para monitorar sua satisfação, oferecer suporte e ajudar a elevar o uso do produto ou serviço.
- » **Antecipação de problemas**: os vendedores presenciais e *on-line* precisam adotar uma postura proativa, identificando possíveis desafios que o cliente

possa enfrentar e sugerindo soluções antes que esses problemas afetem sua experiência.

» **Promoção de experiências memoráveis**: cada interação deve agregar valor, construindo uma jornada positiva para o cliente. Isso reforça a confiança e solidifica o relacionamento, criando um vínculo duradouro.

Essa abordagem se conecta diretamente ao modelo de Vendas CXCS. O Novo Mindset de Vendas propõe que os vendedores assumam um papel mais estratégico, focado não apenas na aquisição de clientes, mas também na retenção e expansão. Clientes que percebem valor consistente tornam-se propulsores da marca, no que chamamos de **Cliente-Propulsor** ao longo deste livro.

Desbloqueio do potencial do Customer Success Manager

O gestor de Customer Success – *Customer Success Manager* (CSM) desempenha papel nobre em organizações orientadas para o cliente, agindo mais como um parceiro estratégico. O perfil ideal para este profissional vai além de habilidades consultivas; ele deve ser capaz de identificar oportunidades que não apenas atendam às necessidades imediatas dos clientes, mas que também os ajudem a alcançar objetivos maiores e a longo prazo. Mais do que experiência em vendas, o que diferencia um gestor de CS é sua capacidade de agregar valor de forma consistente, alinhando-se profundamente com os interesses dos clientes.

O gestor de CS é um estrategista, um identificador de oportunidades e lacunas na jornada do cliente com a empresa. Mais do que impulsionar vendas diretas, esse profissional é um conselheiro, cujas ações são orientadas para enriquecer a relação do cliente com a empresa, garantindo que suas necessidades e objetivos sejam atendidos de forma personalizada. A essência de seu trabalho é utilizar inteligência para adaptar os serviços ou produtos oferecidos, garantindo uma experiência altamente satisfatória e *turn* zero.

Para que o gestor de CS seja eficaz, é fundamental que sua atuação não seja percebida como uma extensão da equipe de Vendas. Tanto clientes quanto a própria organização precisam enxergá-lo como um consultor dedicado à geração de valor e sucesso para o cliente, e não como alguém movido exclusivamente por metas comerciais.

Essa distinção exige uma mudança na maneira de medir o desempenho do CSM. Em vez de focarem apenas em métricas de vendas, as avaliações devem priorizar indicadores como retenção de clientes, *churn*, renovações e níveis de engajamento. Esses KPIs devem medir impacto positivo que um gestor de CS pode ter para a empresa e para o cliente.

Embora o gerente de sucesso do cliente não atue abrindo novos compradores, é essencial que o vendedor compreenda e desenvolva competências desse cargo, priorizando não tanto a aquisição quanto a retenção.

Contudo, essa dinâmica entre CS e Vendas não deve ser unilateral. Assim como o gestor de CS não deve ser visto como um membro do time de vendas, os profissionais de Vendas também devem incorporar a mentalidade de sucesso do cliente em suas práticas. Para elevar resultados, os vendedores precisam ir além do fechamento de contratos e adotar um papel mais estratégico, considerando a retenção como uma extensão natural de suas atividades de prospecção.

Muitas vezes, a gestão de Customer Success é erroneamente associada apenas à prevenção de *churn* ou à recuperação de clientes insatisfeitos. Embora a retenção seja uma função essencial do CS, limitar sua atuação a um papel curativo subestima o potencial dessa área. O verdadeiro valor da gestão de Customer Success está na sua abordagem proativa e orientada pela liderança, focada em antecipar as necessidades dos clientes antes que os problemas surjam. Reconquistar clientes descontentes pode ser um esforço caro e demorado; por isso, a ênfase deve estar em criar experiências positivas desde o início, reduzindo o risco de insatisfação ao longo da jornada do cliente.

Essa abordagem proativa inclui iniciativas como programas de *onboarding* personalizados, que educam os clientes sobre o uso eficaz dos produtos ou serviços, ao mesmo tempo que destacam os benefícios específicos que essas soluções podem oferecer. Além disso, *check-ins* regulares e o uso de análises de dados podem ajudar a identificar padrões de comportamento, revelando oportunidades para oferecer suporte adicional ou recomendações customizadas.

Por exemplo, no contexto de serviços de assinatura, em que a proximidade e o suporte ao cliente são essenciais, o gestor de CS desempenha um papel crucial. Ao notar que um cliente adquiriu um curso *on-line*, em vez de aguardar passivamente por feedback ou solicitações de ajuda, o gestor de CS toma a iniciativa de enviar recursos úteis como guias passo a passo, vídeos demonstrativos para facilitar a adaptação do cliente à plataforma. Esse tipo de ação proativa aumenta a probabilidade de retenção e novas vendas a longo prazo.

Para que esse potencial seja explorado ao máximo, é essencial integrar os gestores de CS com a equipe comercial, permitindo que eles atuem como mentores e facilitem a adoção do Novo Mindset de Vendas. Essa colaboração reforça que a missão da equipe de Vendas não termina com a aquisição do cliente, mas inclui um compromisso contínuo com o sucesso dele. Não basta abrir novas contas e "torcer" para que elas prosperem; é preciso entregar valor consistentemente.

Essa integração estratégica entre Vendas e CS é um dos pilares do Novo Mindset de Vendas. Ela transforma a dinâmica tradicional ao unir competências, compartilhando responsabilidades e colocando o cliente no centro de todas as decisões. O resultado? A proliferação de **Clientes-Propulsores**, garantido vendas adicionais para a vida toda.

No próximo capítulo, mergulharemos nos KPIs, processos de vendas e estratégias de *pipeline* que ajudarão sua organização a criar um fluxo positivo de resultados e a escalar as operações comerciais de maneira estruturada.

CAPÍTULO 8

O Processo de Vendas, Pipeline e Mais de 150 KPIs de Vendas

O alinhamento entre o processo de vendas, o funil e os KPIs não é apenas uma recomendação prática: é a espinha dorsal de Vendas CXCS. Quando esses três elementos operam em sinergia estratégica, os resultados são transformadores: maior clareza no *pipeline*, decisões mais assertivas e uma abordagem comercial que coloca o cliente no centro, elevando as vendas para novos clientes e as receitas recorrentes de clientes atuais e interrompendo o *churn*.

Neste capítulo, você verá como estruturar um processo de vendas que transcenda a mera execução de tarefas, evoluindo para um ciclo dinâmico e integrado com a Jornada do Cliente. Vamos detalhar como alinhar o funil de vendas às expectativas do mercado, identificar gargalos que possam comprometer os resultados e criar conexões mais profundas em cada interação.

O ponto alto deste capítulo é o mergulho em 159 KPIs de Vendas, a maior compilação já apresentada em um livro do gênero. Esses indicadores abrangem vendas presenciais e *on-line*, cobrindo desde a prospecção inicial até a fidelização e expansão da base de clientes. O conteúdo aqui apresentado é fruto de anos de experiência prática e pesquisa detalhada, projetado para se tornar sua principal ferramenta de análise e otimização.

A força de vendas do futuro pertence à era *analytics*, na qual a intuição abre espaço para dados sólidos e *insights* acionáveis. É hora de abandonar modelos tradicionais e mergulhar profundamente no Novo Mindset de Vendas, no qual cada ação é estratégica, cada indicador conta uma história e cada decisão é tomada com base em evidências.

Vamos em frente! É hora de transformar oportunidades em resultados e alavancar seu potencial de vendas. Este capítulo oferece as ferramentas necessárias para conquistar novos clientes e, igualmente importante, potencializar o valor dos clientes atuais, aumentando as receitas recorrentes, *cross-sell* e *upsell*.

Vamos em frente!

CAPÍTULO 8

Processo de vendas × funil × KPIs: a grande sinergia para Vendas CXCS

O alinhamento entre o processo de vendas, o funil e os KPIs potencializa os resultados e impulsiona as equipes rumo ao Novo Mindset de Vendas. Esse alinhamento não é apenas uma prática operacional; trata-se de uma abordagem estratégica que conecta diretamente as ações comerciais aos pilares centrais de Vendas CXCS.

Perceba que na maior parte do tempo as empresas fragmentam esses três elementos. Contudo, no Novo Mindset de Venda, esses três conteúdos cumprem papéis complementares. O processo de vendas organiza as etapas a serem seguidas pela equipe comercial, o funil de vendas fornece uma visão clara do avanço das oportunidades ao longo da jornada, e os KPIs funcionam como indicadores críticos que orientam as decisões e permitem ajustes contínuos. Quando integrados, eles criam uma base para a implementação eficaz da metodologia Vendas CXCS, transformando a abordagem comercial em uma jornada estruturada e alinhada com as expectativas do cliente.

É importante destacar que esse alinhamento não está limitado a grandes corporações ou equipes robustas de análise. Mesmo empresas menores, ao adotarem essa integração, podem alcançar resultados significativos. A conexão entre o processo, o funil e os KPIs torna possível não apenas medir o desempenho com maior precisão, mas também identificar e corrigir rapidamente gargalos.

Estabelecer essa estrutura não apenas melhora os resultados imediatos, mas também prepara o terreno para que o cliente percorra uma jornada coesa, elevando a percepção de valor. Nos próximos tópicos, detalharei como essa sinergia pode ser implementada na prática, transformando a abordagem comercial.

O processo de vendas influenciado pela jornada do cliente

O processo de vendas moderno vai muito além de uma sequência de tarefas. Ele deve ser entendido como uma extensão natural da jornada do cliente. Quando inserido no contexto do Novo Mindset de Vendas, o processo deixa de se limitar ao objetivo de "fechar negócios". Ele adquire um papel mais estratégico, refletindo a essência de Vendas CXCS: priorizar a compreensão da jornada do cliente para, então, ajustar e aperfeiçoar os processos internos da empresa, incluindo os comerciais. Essa mudança representa uma ruptura importante com a cultura de vendas tradicional, que historicamente coloca os recursos internos como prioridade, relegando o foco no cliente a um segundo plano.

Por exemplo, ao se identificar um gargalo na etapa de fechamento de vendas, isso pode indicar a necessidade de aprimorar a comunicação de valor. Nesse caso, ações como a realização de treinamentos específicos para a equipe de Vendas podem capacitar os profissionais a adotarem uma abordagem mais focada no cliente, demonstrando de maneira clara e persuasiva como a solução oferecida resolve os desafios particulares do comprador. Outra alternativa é o desenvolvimento de *playbooks* para as equipes comerciais.

Esse foco na entrega contínua de valor não apenas atende às expectativas do cliente, mas também cria condições para que ele se transforme em um **Cliente-Propulsor** – alguém que não apenas consome a solução, mas também a promove de maneira espontânea. Dentro dessa abordagem, o processo de vendas deixa de ser uma sequência fixa e linear, tornando-se um ciclo dinâmico, ajustado de acordo com os *insights* obtidos durante a jornada do cliente.

O Processo de Vendas, *Pipeline* e Mais de 150 KPIs de Vendas

Alinhar o processo de vendas à jornada do cliente não é apenas uma questão de eficiência operacional. Trata-se de fortalecer o relacionamento a longo prazo, assegurando que cada interação se torne uma oportunidade para criar resultados positivos tanto para o cliente quanto para a empresa.

O funil de vendas como um diagnóstico visual da jornada

O funil de vendas é um mapa visual para acompanhar as etapas, como conscientização, consideração e decisão. Ele traduz o processo comercial em uma estrutura clara, indicando exatamente onde os *leads* estão engajando ou se dispersando. Essa clareza permite à equipe identificar pontos de atenção para não perder negócios.

Sob a perspectiva de Vendas CXCS, o *pipeline* não é apenas uma representação estática. Ele monitora o progresso de cada *lead* fornecendo *insights* sobre suas necessidades em tempo real. Por exemplo, se os dados do funil revelam uma alta taxa de abandono em uma etapa intermediária, isso pode indicar que os clientes potenciais estão enfrentando dificuldades, como falta de informações claras ou suporte inadequado.

Os KPIs não devem apresentar apenas os resultados comerciais

Os indicadores-chave de desempenho (KPIs) são a ponte entre os dados e as ações estratégicas, proporcionando *insights* que avaliam tanto o processo de vendas quanto a gestão do funil. No contexto do Novo Mindset de Vendas, eles validam o impacto das estratégias implementadas e ajudam a identificar oportunidades para elevar a experiência do cliente.

No entanto, a prática comum em muitas empresas revela um desequilíbrio significativo: enquanto as equipes de atendimento ao cliente são frequentemente avaliadas por mais de 20 métricas, a Força de Vendas costuma ser medida por apenas três indicadores básicos, como número de vendas, taxa de conversão e receita gerada. Essa discrepância subestima o potencial estratégico dos KPIs no setor comercial e limita sua capacidade de impulsionar mudanças significativas.

Os KPIs básicos de vendas – como número de vendas, taxa de conversão e receita gerada – continuam sendo um ponto de partida para entender o que está funcionando e identificar possíveis áreas de atenção. Contudo, no Novo Mindset de Vendas, é indispensável que a análise desses indicadores vá além dos números superficiais, entendendo suas causas e implicações para obter *insights* mais profundos sobre o processo de vendas e a experiência do cliente.

Por exemplo, um ciclo de negociação de contrato excessivamente longo em uma empresa de TI pode evidenciar gargalos que não estejam imediatamente claros pelos números. Esse cenário pode apontar para a necessidade de implementar automações no envio de propostas ou disponibilizar materiais comparativos mais detalhados que agilizem a tomada de decisão do cliente. Essas ações não apenas reduzem o tempo necessário para fechar negócios, mas também mostram ao cliente um compromisso com sua jornada e suas necessidades, conectando-se diretamente à abordagem Vendas CXCS.

Os KPIs no Novo Mindset de Vendas são mais do que números que medem o desempenho; eles ajudam a empresa a construir uma jornada mais produtiva e lucrativa com seus clientes, otimizando processos e promovendo uma experiência superior em todas as etapas da jornada.

CAPÍTULO 8

A seguir, apresentarei o processo de vendas, seguido pelo *pipeline* e, em seguida, uma seleção detalhada de dezenas de indicadores que podem transformar a forma como você monitora e alavanca os resultados da sua equipe.

Vendendo mais a partir do processo estruturado de vendas

O processo de vendas tradicional frequentemente segue um modelo rígido, com base em etapas como prospecção, diagnóstico, apresentação de solução e fechamento de vendas. Nesse formato, a abordagem centrada no produto predomina, com forte ênfase no fechamento rápido e na pressão comercial. O cliente, muitas vezes, é tratado como apenas mais um comprador, e suas necessidades específicas acabam ignoradas. Esse enfoque resulta em experiências fragmentadas, nas quais a conexão genuína é substituída por táticas de desconto ou argumentos genéricos que, na prática, desvalorizam a solução oferecida.

Embora essas etapas sejam amplamente conhecidas pelas equipes, o verdadeiro desafio está em como elas são aplicadas. Permanecer preso a essa abordagem pode limitar as oportunidades de vender mais e melhor. Para alcançar um novo patamar de eficiência e crescimento, é essencial rever esse modelo e adotar um processo de vendas mais centrado no cliente, alinhado com as demandas atuais.

Para que uma empresa alcance novo patamar de crescimento, é imprescindível adotar um processo de vendas bem estruturado, que equilibre as demandas internas com as expectativas dos clientes. Esse processo precisa ser eficiente, adaptável e, acima de tudo, capaz de atender às especificidades de diferentes cenários, sem perder a personalização como diferencial estratégico.

Bryan Wills, em sua estrutura voltada para *startups*, oferece um exemplo inspirador de como alinhar simplicidade e eficácia na criação de processos que geram resultados. A proposta de Wills destaca a importância de práticas replicáveis e adaptáveis, que formam uma base sólida para impulsionar as vendas. O framework *Tips to achieve 10x sales growth for startups* detalha as etapas para criar um processo de vendas, com foco em geração de *leads*, engajamento de *prospects* e otimização de fluxos internos. Irei apresentar de forma prática as etapas e compreender como sua aplicação pode transformar a dinâmica comercial da sua empresa. Veja a Figura 8.1. A seguir, vou ampliar as dicas de cada etapa do processo, com a finalidade de manter o tom prático deste livro:

1. Conheça os *prospects*

O processo começa com a coleta de informações básicas sobre seus potenciais clientes. À medida que novos dados surgem, eles devem ser catalogados e integrados em uma base de dados. Este passo inicial permite que a equipe de Vendas personalize os contatos futuros e construa relações mais fortes desde o início. Quanto mais profundo o conhecimento sobre os *prospects*, maior a chance de oferecer soluções que atendam diretamente às suas dores.

2. Localize o *lead*

O próximo passo é identificar onde o *lead* está no funil de vendas. Esta etapa exige análise para entender se o cliente está pronto para avançar ou precisa de mais interação e conteúdo para amadurecer sua decisão. Ao clarificar os pontos que requerem atenção, a equipe pode agir de forma direcionada, aproximando o cliente da conversão.

Figura 8.1 O processo pelo qual *startups* podem aumentar suas vendas.

Conheça os *prospects*

Comece com informações básicas e, conforme novos detalhes forem surgindo, adicione-os à base de dados.

Localize o *lead*

Saiba onde ele está na Jornada e se está pronto para virar cliente. Reconheça quais pontos merecem atenção para que ele se mova pelo funil.

Monitore prospectos

Use automação para rastrear oportunidades de conversão e unir aos dados sobre os contatos feitos com os indivíduos, como ligações e reuniões.

Configure o sistema

Agora, é hora de unir os pontos de contato com as informações pessoais e continuar o *input* desses dados no mesmo sistema.

Ajuste e acompanhe

Olhe de volta para o processo e procure por falhas e possíveis melhorias. Aproveite para alinhar Vendas e Marketing por meio dos resultados observados.

Crie um ciclo

As estratégias usadas pelos diferentes colaboradores deve ser unificada – no tempo e nos diferentes profissionais. Treine-os para o alinhamento.

Posicione os *assets*

Com a Jornada e o funil de vendas mapeados, é hora de posicionar os conteúdos (tutoriais, artigos, *webinars* etc.) nos diferentes estágios.

Fonte: Criação própria, baseada em WILLS, Bryan. Tips to Achieve 10x Sales Growth for Startups. *National Association of Sales Professionals*, [20--].

3. Monitore os *prospects*

Usar automação para rastrear interações e oportunidades de conversão é indispensável. Reunir informações sobre o histórico de contato, ligações, reuniões e outras interações em um CRM permite visualizar padrões e personalizar o próximo passo. Essa etapa transforma os dados em *insights* para melhorar as chances de fechamento.

4. Configure o sistema

A configuração de um sistema centralizado é o alicerce para conectar os pontos de contato com as informações pessoais dos *prospects*. É o momento de integrar dados em um CRM robusto, onde todas as interações sejam registradas e acessíveis em tempo real. Isso garante consistência e eficiência nas abordagens futuras, otimizando a gestão do *pipeline*.

5. Posicione os *assets*

Com o funil de vendas e a jornada do cliente mapeados, chega o momento de posicionar os conteúdos certos nos momentos mais adequados. Tutoriais, *webinars*, *e-books* e outros ativos digitais devem ser entregues de forma estratégica, sempre respondendo às necessidades específicas de cada cliente em seu estágio na jornada. Chamamos esses entregáveis de *assets*.

6. Crie um ciclo

As estratégias usadas pelos diferentes colaboradores precisam ser unificadas, garantindo consistência em cada estágio da jornada do cliente. Isso inclui alinhar os tempos de resposta, os materiais compartilhados e os comportamentos das equipes. Treinamentos regulares são ferramentas essenciais para fortalecer esse ciclo.

7. Ajuste e acompanhe

Nenhum processo está livre de falhas, e a etapa de ajuste e acompanhamento é fundamental para identificar pontos de melhoria. Revisar o desempenho do *pipeline* e promover alinhamentos entre as equipes de Vendas e Marketing são práticas que reforçam a eficácia do processo. Essa etapa deve ser contínua.

O processo de vendas pode ser escalado para empresas de qualquer porte que busquem uma abordagem estratégica e centrada no cliente. Para isso, devemos estar atentos ao funil de vendas.

Como turbinar o *pipeline* de vendas

O *pipeline* de vendas é mais do que uma representação gráfica; o funil reflete a jornada dos *leads* por um caminho de experiências, que pode culminar em relações de fidelidade com as empresas. Embora o termo "funil de vendas" seja frequentemente usado como sinônimo, ele carrega uma importante distinção: nem todos os potenciais compradores que entram no funil chegarão ao estágio final como clientes. Essa compreensão técnica é essencial para otimizar as estratégias comerciais.

Ter um *pipeline* de vendas confiável é um ativo estratégico. Ele não apenas facilita a transição de um *lead* para cliente, mas também oferece uma visão estruturada do processo, permitindo gerenciá-lo de maneira mais eficiente.

Diversos estudos comprovam a importância do processo de vendas sincronizado com o *pipeline*. Em "12 Ways to Manage Your Sales Pipeline", Niklas Stattin apresenta diversos dados que ilustram a importância de uma gestão eficiente do *pipeline* de vendas. Entre as principais conclusões, 72% dos gerentes de vendas realizam revisões frequentes de seus *pipelines*, enquanto 63% dos entrevistados admitem que suas empresas não gerenciam essa área de modo eficaz. Empresas que adotam processos formais de vendas alcançam um crescimento de receita 18% maior, e aquelas que implementam 3 práticas específicas de *pipeline* observam um aumento de 28% no crescimento. Outra tendência destacada é o aumento no número de contatos necessários para fechar uma venda, que passou de 3,7 há 10 anos para mais de 8 atualmente. Além disso, 75% das vendas B2B levam pelo menos 4 meses para serem concluídas. Esses dados reforçam que um *pipeline* bem gerido é essencial para o sucesso comercial, enquanto desafios como acompanhamento, extensão do ciclo de vendas e ausência de padronização continuam sendo barreiras críticas.

Depois de integrar o processo de vendas e o *pipeline*, agora é o momento de aprofundar a análise dos KPIs que estão alinhados ao modelo de Vendas CXCS. Esta parte do capítulo tem como propósito promover uma mudança cultural profunda: abandonar a visão tradicional, que se limita a mensurar três indicadores básicos de vendas, e adotar uma abordagem estratégica que valorize tanto a experiência do cliente quanto o sucesso do negócio.

Mergulhe em mais de 150 KPIs de Venda Pessoal e Venda *On-line*

É com grande entusiasmo que apresento a você a mais abrangente compilação de KPIs de vendas já lançada em um livro. Este capítulo é o resultado de anos de experiência prática em projetos reais e de uma pesquisa exaustiva, desenhada para oferecer uma ferramenta indispensável aos profissionais de vendas. O objetivo aqui não é apenas listar KPIs, mas demonstrar como esses indicadores podem ser transformados em estratégias concretas para impulsionar resultados. Espero que este conteúdo inspire e eleve a maneira como você aborda as vendas no seu dia a dia.

Minha abordagem aos KPIs está estruturada em 7 categorias bem definidas, alinhadas às diferentes etapas e dimensões do processo de vendas, tanto *on-line* quanto presencial. Essa organização facilita a aplicação prática dos indicadores e direciona a análise estratégica em cada área de atuação. Vamos conhecer as 7 categorias:

1. KPIs de ativação e prospecção de vendas.
2. KPIs de conversão de vendas.
3. KPIs de eficiência operacional em vendas.
4. KPIs de experiência e sucesso do cliente.
5. KPIs financeiros de resultados de vendas.
6. KPIs financeiros de custos de vendas.
7. KPIs de previsão e estratégia de vendas.

Nos próximos tópicos, você encontrará cada uma dessas categorias detalhadas com seus respectivos KPIs e exemplos práticos de aplicação para vendas *on-line* e presenciais. O objetivo é oferecer ferramentas para transformar esses indicadores em análises precisas e em tomadas de decisão embasadas em dados. Vamos acompanhar juntos como esses KPIs podem potencializar suas estratégias e levar suas operações de vendas a um novo patamar!

CAPÍTULO 8

KPIs de ativação e prospecção de vendas

Nesta categoria, os KPIs medem os esforços iniciais para atrair e engajar potenciais clientes, como número de ligações, *e-mails* enviados, *leads* gerados e interações digitais. São indicadores essenciais para entender a eficácia da abordagem inicial e garantir um fluxo constante de oportunidades no funil de vendas.

KPIs de ativação e prospecção – Venda Pessoal

1. **Quantidade de ligações realizadas**: quantifica as ligações feitas pela equipe de Vendas. Ajuda a avaliar a proatividade e o esforço em alcançar clientes durante um período. Exemplo: total de chamadas diárias de um vendedor.

2. **Quantidade de *e-mails* e *short messages* enviados**: mede *e-mails* e *short messages* enviados aos *prospects*. Indica a intensidade das tentativas de comunicação. Exemplo: quantidade de mensagens de WhatsApp de prospecção enviados por semana.

3. **Quantidade de reuniões realizadas**: total de encontros presenciais com *prospects* ou clientes. Mede o engajamento das Vendas. Exemplo: reuniões semanais agendadas por um gerente de contas.

4. **Quantidade de reuniões agendadas a partir de *cold calling***: reuniões marcadas após contatos telefônicos ou WhatsApp não solicitados. Mede a eficácia do *cold calling*. Exemplo: reuniões agendadas por semana por meio de ligações de prospecção.

5. **Quantidade de propostas enviadas**: propostas comerciais enviadas aos clientes. Indica o potencial de fechamento de negócios. Exemplo: propostas enviadas por semana após reuniões de qualificação.

6. **Quantidade de visitas por vendedor**: visitas presenciais realizadas por cada vendedor. Avalia o esforço de campo. Exemplo: visitas mensais feitas por um vendedor a clientes potenciais.

7. **Quantidade de apresentações de vendas realizadas**: apresentações de produtos/serviços a clientes. Mostra o alcance das iniciativas de vendas. Exemplo: demonstração de produto feita em uma semana.

8. **Quantidade de *leads* gerados em eventos**: *leads* capturados em eventos presenciais, como feiras e congressos. Indica o sucesso de participações em eventos. Exemplo: contatos obtidos em uma feira de negócios realizada em novembro.

9. **Quantidade de contatos qualificados em eventos**: contatos de eventos avaliados como potenciais clientes. Melhora a eficiência de *follow-up*. Exemplo: *leads* de uma conferência considerados qualificados para vendas.

10. **Quantidade de *leads* gerados por canal *off-line***: *leads* obtidos com métodos tradicionais. Avalia a efetividade de estratégias *off-line*. Exemplo: contatos captados em *shopping centers* em determinado período.

O Processo de Vendas, *Pipeline* e Mais de 150 KPIs de Vendas

11. **Quantidade de contatos qualificados por canal *off-line***: contatos de canais *off-line* considerados aptos para vendas. Foca no potencial de conversão. Exemplo: *leads* de uma campanha de venda de cursos qualificados para *follow-up*.

12. **Quantidade de oportunidades criadas por canal *off-line***: oportunidades de negócio originadas de interações tradicionais. Demonstra o esforço empreendido nas atividades *off-line*. Exemplo: potenciais vendas identificadas em encontros de *networking*.

KPIs de ativação e prospecção – Venda *On-line*

1. **Quantidade de visitas ao *site***: este indicador mede o tráfego total do *site*, refletindo a eficácia da estratégia digital. Exemplo: aumento de visitas após uma campanha de vendas de pacotes de viagens.

2. **Quantidade de *leads* gerados no *site***: reflete a quantidade de potenciais clientes capturados no *site*, indicando o sucesso das chamadas à ação. Exemplo: *prospects* capturados por um formulário de inscrição.

3. **Quantidade de oportunidades criadas no *site***: oportunidades de negócio identificadas a partir de interações no *site*, mostrando o potencial de conversão. Exemplo: solicitações de cotação recebidas *on-line*.

4. **Quantidade de contatos qualificados no *site***: *leads* que passaram por um processo de qualificação, indicando maior probabilidade de conversão. Exemplo: contatos que preencheram critérios específicos em um formulário e que são elegíveis para um desconto.

5. **Quantidade de *leads* gerados por outros canais *on-line***: *leads* obtidos em diferentes canais *on-line*, que não sejam o *site*, avaliando a eficácia de cada um. Exemplo: *leads* gerados mediante campanhas no Instagram.

6. **Quantidade de contatos qualificados por canal *on-line***: *leads* qualificados provenientes de canais *on-line* específicos, otimizando esforços de marketing. Exemplo: contatos qualificados via *webinars*.

7. **Quantidade de oportunidades criadas por canal *on-line***: oportunidades de Vendas identificadas em canais *on-line* distintos, mostrando o potencial de cada canal. Exemplo: oportunidades geradas por anúncios pagos no Facebook.

8. **Quantidade de *posts* publicados nas redes sociais**: total de publicações feitas nas plataformas de mídia social, refletindo a atividade de conteúdo. Exemplo: *posts* realizados no LinkedIn em um mês.

9. **Quantidade de interações nas redes sociais**: quantidade de curtidas, comentários e compartilhamentos, medindo o engajamento do público. Exemplo: interações recebidas em *posts* de lançamento de produto.

10. **Quantidade de *webinars* realizados**: total de *webinars* conduzidos, indicando esforço em educação e engajamento do cliente. Exemplo: *webinars* educacionais oferecidos em um trimestre.

CAPÍTULO 8

11. **Quantidade de seguidores nas redes rociais**: quantidade de usuários que seguem a marca nas plataformas sociais, refletindo a base de audiência. Exemplo: crescimento de seguidores no Instagram após uma campanha.

12. **Quantidade de eventos de *networking* realizados**: eventos organizados para promover conexões profissionais, mostrando o investimento em relações comunitárias. Exemplo: encontros virtuais de *networking* para clientes e parceiros.

13. **Taxa de engajamento nas redes sociais**: percentual de seguidores que interagem com o conteúdo, medindo a efetividade da comunicação social. Exemplo: aumento de engajamento após uma série de *posts* interativos.

KPIs de conversão de vendas

Os KPIs de conversão avaliam como os esforços iniciais se traduzem em resultados concretos, como clientes adquiridos, vendas realizadas e taxas de conversão em cada etapa do funil. Essa categoria oferece *insights* sobre a eficácia das estratégias e o desempenho em transformar interesse em negócios fechados.

KPIs de conversão de vendas – Venda Pessoal

1. **Taxa de conversão de *leads***: proporção de *leads* convertidos em vendas pessoais, medindo eficácia de abordagens. Exemplo: melhoria na taxa de conversão após revisão de roteiros do gerente de contas.

2. **Taxa de fechamento de propostas**: percentual de propostas que resultam em vendas, medindo eficácia. Exemplo: melhoria na taxa de fechamento com revisão de ofertas.

3. **Vendas por vendedor**: volume de vendas atribuído a cada vendedor, incentivando desempenho. Exemplo: reconhecimento dos vendedores de maior desempenho mensal.

4. **Atingimento da quota de vendas pessoal**: percentual da meta de vendas alcançada por cada vendedor, incentivando a *performance*. Exemplo: vendedores que superam 100% da quota no mês.

5. **Quantidade de novos clientes**: contabiliza clientes adquiridos em um período. Reflete a eficácia das estratégias de vendas. Exemplo: total de clientes conquistados no último trimestre.

6. **Quantidade de clientes ativos**: quantifica clientes que fizeram compras recentemente. Indica saúde da base de clientes. Exemplo: clientes que compraram nos últimos 30 dias.

KPIs de conversão de vendas – Venda *On-line*

1. **Quantidade de vendas *on-line***: total de transações concluídas via *site*, medindo diretamente o sucesso das vendas *on-line*. Exemplo: vendas concluídas durante uma campanha promocional.

O Processo de Vendas, *Pipeline* e Mais de 150 KPIs de Vendas

2. **Quantidade de clientes *on-line***: quantidade de novos clientes adquiridos via canais *on-line*, mostrando a eficácia das vendas digitais. Exemplo: novos assinantes de um serviço *on-line*.

3. **Quantidade de pedidos *on-line***: total de pedidos feitos no *site*, refletindo a atividade comercial *on-line*. Exemplo: pedidos realizados durante uma oferta especial.

4. **Valor total das vendas *on-line***: soma do valor de todas as vendas *on-line*, representando a receita gerada digitalmente. Exemplo: receita total de vendas em um evento de desconto *on-line*.

5. ***Ticket* médio das vendas *on-line***: valor médio de cada venda, indicando o valor típico por transação. Exemplo: *ticket* médio em uma loja *on-line* de vestuário.

6. **Taxa de conversão de visitantes em *leads***: proporção de visitantes do *site* que se tornam *leads*. Exemplo: melhoria na taxa após a implementação de *pop-ups* interativos.

7. **Taxa de conversão de *leads* em vendas**: percentual de *leads* que resultam em negócios, indicando a eficácia do funil *on-line*. Exemplo: conversão de *leads* de uma campanha de *e-mail* marketing.

8. **Vendas por vendedor *on-line***: quantidade de Vendas atribuídas a cada vendedor no ambiente *on-line*. Exemplo: identificação dos vendedores de alto desempenho para compartilhar práticas de sucesso.

9. **Taxa de conversão por canal *on-line***: conversões alcançadas em cada canal digital, como *e-mail*, redes sociais etc. Exemplo: altas taxas de conversão em campanhas de marketing no Instagram justificam aumento de investimento.

10. **Taxa de conversão por produto/serviço *on-line***: percentual de Vendas *on-line* em relação à quantidade de visualizações de cada produto/serviço. Exemplo: produtos com avaliações de clientes destacadas apresentam maiores taxas de conversão.

11. **Atingimento da quota de vendas *on-line***: percentual da meta de Vendas alcançada pelas operações *on-line*. Exemplo: vendedores *on-line* superando a quota após campanha KPIs de Eficiência Operacional em Vendas.

KPIs de eficiência operacional em vendas

Esses KPIs avaliam a produtividade e o uso eficaz dos recursos, destacando indicadores como tempo médio de ciclo de vendas, produtividade por vendedor e eficiência do processo. São essenciais para identificar gargalos e refinar processos para elevar os resultados com menos esforço.

KPIs de eficiência operacional em vendas – Venda Pessoal

1. **Tempo médio de ciclo de venda pessoal**: mede a duração desde o primeiro contato até o fechamento do negócio com o cliente, otimizando estratégias. Exemplo: redução tempo do ciclo de venda com treinamento focado.

CAPÍTULO 8

2. **Tempo médio gasto em atividades de prospecção**: horas dedicadas à busca de novos clientes, melhorando alocação de tempo. Exemplo: diminuição do tempo de prospecção com uso de ferramentas automatizadas.

3. **Tempo médio gasto em atividades de qualificação de *leads***: duração para avaliar o potencial de *leads*, aumentando eficiência. Exemplo: implementação de critérios de pontuação de *leads* para agilizar qualificação.

4. **Taxa de conversão por etapa do funil**: conversão em cada fase do funil de vendas, identificando gargalos. Exemplo: ajustes nas etapas com baixa conversão para aumentar efetividade.

5. **Taxa de aprovação de crédito**: percentual de clientes motivados pelo time comercial com crédito aprovado, facilitando fechamentos. Exemplo: aprimoramento nas políticas de crédito para elevar aprovações.

6. **Taxa de cancelamento de pedidos pessoal**: pedidos cancelados *versus* total, indicando satisfação do cliente. Exemplo: redução na taxa de cancelamento com melhor comunicação pós-Venda.

7. **Taxa de devolução de produtos**: devoluções em relação às vendas totais presenciais, refletindo qualidade e adequação. Exemplo: diminuição de devoluções com treinamento de produto para vendedores.

8. **Tempo médio de resolução de problemas presenciais**: duração para solucionar questões de clientes, elevando satisfação. Exemplo: implementação de procedimentos de resolução rápida de problemas.

9. **Eficiência da equipe de vendas pessoal**: vendas realizadas por hora trabalhada, otimizando produtividade. Exemplo: aumento da eficiência com reestruturação das rotinas de vendas.

10. **Nível de utilização de ferramentas de CRM pessoal**: taxa de utilização efetiva do CRM pela equipe, melhorando gestão de relacionamento. Exemplo: mensuração da utilização em momentos de pico.

11. **Qualidade pessoal dos *leads***: avaliação do potencial dos *leads*, direcionando esforços. Exemplo: aumento da qualidade dos *leads* com aprimoramento dos critérios de segmentação.

12. **Nível de treinamento da equipe de vendas pessoal**: profundidade e atualização do treinamento, elevando competência. Exemplo: programa contínuo de desenvolvimento para vendedores.

13. **Produtividade da equipe de vendas pessoal**: relação entre vendas realizadas e recursos utilizados, aprimorando eficácia. Exemplo: aumento da produtividade com adoção de metodologias ágeis.

14. **Eficiência do processo de vendas pessoal**: avaliação da fluidez e da eficiência do processo de Vendas, buscando melhorias. Exemplo: revisão de processos para reduzir o ciclo de vendas.

KPIs de eficiência operacional em vendas – Venda *On-line*

1. **Tempo médio de ciclo de venda *on-line***: mede o período desde o primeiro contato até a finalização da compra no ambiente *on-line*. Exemplo: redução do ciclo com a otimização do processo de *checkout*.

O Processo de Vendas, *Pipeline* e Mais de 150 KPIs de Vendas

2. **Tempo médio gasto em atividades de prospecção *on-line***: horas dedicadas à busca de novos clientes via canais digitais. Exemplo: redução do tempo com técnicas de marketing de conteúdo eficazes.

3. **Tempo médio gasto em atividades de qualificação *on-line***: duração para avaliar o potencial de *leads* gerados digitalmente. Exemplo: eficiência aumentada com ferramentas de automação de marketing.

4. **Tempo médio de resposta a *leads on-line***: rapidez com que a equipe *on-line* responde a novos *leads*. Exemplo: diminuição do tempo com respostas automáticas e equipe dedicada.

5. **Índice de engajamento dos *leads on-line***: mede o nível de interação dos *leads* com o conteúdo *on-line*. Exemplo: aumento do engajamento com a realização de *webinars* interativos.

6. **Taxa de conversão por etapa do funil (*on-line*)**: conversões realizadas em cada fase do funil de Vendas digital. Exemplo: otimizações nas etapas com baixa conversão para melhorar o desempenho geral.

7. **Taxa de aprovação de crédito *on-line***: percentual de transações *on-line* aprovadas após análise de crédito. Exemplo: melhoria na taxa com a integração de um novo serviço de análise de crédito.

8. **Taxa de devolução de produtos *on-line***: percentual de produtos devolvidos após a compra *on-line*. Exemplo: diminuição das devoluções com vídeos explicativos de uso do produto.

9. **Tempo médio de resolução de problemas *on-line***: duração para solucionar questões de clientes no ambiente digital. Exemplo: redução do tempo com a implementação de um sistema de *tickets* mais eficiente.

10. **Eficiência da equipe de vendas *on-line***: vendas realizadas por hora de trabalho no ambiente *on-line*. Exemplo: aumento da eficiência com treinamentos em vendas digitais e uso de ferramentas analíticas.

11. **Nível de utilização de ferramentas de CRM *on-line***: grau em que a equipe *on-line* utiliza o CRM para gerenciar relacionamentos com clientes. Exemplo: melhoria na utilização após sessões de treinamento sobre funcionalidades avançadas do CRM.

12. **Qualidade dos *leads on-line***: avaliação do potencial de conversão dos *leads* gerados digitalmente. Exemplo: aumento da qualidade dos *leads* com a implementação de critérios de pontuação mais rigorosos.

13. **Nível de treinamento da equipe de vendas *on-line***: mede a competência e o conhecimento da equipe sobre Vendas digitais. Exemplo: elevação do nível de treinamento com cursos especializados em *e-commerce*.

14. **Taxa de cliques (CTR) em campanhas *on-line***: proporção de cliques recebidos por anúncio em relação ao número de vezes que foi exibido. Exemplo: aumento do CTR em anúncios com mensagens personalizadas e ofertas limitadas.

15. **Quantidade de clientes inativos**: monitora clientes que deixaram de utilizar o serviço, mas ainda não apresentam uma posição final, sendo diferente do *churn*. Exemplo: clientes que não renovaram suas assinaturas.

CAPÍTULO 8

16. **Taxa de cancelamento de pedidos *on-line*:** proporção de pedidos *on-line* cancelados por clientes. Exemplo: redução na taxa com melhor descrição dos produtos e política de devolução clara.

17. **Valor total dos carrinhos abandonados:** soma do valor de todos os carrinhos abandonados, indicando a receita potencial perdida. Exemplo: valor perdido em uma semana devido a abandono de carrinho.

18. **Taxa de abandono de carrinho:** percentual de carrinhos de compra não finalizados, apontando possíveis barreiras no processo de *checkout*. Exemplo: abandono após visualização de custos de frete.

19. **Taxa de motivos para abandono de carrinho:** demonstra, percentualmente, as razões específicas pelas quais os carrinhos são abandonados, fornecendo *insights* para melhorias. Exemplo: abandono devido a um processo de *checkout* complicado.

KPIs de experiência e sucesso do cliente

No contexto do Novo Mindset de Vendas e da metodologia Vendas CXCS, a experiência e o sucesso do cliente não são apenas prioridades – são pilares estratégicos para fidelização, crescimento sustentável e transformação de consumidores em Clientes-Propulsores. KPIs voltados à experiência do cliente avaliam diretamente a qualidade das interações, a percepção de valor e a entrega de resultados ao longo de toda a jornada.

1. **Net Promoter Score (NPS):** mede a probabilidade de clientes recomendarem a empresa, refletindo sua satisfação e lealdade. Por exemplo, após a implementação de um novo canal de atendimento, o NPS subiu de 65 para 75 pontos.

2. **Índice de Foco no Customer Experience (IFCX):** também chamado de *Customer Experience Management Maturity Index* **(CXMMI)**, avalia o impacto da maturidade das empresas em relação a criar experiências memoráveis para os clientes.

3. **Customer Effort Score (CES):** mede o esforço que o cliente precisa fazer para resolver problemas ou obter suporte. Por exemplo, simplificar o processo de troca de produtos reduziu o CES de 4 para 2 em uma escala de 1 a 5.

4. **Taxa de *churn*:** percentual de clientes que cancelaram serviços ou deixaram de comprar em um período. Por exemplo, um programa de retenção reduziu a taxa de *churn* de 10 para 7% em 6 meses.

5. **First Contact Resolution (FCR):** indica a proporção de problemas resolvidos no primeiro contato, elevando a satisfação do cliente. Por exemplo, treinamento especializado aumentou o FCR de 75 para 85% em 3 meses.

6. **Taxa de utilização do produto/serviço:** mede a frequência de uso de um produto ou serviço pelos clientes. Por exemplo, incluir tutoriais interativos aumentou a taxa de utilização de uma plataforma SaaS em 20%.

O Processo de Vendas, *Pipeline* e Mais de 150 KPIs de Vendas

7. **Índice de reclamações de clientes**: quantidade de reclamações recebidas em relação ao total de interações. Por exemplo, reclamações sobre atrasos caíram 30% após a otimização da logística.

8. **Quantidade de clientes que se tornaram Clientes-Propulsores**: mede quantos clientes passaram a promover ativamente a marca, referenciando novos consumidores. Por exemplo, um programa de indicações gerou 16 novos Clientes-Propulsores no último trimestre.

9. **Customer Satisfaction Score (CSAT)**: mede o nível de satisfação do cliente em interações específicas. Por exemplo, o CSAT atingiu 95% após a implementação de uma nova política de devoluções.

10. **Taxa de adoção de novos serviços ou produtos**: proporção de clientes que experimentaram ou adquiriram novos produtos ou serviços. Por exemplo, campanhas educativas aumentaram a adoção de um novo plano de assinatura para 60%.

11. **Índice de resolução de problemas sem contato humano**: percentual de problemas resolvidos mediante canais automatizados ou de autoatendimento. Por exemplo, FAQs e vídeos tutoriais elevaram a resolução sem contato humano para 40%.

12. **Health Score (HS)**: indicador que combina mais de um KPI, como uso do produto, engajamento e satisfação para medir a "saúde" do relacionamento com o cliente. Por exemplo, após melhorias no suporte, o Health Score médio dos clientes subiu para 85%.

13. **Customer Lifetime Value (CLV)**: valor financeiro gerado por um cliente ao longo de seu relacionamento com a empresa. Por exemplo, estratégias de *upselling* e *cross-selling* elevaram o CLV médio de R$ 1.000 para R$ 1.200.

14. **Taxa de utilização do serviço adquirido**: indica o grau de uso efetivo do serviço adquirido pelo cliente em relação ao seu potencial total. Por exemplo, após oferecer treinamento dedicado, a taxa de utilização de um *software* ERP subiu de 50 para 75%.

15. **Taxa de funcionalidades utilizadas**: mede a proporção de funcionalidades exploradas pelos clientes em um serviço em relação ao total disponível. Por exemplo, ao criar campanhas educativas, a taxa de funcionalidades utilizadas em um CRM passou de 60 para 85%.

16. **Time to First Value (TTFV)**: mede o tempo necessário para o cliente perceber o valor inicial de um produto ou serviço. Por exemplo, melhorias no *onboarding* reduziram o TTFV de um sistema financeiro de 30 dias para 15 dias.

KPIs financeiros de resultados de vendas

Indicadores que fornecem uma visão clara dos ganhos financeiros e do impacto das estratégias de vendas. Eles incluem KPIs como crescimento da receita, margem de lucro e retorno sobre investimento (ROI), permitindo uma avaliação completa do desempenho financeiro.

1. **Volume total de vendas**: número total de unidades vendidas em um período, refletindo a demanda. Exemplo: venda de 10 mil unidades no último mês.

2. **Crescimento da receita**: mede o aumento percentual da receita total em determinado período, indicando expansão do negócio. Exemplo: crescimento de 20% no último trimestre devido à introdução de novos produtos.

3. **Receita total de vendas**: soma de todas as vendas realizadas em um período, refletindo o desempenho total das vendas. Exemplo: atingimento de R$ 1 milhão em Vendas no último mês.

4. **Receita por produto/serviço**: valor gerado por vendas de cada produto ou serviço, identificando os mais lucrativos. Exemplo: *software* de gestão contribuindo com 40% da receita total.

5. **Lucro bruto de vendas**: diferença entre a receita total de vendas e o custo dos produtos vendidos. Exemplo: lucro bruto de R$ 500 mil após deduzir os custos.

6. **Retorno sobre o investimento em vendas (ROI)**: calcula o retorno obtido sobre os investimentos realizados em vendas. Exemplo: ROI de 150% em campanha de vendas.

7. **Lucro por venda**: lucro médio obtido por cada transação de venda realizada. Exemplo: lucro médio de R$ 100 por venda após custos.

8. **Margem bruta por venda**: percentual de lucro bruto em relação à receita de cada venda. Exemplo: margem bruta de 30% em cada unidade vendida.

9. **Retorno sobre o investimento em marketing (ROMI)**: avalia o retorno financeiro das despesas com marketing. Exemplo: ROMI de 120% após campanha digital.

10. *Ticket* **médio das vendas**: valor médio de cada venda realizada, indicando o desempenho comercial. Exemplo: aumento do *ticket* médio para R$ 250 após *upselling*.

11. **Lucratividade por cliente**: lucro médio gerado por cada cliente, identificando os mais valiosos. Exemplo: clientes corporativos apresentando maior lucratividade.

12. **Retenção de receita**: percentual de receita mantida com clientes existentes em comparação ao período anterior. Exemplo: retenção de 80% da receita de clientes recorrentes.

13. **Receita Recorrente Mensal (MRR)**: receita mensal previsível gerada por contratos contínuos ou assinaturas. Exemplo: MRR de R$ 50.000 com assinaturas de *software*.

14. **Receita Recorrente Anual (ARR)**: projeção anual da receita recorrente mensal, indicando estabilidade financeira. Exemplo: ARR alcançando R$ 600.000 devido ao crescimento de assinantes.

15. **Receita Média por Unidade (ARPU)**: receita média obtida por unidade ou cliente, útil para análise de valor. Exemplo: ARPU de R$ 150 em serviços de telecomunicações.

O Processo de Vendas, *Pipeline* e Mais de 150 KPIs de Vendas

16. **Participação de mercado**: percentual da receita total de vendas de uma empresa em relação ao mercado total. Exemplo: conquista de 25% de participação de mercado no setor de bebidas.

KPIs financeiros de custos de vendas

Focados no monitoramento dos gastos envolvidos em todas as etapas do ciclo de vendas, esses KPIs ajudam a equilibrar custos e benefícios. Indicadores como Custo de Aquisição de Clientes (CAC) e Custo por *Lead* são indispensáveis para garantir uma operação financeiramente saudável.

KPIs financeiros de custos de vendas – Venda Pessoal

1. **Custo total com a venda pessoal**: custos em atividades de vendas, incluindo equipe, insumos e tecnologia. Exemplo: otimização dos gastos focando em canais de alto retorno.

2. **Custo por contato realizado**: calcula o custo médio de cada chamada telefônica ou WhatsApp feita pela equipe de Vendas. Exemplo: monitoramento de custos para otimizar o uso de ligações em Vendas.

3. **Custo por mensagem enviada**: determina o custo associado ao envio de cada *e-mail*, SMS ou WhatsApp pela equipe de Vendas. Exemplo: avaliação de eficiência do *e-mail* marketing.

4. **Custo por participação em eventos**: mede o custo total para participar de eventos, dividido pelo número de eventos. Exemplo: análise de ROI em eventos de *networking*.

5. **Custo por *lead* gerado em eventos**: calcula o custo de cada *lead* obtido em eventos, dividindo o custo total pela quantidade de *leads*. Exemplo: avaliação de eventos mais rentáveis.

6. **Custo por *lead* gerado em *cold calling***: determina o custo médio para gerar um *lead* em ligações frias. Exemplo: otimização de *scripts* para reduzir custos.

7. **Custo por *lead* gerado em visitas**: calcula o custo de cada *lead* obtido por visitas presenciais. Exemplo: planejamento de rotas eficientes para minimizar custos.

8. **Custo por *lead* (CPL) por canal**: analisa o custo de adquirir um *lead* em diferentes canais de Vendas pessoais. Exemplo: comparação de CPL entre feiras comerciais e visitas diretas.

9. **CPL por tipo de evento**: avalia o custo por *lead* gerado em diferentes tipos de eventos. Exemplo: diferenciação de custos entre conferências e *workshops*.

10. **CPL por região de Venda**: compara o custo por *lead* entre diferentes regiões geográficas. Exemplo: identificação de regiões com CPL mais eficiente para foco de investimentos.

11. **CPL por canal de prospecção**: mede o custo por *lead* em canais específicos de prospecção, como indicações ou redes sociais. Exemplo: avaliação de eficácia de campanhas nas redes sociais.

CAPÍTULO 8

12. **Custo médio por venda**: calcula o custo médio envolvido na realização de uma venda. Exemplo: análise de custos para identificar áreas de melhoria.

13. **Custo por venda por canal pessoal**: determina o custo associado a cada venda realizada em canais de vendas pessoais. Exemplo: avaliação da rentabilidade de vendas em eventos *versus* visitas.

14. **Custo por venda por produto/serviço pessoal**: analisa o custo médio de venda por produto ou serviço. Exemplo: foco em produtos com maior margem de lucro.

15. **Custo por venda por vendedor**: mede o custo médio de venda atribuído a cada vendedor. Exemplo: identificação de vendedores com melhor eficiência de custo.

16. **Custo médio com o atendimento presencial**: calcula o custo médio envolvido no atendimento ao cliente. Exemplo: otimização de processos para reduzir custos de atendimento.

17. **Custo por suporte técnico**: calcula o custo médio de fornecer suporte técnico aos clientes. Exemplo: treinamento de equipe para resolução rápida de problemas.

18. **CAC – Custo Médio de Aquisição de Clientes**: mede o custo total para adquirir um novo cliente. Exemplo: estratégias para reduzir o CAC e aumentar a rentabilidade.

19. **CAC por canal de venda pessoal**: avalia o CAC em diferentes canais de vendas pessoais. Exemplo: foco em canais com menor CAC para otimizar o orçamento.

20. **CAC por produto/serviço pessoal**: analisa o CAC para diferentes produtos ou serviços. Exemplo: priorização de produtos com CAC mais baixo para promoção.

KPIs financeiros de custo de vendas – Venda *On-line*

1. **Custos totais com a venda *on-line***: total investido em equipes, tecnologia e marketing digital. Exemplo: análise dos gastos revela alta ROI em campanhas de *e-mail marketing*.

2. **Custo por clique (CPC) em anúncios**: mede o custo médio cada vez que um anúncio *on-line* é clicado. Exemplo: otimização de anúncios PPC para reduzir o CPC.

3. **Custo por visualização (CPV) em anúncios**: calcula o custo médio por visualização em anúncios de vídeo. Exemplo: estratégias para aumentar a eficiência de anúncios em vídeo, reduzindo o CPV.

4. **Custo por engajamento (CPE) em redes sociais**: determina o custo médio para cada ação de engajamento em *posts* sociais. Exemplo: campanhas criativas nas redes sociais para diminuir o CPE.

5. **Custo por *lead* gerado em redes sociais**: mede o custo para adquirir um *lead* via atividades sociais. Exemplo: análise de desempenho de campanhas no Facebook para reduzir custos por *lead*.

O Processo de Vendas, *Pipeline* e Mais de 150 KPIs de Vendas

6. **Custo por *lead* gerado em anúncios**: calcula o custo médio de obtenção de um *lead* via campanhas publicitárias *on-line*. Exemplo: refinamento do público-alvo em campanhas pagas para diminuir o custo por *lead*.

7. **Custo por *lead* gerado em SEO (orgânico)**: avalia o custo associado à geração de *leads* por meio de otimização para motores de busca. Exemplo: melhoria contínua do conteúdo do *site* para aumentar *leads* orgânicos com menor custo.

8. **CPL por rede social**: compara o custo por *lead* entre diferentes plataformas sociais. Exemplo: identificação do Instagram como a rede social com menor CPL para foco de investimentos.

9. **CPL por tipo de anúncio**: analisa o custo por *lead* baseado no formato do anúncio *on-line*. Exemplo: anúncios em vídeo apresentando menor CPL em comparação a anúncios em texto.

10. **CPL por campanha**: mede o custo por *lead* para cada campanha de marketing digital específica. Exemplo: reavaliação de campanhas com CPL elevado para ajustes e melhorias.

11. **Custo por venda por canal *on-line***: avalia o custo médio de cada venda realizada por canais digitais. Exemplo: *e-commerce* apresentando o menor custo por venda em comparação com *marketplaces*.

12. **Custo por venda por produto/serviço *on-line***: determina o custo associado à Venda de cada produto ou serviço no ambiente digital. Exemplo: produtos digitais como *e-books* apresentando custo por Venda inferior.

13. **Custo por venda por campanha *on-line***: calcula o custo médio de cada venda atribuída a campanhas *on-line* específicas. Exemplo: campanhas de lançamento de produtos com análise de custo por Venda para avaliação de eficácia.

14. **Custo médio com o atendimento**: avalia o custo médio envolvido no suporte e atendimento ao cliente *on-line*. Exemplo: implementação de FAQs e base de conhecimento para reduzir o custo médio de atendimento.

15. **Custo por chat *on-line***: mede o custo médio de cada interação realizada por chat *on-line*. Exemplo: otimização de *chatbots* para reduzir custos de atendimento humano.

16. **Custo por atendimento via *e-mail***: calcula o custo médio de cada atendimento realizado por *e-mail*. Exemplo: automação de respostas para perguntas frequentes para diminuir o custo por *e-mail*.

17. **Custo por atendimento via *chatbot***: avalia o custo associado ao uso de *chatbots* para atendimento ao cliente. Exemplo: investimento em IA para *chatbots*, reduzindo a necessidade de atendimento humano e seus custos associados.

18. **CAC**: mede o custo total para adquirir um novo cliente *on-line*. Exemplo: estratégias focadas em retenção e *upselling* para clientes existentes visando reduzir o CAC geral.

19. **CAC por canal *on-line***: avalia o CAC em diferentes canais digitais, como *e-mail marketing*, SEO e redes sociais. Exemplo: canais de baixo custo como SEO apresentando um CAC mais favorável.

CAPÍTULO 8

20. **CAC por produto/serviço *on-line***: analisa o CAC para diferentes produtos ou serviços oferecidos *on-line*. Exemplo: produtos com alta margem de lucro justificando maior CAC.

21. **CAC por campanha *on-line***: mede o CAC atribuído a cada campanha de marketing digital específica. Exemplo: campanhas com alto engajamento e conversão apresentando um CAC otimizado.

KPIs de previsão e estratégia de vendas

1. **Orçamento de vendas**: plano financeiro que estabelece as metas de receita e os custos associados às Vendas. Exemplo: orçamento anual definindo metas de R$ 4 milhões em vendas.

2. **Previsão de vendas**: estimativa das vendas futuras baseada em dados históricos e tendências do mercado. Exemplo: previsão trimestral de Vendas projetando um aumento de 15%.

3. **Índice de precisão da previsão**: mede a exatidão das previsões de Vendas em relação às Vendas reais. Exemplo: índice de 90% indicando alta confiabilidade nas previsões.

4. **Previsão de capacidade de vendas**: avaliação da capacidade da equipe de Vendas em atingir metas futuras. Exemplo: capacidade de aumentar vendas em 20% com a atual equipe.

5. **Previsão de *pipeline***: estimativa do valor potencial e da conversão dos negócios no *pipeline* de vendas. Exemplo: *pipeline* de R$ 5 milhões com expectativa de conversão de 50%.

6. **Cobertura de território de vendas**: abrangência geográfica atendida, ampliando o alcance. Exemplo: expansão de territórios com contratação de novos vendedores.

7. **Previsão de receita por cliente**: estimativa da receita esperada de cada cliente ou segmento de clientes. Exemplo: clientes VIP projetados para gerar 30% da receita total.

8. **Previsão de *churn***: estimativa da taxa de clientes que cancelarão seus serviços ou não renovarão. Exemplo: previsão de *churn* de 5% para o próximo trimestre.

9. **Desempenho em relação à meta**: comparação das vendas reais com as metas estabelecidas no orçamento. Exemplo: atingimento de 95% da meta de Vendas no último trimestre.

10. **Previsão de crescimento de receita**: projeção do aumento percentual da receita em determinado período. Exemplo: crescimento esperado de 20% na receita anual.

11. **Previsão de crescimento de clientes**: estimativa do aumento na quantidade de clientes ao longo do tempo. Exemplo: expectativa de crescimento de 10% na base de clientes no próximo ano.

12. **Previsão de participação de mercado**: projeção da fatia de mercado que a empresa espera conquistar. Exemplo: meta de aumentar a participação de mercado em 5% nos próximos 2 anos.

Chegamos ao final de um capítulo mandatório para qualquer organização que deseja alinhar estratégia, execução e resultados no universo das vendas. Ao discutirmos o processo de vendas, o funil e os KPIs, vimos que o verdadeiro poder de Vendas CXCS está na integração desses três pilares, que juntos moldam uma abordagem centrada no cliente e orientada por dados.

Entendemos que um processo de vendas bem estruturado é mais do que uma sequência de tarefas; ele é a base para uma jornada comercial que gera valor contínuo e sustentável. O funil, por sua vez, funciona como um diagnóstico visual das etapas, identificando gargalos e permitindo intervenções assertivas para não perder oportunidades. Já os KPIs, que mereceram destaque especial neste capítulo, são a bússola que orienta as decisões, validando estratégias e impulsionando melhorias constantes.

Com mais de 150 indicadores detalhados e organizados de uma forma mais ligada à jornada do cliente, este capítulo apresentou um arsenal de KPIs para acompanhar a *performance* de vendas presenciais e *on-line*, desde a prospecção até a retenção e expansão. Essa compilação é mais do que uma referência – é um convite para levar a equipe comercial a um novo patamar de resultados.

Se há uma mensagem principal que você deve levar do capítulo, é esta: o alinhamento entre processo, funil e KPIs não é apenas um diferencial, mas uma necessidade estratégica para prosperar no Novo Mindset de Vendas. Integrar estratégia e execução não apenas organiza a jornada comercial, mas também transforma clientes meramente satisfeitos em verdadeiros **Clientes-Propulsores** – aqueles que, de forma espontânea, indicam a empresa fornecedora para novos clientes, acelerando o fechamento de vendas adicionais.

Esse "exército extra" ao comercial não está na "folha de pagamento" das empresas, mas atua de forma orgânica para gerar uma receita recorrente sem precedentes. Quando os **Clientes-Propulsores** entram em ação, eles criam um efeito multiplicador para a marca, reforçando a confiança do mercado e trazendo um impacto positivo que ultrapassa os limites do funil tradicional de vendas.

Agora, com os métodos, as estratégias, dicas práticas e ferramentas apresentados neste livro, você tem em mãos o poder de transformar a atuação comercial da sua empresa ou inspirar pessoas em outras organizações por meio do ensino do Novo Mindset de Vendas. Esse modelo inovador vai além das técnicas tradicionais, conectando a arte de vender aos princípios de Customer Experience (CX) e Customer Success (CS), promovendo um alinhamento estratégico capaz de impulsionar resultados exponenciais.

Seja aplicando essas práticas diretamente nas empresas ou disseminando esse conhecimento em treinamentos e palestras, você estará contribuindo para uma nova era de vendas: mais empática, centrada no cliente e sustentada por dados e inovação.

Ao final do livro, você descobriu por que no subtítulo falo em "método de vendas potencializado por Customer Experience e Customer Success"?

Aqui estão os 4 porquês:

1. Porque poucos conseguem integrar conhecimentos tão distintos: a essência do Novo Mindset de Vendas está na capacidade de conectar áreas tradicionalmente vistas como independentes – Vendas, Customer Experience (CX), Customer Success (CS), Marketing, entre outras. Essa integração exige uma visão sistêmica e um domínio que vai além do superficial de cada profissional.

CAPÍTULO 8

2. Porque muitas empresas preferem enxergar o óbvio e não "descobrir": organizações frequentemente se prendem ao que é mais fácil, evitando mudanças que exigem um novo olhar. Adotar este método é sair da zona de conforto e abraçar o potencial de uma abordagem verdadeiramente transformadora de venda.

3. Porque a maioria dos executivos e consultores não compartilha seus segredos: em um mercado acirrado, muitos "guardam" o conhecimento adquirido como uma vantagem exclusiva. Penso exatamente o oposto disso: em meu 11º livro, faço questão de abrir as portas para essas práticas, compartilhando tudo o que aprendi ao longo da minha jornada, como um legado para os profissionais das empresas, pesquisadores e educadores que buscam evoluir e transformar seus resultados.

4. Porque a maioria dos métodos de vendas que existem focam em "robotizar" os times comerciais: Muitos métodos tradicionais se limitam a "forçar" equipes comerciais para seguirem passos lineares nas fases de venda, com foco no processo interno, em vez de colocar o cliente como protagonista. O Novo Mindset de Vendas rompe com essa abordagem, priorizando uma visão dinâmica e não linear.

Ao entender e aplicar o Novo Mindset de Vendas, você estará desvendando um método que não só aumenta vendas, mas também redefine a forma como as empresas se relacionam com seus clientes. É hora de sair do óbvio e descobrir o extraordinário.

Caro leitor,

Parabéns por chegar até aqui! Espero que este livro tenha sido uma jornada enriquecedora e inspiradora para você, trazendo *insights* e ferramentas práticas para construir o Novo Mindset de Vendas mundo afora.

Se você deseja aprofundar seu conhecimento e contar com a nossa colaboração para isso, convido você a conhecer mais sobre o meu trabalho:

conquist.com.br

robertomadruga.com

Além disso, estarei honrado em ajudar a sua empresa por meio de palestras, consultorias ou mentorias personalizadas. Sinta-se à vontade para entrar em contato comigo diretamente:

roberto.madruga@conquist.com.br

Muito obrigado pela sua dedicação e por permitir que eu fizesse parte dessa etapa da sua trajetória. Desejo a você muito sucesso e conquistas extraordinárias!

Com gratidão,

Roberto P. Madruga

Bibliografia

ABBOTT, E. *5 Ways to Make Customers Your Best Salespeople*. [*S. l.*]: Open View Partners, 2 maio 2019. Disponível em: https://openviewpartners.com/blog/5-ways-to-make-customers-your-best-salespeople/#.X2zf9GhKjlV. Acesso em: 24 set. 2020.

AHMAD, A. *et al. Customer experience predictions report*: 2020. CX Network, 12 set. 2019. Disponível em: https://www.cxnetwork.com/cx-experience/reports/customer-experience-2019. Acesso em: 23 fev. 2025.

APPLE, D. Insights from Typeform: leveraging customer success to scale your business. *Open View Partners*, 11 mar. 2019. Disponível em: https://openviewpartners.com/blog/insights-from-typeform-leveraging-customer-success-to-scale-your-business/#.X3TE52hKjlV. Acesso em: 23 fev. 2025.

ASSOCIATION FOR TALENT DEVELOPMENT. *World-class sales competency model*: sales talent development redefined to create a competitive advantage. Association for Talent Development, [20--].

CRAIG, W. 10 key principles for truly understanding your clients. *Forbes*, 10 jul. 2018. Disponível em: https://www.forbes.com/sites/williamcraig/2018/07/10/10-key-principles-for-truly-understanding-your-clients/#71cae6de6504. Acesso em: 23 fev. 2025.

A Complete Guide On How To Set Smart KPI Targets And Goals. Disponível em: https://www.datapine.com/kpi-examples-and-templates/sales. Acesso em: 23 fev. 2025.

DIORIO, S. G.; HUMMEL, C. K. *Revenue Operations*: a new way to align sales & marketing, monetize data, and ignite growth. 1. ed. Hoboken: Wiley, 2022. ISBN 978-1-119-87111-8.

DIXON, M.; TOMAN, N.; DELISI, R. *The effortless experience*: conquering the new battleground for customer loyalty. New York: Portfolio, 2013.

ELLIS, S.; BROWN, M. *Hacking growth*: how today's fastest-growing companies drive breakout success. New York: Crown Business, 2017.

ELSON, S. *Customer relationship management trends to watch for in 2020*. Salesforce, 29 Dec. 2019. Disponível em: https://www.salesforce.com/blog/2019/12/customer-relationship-management-trends.html. Acesso em: 8 dez. 2024.

FUTURE UP. The AI in pricing paradox: an opportunity for first movers! *Gartner IA Framework*. Disponível em: https://www.futureup.io/post/the-ai-in-pricing-paradox-an-opportunity-for-first-movers. Acesso em: 23 fev. 2025.

GELB, B.; RANGARAJAN, D.; HOCHSTEIN, B. W.; BLAISDELL, M. *One approach to repeat business*: "customer success managers". *Rutgers Business Review,* v. 5, n. 1, p. 13-27, 2020.

GERDEMAN, D. Why salespeople struggle at leading. Harvard Business School, 22 Apr. 2019. Disponível em: https://hbswk.hbs.edu/item/micromanagers-in-the-making-why-salespeople-struggle-to-lead. Acesso em: 23 fev. 2025.

GODIN, S. *This is marketing*: you can't be seen until you learn to see. New York: Portfolio/Penguin, 2018.

HENRY, C. *The global state of customer experience: 2020.* CX Network, 29 May. Acesso em: 23 fev. 2025.

HICKIE, B. *How to build a customer success culture with strong sales alignment.* Open View Partners, 5 Feb. 2016. Disponível em: https://openviewpartners.com/blog/how-to-build-a-customer-success-culture-with-strong-sales-alignment/#. X3KJPGhKjIV. Acesso em: 23 fev. 2025.

HOCHSTEIN, B.; CHAKER, N. N.; RANGARAJAN, D.; KOCHER, D. An industry/academic perspective on customer success management. *Journal of Service Research,* v. 23, n. 1, p. 3-7, 2020. DOI: 10.1177/1094670519896422. Acesso em: 8 dez. 2024.

HOCHSTEIN, B.; CHAKER, N. N.; RANGARAJAN, D.; NAGEL, D.; HARTMANN, N. N. Proactive value co-creation via structural ambidexterity: customer success management and the modularization of frontline roles. *Journal of Service Research,* 3 Mar. 2021. DOI: 10.1177/1094670521997565. Acesso em: 8 dez. 2024.

HOLT, J. The age of empathy: how to build a customer-centric sales experience. *Forbes.* Disponível em: https://www.forbes.com/sites/forbesbusinessdevelopment-council/2017/12/14/the-age-of-empathy-how-to-build-a-customer-centric-sales-experience/#7355f4e02cc0. Acesso em: 23 fev. 2025.

HYKEN, S. The secret to happy customers. *Forbes,* 2 Feb. 2020. Disponível em: https://www.forbes.com/sites/shephyken/2020/02/02/the-secret-to-happy-customers/#5783be84265b. Acesso em: 23 fev. 2025.

INDEED. *Types of Sales Positions,* 2024. Disponível em: https://www.indeed.com/career-advice/finding-a-job/sales-positions. Acesso em: 23 fev. 2025.

JONES, B. *3 principles Disney uses to enhance customer experience.* Harvard Business Review. Disponível em: https://hbr.org/sponsored/2018/02/3-principles-disney-uses-to-enhance-customer-experience. Acesso em: 23 fev. 2025.

KOTHARI, Amit. The biggest gap between sales and customer success. *Tallyfy,* [20--]. Disponível em: https://tallyfy.com/customer-onboarding-between-sales-and-customer-success/. Acesso em: 23 fev. 2025.

KOTLER, P.; KELLER, K. L.; CHERNEV, A. *Administração de Marketing.* 16. ed. Porto Alegre: Bookman, 2024.

KRAMER, B. *There is no B2B or B2C*: it's human to human #H2H. New York: H2H Press, 2015.

Bibliografia

LEE YOHN, D. *Design your employee experience as thoughtfully as you design your customer experience*. Harvard Business Review, 8 Dec. 2016. Disponível em: https://hbr.org/2016/12/design-your-employee-experience-as-thoughtfully-as-you-design-your-customer-experience. Acesso em: 23 fev. 2025.

LEMON, K. N.; VERHOEF, P. C. Understanding customer experience throughout the customer journey. *Journal of Marketing*, v. 80, n. 6, p. 69-96, Nov./Dec. 2016.

MACDONALD, S. How sales and marketing alignment increased new revenue by 34%: case study. *SuperOffice*, 15 Oct. 2020. Disponível em: https://www.superoffice.com/blog/sales-marketing-alignment/. Acesso em: 8 dez. 2024.

MACDONALD, S. Social Selling: the ultimate guide. *SuperOffice*, 2023. Disponível em: https://www.superoffice.com/blog/social-selling/. Acesso em: 25 out. 2023.

MADRUGA, R. *Employee Experience, gestão de pessoas e cultura organizacional*. São Paulo: Atlas, 2021.

MADRUGA, R. *Gestão de relacionamento e Customer Experience*: a revolução da experiência do cliente. 2. ed. São Paulo: Atlas, 2021.

MADRUGA, R. *Guia de implementação de marketing de relacionamento e CRM*: o que e como todas as empresas brasileiras devem fazer para conquistar e reter clientes. São Paulo: Atlas, 2004.

MADRUGA, R.; HILTON, B.; HOCHSTEIN, B.; NAVARRO, L. L. L.; SILVA, É. R.; HADDAD, A. N. Comparing and contrasting customer success management and relationship marketing. *Cogent Business & Management*, v. 11, n. 1, 2024. https://doi.org/10.1080/23311975.2024.2362811. Acesso em: 23 fev. 2025.

MADRUGA, R.; HILTON, B.; JUNG, H.; HOCHSTEIN, B.; SILVA, É. R. The customer success community: an exploration of nonfirm epistemic communities and their influence on a new sales practice. *Journal of International Marketing*, v. 32, n. 1, p. 33-51, 2024. Disponível em: https://doi.org/10.1177/1069031X231222417. Acesso em: 23 fev. 2025.

MADRUGA, R.; SILVA, E. R.; PESSANHA, J. F. M.; ARRUDA, H. H. de; HADDAD, A. Naked. From IFCX to CXMMI: Validation and Evolution of a Customer Experience Management Maturity Model. *IEEE Access*, v. 12, p. 119350-119370, 2024. Disponível em: https://ieeexplore.ieee.org/document/10643953. Acesso em: 23 fev. 2025.

MADRUGA, R. *Treinamento e desenvolvimento com foco em educação corporativa*. São Paulo: Saraiva, 2018.

MAGIDS, S.; ZORFAS, A.; LEEMON, D. The new science of customer emotions. *Harvard Business Review*, Nov. 2015. Disponível em: https://hbr.org/2015/11/the-new-science-of-customer-emotions. Acesso em: 23 fev. 2025.

MAROUS, J. 21 steps to building a killer onboarding strategy in banking. *The Financial Brand*, [20--]. Disponível em: https://thefinancialbrand.com/41840/new-customer-onboarding-success-banking/. Acesso em: 23 fev. 2025.

MARTIN, S. W. What top sales teams have in common, in 5 charts. *Harvard Business Review*, 20 Jan. 2015. Disponível em: https://hbr.org/2015/01/what-top-sales-teams-have-in-common-in-5-charts. Acesso em: 23 fev. 2025.

MEHTA, N.; PICKENS, A. *The customer success economy*: why every aspect of your business model needs a paradigm shift. Hoboken: Wiley, 2020.

MEHTA, N.; STEINMAN, D.; MURPHY, L. *Customer success*: how innovative companies are reducing churn and growing recurring revenue. Hoboken: Wiley, 2016.

PAREEK, A. How artificial intelligence & machine learning can benefit digital marketers. *Customer Think*, 20 Jan. 2020. Disponível em: https://customerthink.com/how-artificial-intelligence-machine-learning-can-benefit-digital-marketers/. Acesso em: 23 fev. 2025.

PINE II, J. B.; GILMORE, J. H. Welcome to the experience economy. *Harvard Business Review*, v. 76, n. 4, p. 97-105, July/Aug. 1998. Disponível em: https://hbr.org/1998/07/welcome-to-the-experience-economy. Acesso em: 8 dez. 2024.

PLUTCHIK, R.; KELLERMAN, H. *Biological foundations of emotion*: theories, research and experience. Cambridge: Academic Press, 1986.

PORTER, M. E.; HEPPELMANN, J. E. How smart, connected products are transforming companies. *Harvard Business Review*, Oct. 2015. Disponível em: https://hbr.org/2015/10/how-smart-connected-products-are-transforming-companies. Acesso em: 8 dez. 2024.

POWTON, M. How to map the emotional journey of your customer experience. *Customer Think*, 20 May 2019. Disponível em: https://customerthink.com/how-to-map-the-emotional-journey-of-your-customer-experience/. Acesso em: 23 fev. 2025.

PROHL-SCHWENKE, K.; KLEINALTENKAMP, M. How business customers judge customer success management. *Industrial Marketing Management*, v. 96, p. 197-212, July 2021. Disponível em: https://www.sciencedirect.com/science/article/abs/pii/S0019850121000961. Acesso em: 8 dez. 2024.

PUHM, K. Customer success and compensation. *Open View Partners*, 18 Oct. 2018. Disponível em: https://openviewpartners.com/blog/customer-success-and-compensation/#.X20EEGhKjIV. Acesso em: 23 fev. 2025.

QAQISH, D. *Revenue marketing*: the new strategy for revenue resilience. New York: McGraw Hill, 2016.

RACKHAM, N. *SPIN selling*. New York: McGraw Hill, 1988.

REICHHELD, F. *NPS 2.0*: how to drive true loyalty in the customer experience economy. Boston: Bain & Company, 2021.

RHORER, K. Annual planning for sales organizations: headcount, quotas & territories. *Open View Partners*, 2 Oct. 2019. Disponível em: https://openviewpartners.com/blog/annual-planning-for-sales-organizations-headcount-quotas-territories/#.X6nsuYhKjIV. Acesso em: 8 dez. 2024.

RITZ, W. *et al.* When sales and marketing aren't aligned, both suffer. *Harvard Business Review*, 1 June 2018. Disponível em: https://hbr.org/2018/06/when-sales-and-marketing-arent-aligned-both-suffer. Acesso em: 8 dez. 2024.

ROBERGE, M. *The sales acceleration formula*: using data, technology, and inbound selling to go from $0 to $100 million. Hoboken: Wiley, 2015.

ROSS, A.; TYLER, M. *Predictable revenue*: turn your business into a sales machine with the $ 100 million best practices of Salesforce.com. Vancouver: PebbleStorm, 2011.

SALESFORCE. Salesforce introduces Einstein GPT, the world's first generative AI for CRM. Disponível em: https://www.salesforce.com/news/press-releases/2023/03/07/einstein-generative-ai/. Acesso em: 23 fev. 2025.

SANDERS, B. Two simple steps to hiring the best sales talent. *Sales Management Association*, 17 July 2018. Disponível em: https://salesmanagement.org/blog/two-simple-steps-to-hiring-the-best-sales-talent/. Acesso em: 8 dez. 2024.

SCHULTZ, M. *et al.* Top performance in strategic account management. *Rain Group*, [20--]. Disponível em: https://cdn2.hubspot.net/hubfs/123161/PDFs/Top%20Perfor-mance%20in%20Strategic%20Account%20Management.pdf?t=1521415746962. Acesso em: 23 fev. 2025.

SELLING SIGNALS. *52 lead generation statistics to consider in 2024*. Disponível em: https://sellingsignals.com/lead-generation-statistics/. Acesso em: 23 fev. 2025.

SHANKS, J. *Social selling mastery*: scaling up your sales and marketing machine for the digital buyer. Hoboken: Wiley, 2016.

STATE OF THE CONNECTED CUSTOMER. 3. ed. Salesforce, 2019. Disponível em: https://www.salesforce.com/form/conf/state-of-the-connected-customer-3rd-edition/. Acesso em: 23 fev. 2025.

STATTIN, N. 12 ways to manage your sales pipeline. *SuperOffice*, 30 Sept. 2024. Disponível em: https://www.superoffice.com/blog/sales-pipeline-management-tips/. Acesso em: 23 fev. 2025.

SWINSCOE, A. Five ways to become more agile and responsive to your customers' needs. *Forbes*, 18 Mar. 2014. Disponível em: https://www.forbes.com/sites/adrians-winscoe/2014/03/18/five-ways-to-become-more-agile-and-responsive-to-your-customers-needs/#69e1b50b13b5. Acesso em: 23 fev. 2025.

THE CUSTOMER SUCCESS ASSOCIATION. The definition of customer success. *The Customer Success Association*, [20--]. Disponível em: https://www.customer-successassociation.com/library/the-definition-of-customer-success/. Acesso em: 23 fev. 2025.

THE CUSTOMER SUCCESS ASSOCIATION. The technology of customer success. *The Customer Success Association*, [20--]. Disponível em: https://www.customer-successassociation.com/library/customer-success-technology/. Acesso em: 23 fev. 2025.

THE SCIENCE OF SALES. Direção: Richard Wonderling. Produção: Kitty Lensman. Roteiro: Richard Wonderling. ThinkTV, [20--]. Disponível em: https://www.youtube.com/watch?v=Jt1Q3ftqLl4&ab_channel=SalesEducationFoundation. Acesso em: 23 fev. 2025.

VAZZANA, M.; JORDAN, J. *Cracking the sales management code*: the secrets to measuring and managing sales performance. Hoboken: Wiley, 2018.

WADE, R. 10 tips to prepare a successful sales meeting. *National Association of Sales Professionals*, [20--]. Disponível em: https://www.nasp.com/blog/10-tips-to-prepare-a-successful-sales-meeting/. Acesso em: 23 fev. 2025.

WILLS, B. Tips to achieve 10x sales growth for startups. *National Association of Sales Professionals*, [20--]. Disponível em: https://www.nasp.com/blog/tips-to-achieve-10x-sales-growth-for-startups/. Acesso em: 23 fev. 2025.

YOUNGREN, D. Best practices for aligning sales and customer success teams. *Bloomfire*, 20 Feb. 2019. Disponível em: https://bloomfire.com/blog/cs-align-sales-and-customer-success/. Acesso em: 23 fev. 2025.

ZOLTNERS, A.; SINHA, P. K.; LORIMER, S. What is a customer success manager? *Harvard Business Review*, 18 Nov. 2019. Disponível em: https://hbr.org/2019/11/what-is-a-customer-success-manager. Acesso em: 8 dez. 2024.

ÍNDICE ALFABÉTICO

A

Abordagem
  de vendas, 14
  marketing primeiro, 61
Account-based marketing (ABM), 87
Adaptabilidade ao digital, 94
Adoção de metodologias estruturadas, 20
Alinhamento
  estratégico, 138
  inicial, 139
Alta liderança, 96, 97
Análise(s), 23
  avançada, 104
  comportamental, 71
  de concorrência em tempo real, 77
  de dados, 95
  de sentimentos, 77
  preditiva de vendas, 77
Analista
  de Cobrança, 99
  de CRM, 99
  de Parceria CX/CS, 99, 101
  de Pré-Vendas, 102
  de Retenção, 99, 101
  de Vendas, 102
Antecipação de problemas, 149

Apresentações
  de vendas, 160
    mal planejadas, 107
    para revisões trimestrais de negócios, 104
Áreas de *Expertise*, 113
Argumentação de vendas com base em CX e CS, 36
Assistentes virtuais, 77
Atendimento ao cliente, 78
Aumento
  de receitas, 135
  de vendas, 35
Automação, 78, 147
Automatização da venda, 73

C

CAC (Custo Médio de Aquisição de Clientes), 170-172
Capacitação
  conjunta de talentos, 47
  dos colaboradores, 55
Cases de sucesso, 66
Centralidade no cliente, 28, 29, 33, 34
  cultura de, 31, 35
CHAR (Conhecimento, Habilidade, Atitude e Resultados), 107
Chatbots, 71, 77

Churn, 35, 60, 79, 101, 136

Cliente(s), 9, 10, 106, 126

Cliente-Propulsor, 6, 11, 15, 16, 25, 122, 145

Colaboração, 6, 14, 78, 103

   entre equipes, 6, 14

   interna, 103

Competências, 93, 95

   comportamentais de Vendas CXCS, 109

   CS para o time comercial, 149

   das equipes, 107

   dos gestores de vendas, 112

   fundacionais, 113

   híbridas de Vendas CXCS, 110

   mais buscadas nos times comerciais, 94

   técnicas de Vendas CXCS, 109

Comunicação, 78, 106

Conexão(ões), 66

   autênticas, 88

   e personalização da experiência do cliente, 77

   emocionais, 128

Conhecimento

   do alcance, 131

   genuíno do cliente, 20

Conquistando o cliente, 89

Construção

   da Base do Novo Mindset de Vendas, 17

   de uma cultura de vendas vencedora, 13

Contato(s), 22

   pós-venda, 68

   qualificados

      em eventos, 160

      no *site*, 161

      por canal

         off-line, 161

         on-line, 161

CPL (Custo por *lead*), 169, 171

Crescimento

   da receita, 168

   da retenção, 62

   de Clientes-Propulsores, 35

   do Customer Success (CS), 56

   e retenção, 140

Criação

   de metodologias, 82

   de valor focado nas metas dos clientes, 20

Crises econômicas, 43

Cross-sell, 148

Cross-selling, 36

CSAT (*Customer Satisfaction Score*), 7

Cultura

   de centralidade no cliente, 31

   de feedback contínuo para os times, 47

   de foco no cliente, 32

   de vendas

      CXCS, 7

      humanizada, 43

      tradicional, 6, 7, 13, 14

   e organizacional, 20

   Novo Mindset de Vendas, 141

Custo, 169-171

Customer

   Effort Score (CES), 166

   Experience (CX), 5, 12, 31, 32, 128

   Experience Management (CXM), 128

   Journey Mapping (CJM), 119, 122, 123

   Lifetime Value (CLV), 167

   Satisfaction Score (CSAT), 167

   Success (CS), 5, 12, 31, 32, 57, 136-138, 142, 143

D

Dados, 47, 68, 91, 117, 123

Decadência da cultura de vendas tradicional, 6

Índice Alfabético

Disney, 12, 56, 130

E

E-commerce, 99, 101, 102
Eficiência, 78, 164, 165
    da equipe de vendas
       on-line, 165
       pessoal, 164
Empatia, 37-41, 88, 133
Employee Experience, 131, 133, 134
Empresas
    mais admiradas do mundo, 12
    verdadeiramente centradas no
    cliente, 29
Engajamento
    autêntico, 131
    nas redes sociais, 162
Equipe(s)
    de Marketing, resultados comerciais, 60
    de vendas, 94
       estratégias de marketing, 59
Erros fatais, 125
Especialista
    em SEO, 99, 102
    em Suporte ao Cliente, 102
    em Tecnologia de Vendas, 99
Estratégia(s)
    de canais de vendas e parcerias, 105
    de conteúdo unificada, 62
    Omnichannel, 51
    para alinhar Vendas, 139-141
    principal de retenção, 14
Estrutura organizacional de vendas, 96
Eventos, 66, 67, 162
Execução, 17, 98
Experiência(s), 24
    da equipe de Vendas, 23
    do cliente, 12, 23, 95, 127, 140

e o sucesso do cliente, 19
gratificantes, 20

F

Feedback (s), 130
    do(s) cliente(s), 7, 9, 14, 62
       ignorados escondidos, 9
    e aprendizado, 80
    negativo, 7
    sanduíche, 115
FeedMentor, 115, 116, 118
Ferramentas
    adequadas para impulsionar as
    vendas, 132
    de automação, 67
First Contact Resolution (FCR), 166
Foco
    em experiência do cliente, 95
    no cliente, 28
    no sucesso do cliente, 95
    principal, 14
Follow-ups, 127
Força de Vendas, 40, 45, 65, 120
Forecasting de vendas com IA, 77
Framework Vendas CXCS, 17
Funil de vendas, 61, 154, 155

G

Gatilhos
    de vendas baseados na evolução do
    relacionamento, 37
    mentais, 87
Gerente
    de Análise de Vendas, 98
    de Contas Estratégicas, 102
    de Conteúdo, 98, 102
    de Desenvolvimento de Negócios, 102
    de *E-commerce*, 98, 101

de Mídias Sociais para Vendas, 98, 102
de Operações de Vendas, 98
de Treinamento de Vendas, 98
de Vendas, 97, 98, 102
    por Canal, 98
Gestão
    da mudança, 141
    de Customer Success, 135, 139
    de dados do CRM, 104
    de Equipes, 93
    de inventário, 78
    de tecnologias de vendas, 105
Growth Marketing, 50

H

Hackathons, 47
Health Score (HS), 167

I

Indicadores-chave de desempenho (KPIs), 155
    de ativação e prospecção, 160, 161
        Venda *On-line*, 161
        Venda Pessoal, 160
    de conversão de vendas, 162
    de eficiência operacional em vendas, 163, 164
    de experiência e sucesso do cliente, 166
    de previsão e estratégia de vendas, 172
    financeiros
        de custos de vendas, 169, 170
        de resultados de vendas, 167
Índice
    de engajamento dos *leads on-line*, 165
    de Foco no Customer Experience (IFCX), 83, 166
    de precisão da previsão, 172
    de reclamações de clientes, 167

de resolução de problemas sem contato humano, 167
Insights, 36, 47, 124, 131
Integração
    da geração de *leads*, 59
    de IA
        com o CRM, 78
        com plataformas de *e-commerce*, 78
    de Vendas com Marketing, 58
    entre equipes, 140
    interdepartamental, 132
    omnichannel, 141
Inteligência
    Artificial (IA), 5, 23, 69, 70, 105
        baseada em dados do cliente, 36
        em vendas, 74, 76
    de negócios, 104
    emocional, 44, 94
Interações, 39, 66, 67, 161
    diárias, 67
    pelas redes sociais, 39, 161
Internet das Coisas (IoT), 72

J

Jornada
    do cliente, 10, 22, 55, 96
    dos colaboradores, 134
    dos vendedores, 132
    emocional do cliente, 119, 134
    única do cliente, 61

K

KPIs, 45, 160-164, 166, 170, 172

L

Laboratório de Vendas CXCS, 45
Leads, 156
    geração de, 105

Índice Alfabético

gerados em eventos, 160

gerados no *site*, 161

gerados por canal *off-line*, 160

gerados por outros canais *on-line*, 161

qualidade dos, 164, 165

qualificação de, 77

Lei Geral de Proteção de Dados Pessoais (LGPD), 91

Liderança em vendas, 115

LinkedIn, 28, 65, 66

Lucro, 168

M

Mapeamento

da experiência do cliente, 20

da jornada do cliente, 54, 56, 96, 120, 121

Marketing, 6

digital, 52, 53

e vendas, 49, 51

distanciamento, 51

H2H, 56-58

Método científico, 82, 83

Metodologia(s), 20, 69, 82, 83, 122

dos 7 passos e 6 camadas do CJM, 122

estruturadas, 20

Modelo(s)

de Competência em Vendas de Classe Mundial, 112, 113

híbrido, 142, 143

personalizado, 142, 143

Vendas CXCS, 5, 142

N

Net Promoter Score (NPS), 7, 166

Nível

de Gestão de Vendas, 97

de treinamento da equipe de vendas, 164, 165

de utilização de ferramentas de CRM, 164, 165

Estratégico de Vendas, 96

Operacional Vendas, 98

Novo Mindset de Vendas, 5, 11, 13

alimenta o Cliente-Propulsor, 14

revolução tecnológica, 81

O

Objetivo(s)

do cliente, 37

estratégico, 14

Omnichannel, 54, 56, 73

Onboarding, 145-148

P

Participação

de mercado, 169

em comunidades, 141

Persona, 61, 124

Personalização, 39, 77, 147, 148

Pipeline de vendas, 153, 158

Plataforma(s)

de atendimento ao cliente, 78

de compartilhamento de conhecimento integrada, 47

Políticas de retorno e cancelamento, 44

Pós-venda, 149

Preço(s), 127

dinâmicos, 78

Pré-venda, 147

Previsão, 104, 172

Processo

de negociação, 59

de vendas, 154

influenciado pela jornada do cliente, 154

estruturado de vendas, 156

Produtividade, 78, 164

Programa(s)

de acompanhamento de clientes vulneráveis, 44

de incubação de ideias, 46

de visita para clientes com perspectiva integrada, 47

Prospecção, 10, 106

Prospects, 66, 156, 158

Q

Quantidade

de apresentações de vendas realizadas, 160

de clientes

ativos, 162

inativos, 165

que se tornaram Clientes-Propulsores, 167

de contatos qualificados

em eventos, 160

no *site*, 161

de *e-mails* e *short messages* enviados, 160

de eventos de *networking* realizados, 162

de interações nas redes sociais, 161

de ligações realizadas, 160

de novos clientes, 162

de oportunidades criadas

no *site*, 161

de *posts* publicados nas redes sociais, 161

de propostas enviadas, 160

de reuniões, 160

de seguidores nas redes rociais, 162

de visitas

ao *site*, 161

por vendedor, 160

R

Rapport, 37, 41, 117

Receita, 168

Relatórios

de fechamento de *loop*, 62

de vendas, 104

Representante de Vendas

On-line, 99, 101

Presencial, 98, 102

Resultados, 104, 107, 114

Retenção, 10, 122, 135, 141, 147

de receita, 168

e Mensuração de Resultados, 18

Retorno sobre o investimento

em marketing (ROMI), 168

em vendas (ROI), 168

Revisão

constante do portfólio de produtos e serviços, 36

contínua da jornada do cliente, 55

da jornada do cliente, 120

RevOps (Revenue Operations), 50

Rivalidade entre Vendas e Marketing, 52

S

Sales

Enablement, 50, 113

Operations, 103

Ops, 100, 103

Salesforce, 12

Sinergia, 21, 144

Sistemas não integrados, 106

Smarketing, 50, 60

Social Selling, 51, 62-64

Sucesso

do cliente, 12, 57, 95

pessoal, 127

Índice Alfabético

Suporte, 43, 45, 98, 105
  à equipe de Vendas, 105
  durante crises e desastres, 43
  em vendas, 45
  emocional para o cliente e a equipe, 43

T

Tarefas
  administrativas manuais, 106
  não essenciais, 132
Taxa
  de abandono de carrinho, 166
  de adoção de novos serviços ou produtos, 167
  de aprovação de crédito, 164, 165
  de cancelamento de pedidos
    on-line, 166
    pessoal, 164
  de *churn*, 166
  de conversão
    de *leads*, 162
      em vendas, 163
    de visitantes em *leads*, 163
    por canal *on-line*, 163
    por etapa do funil, 164, 165
    por produto/serviço *on-line*, 163
  de devolução de produtos, 164, 165
  de engajamento nas redes sociais, 162
  de fechamento de propostas, 162
  de funcionalidades utilizadas, 167
  de utilização
    do produto/serviço, 166
    do serviço adquirido, 167
Técnica de vendas e atendimento EDiRC, 86, 87
Tecnologia, 47, 69
Tempo médio
  de ciclo de venda

on-line, 164
  pessoal, 163
  de resolução de problemas
    on-line, 165
    presenciais, 164
  de resposta a *leads on-line*, 165
  gasto em atividades
    de prospecção, 164
    on-line, 165
  de qualificação *on-line*, 165
Time
  de Vendas, 101, 102
  multifuncional, 120
Time to First Value (TTFV), 167
Transformação
  da cultura organizacional, 20
  digital, 69
Treinamento
  e capacitação de equipes comerciais, 78
  e desenvolvimento
    da Força de Vendas, 105
    dos times de vendas, 113
  em inteligência emocional para equipes de vendas, 44

U

Upsell, 148
Upselling, 36

V

Valor
  Comercial e Viabilidade, 75
  econômico, 24
  percebido pelo cliente, 140
  total
    das vendas *on-line*, 163
    dos carrinhos abandonados, 166

Venda(s), 106
  baseada(s)
    em conteúdo, 86
    em valor, 86
    em voz, 72
    na empatia, 86
    no valor do cliente, 87
  com base no produto, 106
  de produtos e serviços, 24
  e Marketing, 49, 50, 52, 60
    na Nova Cultura de Vendas, 60
  inbound inteligentes, 87, 90
  Off-line, 100
  On-line, 100, 159, 162
  orientadas por dados, 71
  Pessoal, 159

  por meio
    da rede social, 62
    da *storytelling*, 87
  por vendedor, 162, 163
  totais, 59
  tradicional, 5
  volume total de, 168
Vendedor-Propulsor, 96
Visitas
  ao *site*, 161
  por vendedor, 160

W

Webinars, 66, 67, 161
  virtuais, 66
Workshop, 123